活动图片精选

活动图片精选

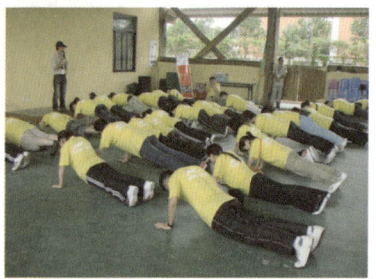

企业管理培训丛书

户外拓展训练全书

臧道祥　韩庭卫 ◎ 主编

修订本

图书在版编目（CIP）数据

户外拓展训练全书 / 臧道祥，韩庭卫主编. —
修订本. —北京：地震出版社，2022.1
（企业管理培训丛书）
ISBN 978-7-5028-5278-8

Ⅰ.①户… Ⅱ.①臧…②韩… Ⅲ.①企业管理—职工培训
Ⅳ.①F272.92

中国版本图书馆CIP数据核字（2021）第214767号

地震版　XM4814/F（6161）

户外拓展训练全书（修订本）
企业管理培训丛书

臧道祥　韩庭卫　主编

责任编辑：张　平
责任校对：鄂真妮
出版发行：地震出版社
　　　　　北京市海淀区民族大学南路9号　　邮编：100081
　　　　　发行部：68423031　68467991　　传真：68467991
　　　　　总编办：68462709　68423029
　　　　　编辑四部：68467963
　　　　　E-mail：seis@mailbox.rol.cn.net
　　　　　http://www.seismologicalpress.com

经销：全国各地新华书店
印刷：三河市九洲财鑫印刷有限公司

版（印）次：2022年1月第一版　2022年1月第一次印刷
开本：710×1000　1/16
字数：425千字
印张：19
书号：ISBN 978-7-5028-5278-8
定价：80.00元

版权所有　翻印必究

（图书出现印装问题，本社负责调换）

编 委 会

主　编　臧道祥　知名体验式培训专家，游戏化思维学习倡导者，生命动力机构创办者，美国PA创始人"历奇游戏之父"卡尔·朗基《游戏的力量》工作坊成员

　　　　　韩庭卫　专家型沙盘培训师，《培训游戏实战演练》视频主讲专家，曾先后担任深圳市中兴通讯协力超越事业部培训师及多家知名企业培训部经理

副主编　林　军　户外拓展训练专家，某知名拓展训练公司经理

　　　　　陈　冯　高级体验式培训师，清大鼎力培训公司创始人，绵阳市人力资源协会常务副会长兼秘书长

编　委　郭　霆　学习产品开发专家，资深职业培训师，九八五学习产品研发中心创始人

　　　　　樊登刚　职业培训师，中国物业管理协会人力资源发展委员会委员、深圳市职业经理人发展研究会培训经理人委员会副主任

　　　　　苏　忠　天成教育机构总裁，外贸跨境电商领域专家，创新型管理实战老师

　　　　　李建兵　高级人力资源管理师，曾担任知名企业总经理、知名物业集团副总裁

　　　　　慧　杰　慧杰咨询联合创始人，中小企业系统建设资深咨询师

　　　　　房　伟　职业培训师，中层管理专家，原巨思特教育集团执行总裁

　　　　　尹若芹　资深培训专家、石材护理行业国家职业鉴定考评员、从事经营管理20余年

　　　　　王　敏　销售培训专家，北京澳然行贸易有限公司总经理

蔡余杰　商业模式落地操盘手，培训专家，深圳聚海千舸企业管理顾问有限公司董事长

胡政伟　企业内训师，北京首开城市运营服务集团有限公司战略部副经理

金云哲　时代光华管理培训网特聘讲师，曾担任多家知名企业培训负责人

姚启昆　体验式培训专家，峄坤精英教育系统课程创始人，心智导航体验式系统训练版权课程研发创始人

何　峰　职业培训师，曾先后担任多家知名公司培训部负责人和培训经理

刘　军　庐陵书院副院长，曾任岁宝百货培训主管及某知名培训机构深圳负责人

王一恒　企业管理培训师，企业中层干部问题解决专家

前言
PREFACE

管理大师彼得·圣吉博士（Peter M.Senge）说过：未来最成功的公司，是那些学习型的组织。有效的学习和培训正在成为企业发展的新的动力源泉。"谁停止变得更优秀，谁就不再优秀。"成为许多企业的镇山格言。在这场学习型组织革命当中，新兴的培训师队伍正在逐渐成为时代的弄潮儿，在企业的日常管理当中扮演着越来越重要的角色。

然而，正如一棵树的快速成长，枝叶的日渐繁茂需要伴随着根部的深植与扩展一样，随着培训在企业预算分量中的日渐加重，面对实践中出现的各种各样的新问题，企业管理者与培训师同样需要广泛地吸收养料，寻求更完善的解决途径。正如我们所看到的，国内的管理者苦苦受困于一系列问题：如何以最小的成本组织最有成效的培训？如何培养自己的优秀培训师队伍？培训师在实施培训的时候，如何使话语活泼生动，从而使听众不至于坐立不安、昏昏欲睡？如何用最简短的话语和形式让受众最大限度地领悟所讲述的思想与理念？如何让讲授不流于理论空谈而具有更实用的价值？

……

针对这一系列的问题，在长期的课程研发中，我们深切感到有必要为管理人员和培训者提供更多的培训、管理工具与素材，因此我们集中编创了这一套培训系列图书：

《培训游戏全书》
《培训故事全书》

《培训幽默全书》
《培训案例全书》
《户外拓展训练全书》
《杰出员工训练全书》
《培训管理全书》
《培训师训练全书》
《PPT微课制作全书》

  我们相信，如果管理者或培训师能够将这些游戏、故事、幽默和案例运用于管理培训与日常交际生活之中，一定可以谈笑自如，魅力焕发。我们更相信，会有更多的企业培训师和企业培训管理者从这套丛书中得到灵感的火花，在培训课程开发和组织方面不断创新，完成从优秀到卓越的飞跃。即使是普通读者，也能够从这套丛书中得到智慧的启迪和人生的乐趣。

  本套丛书历经几年时间收集整理而成，在编辑过程中，参考了国内外的许多书籍资料，并且得到了从事管理和培训工作多年的众多朋友的支持与帮助，在此深表谢意。希望本套丛书能成为广大管理人员和培训师的最佳助手和工具，也希望读者朋友将它巧妙地运用于自身的工作和生活中，使工作与生活更加丰富和完美。

编　者

目录
CONTENT

理 论 篇

第一章 体验式培训与户外拓展

第一节 体验式培训的兴起 / 002
第二节 户外拓展的起源与发展 / 006
第三节 户外拓展的理论基础 / 007
第四节 户外拓展的思维工具 / 009
第五节 户外拓展的层次与类别 / 011
第六节 户外拓展的环节 / 014
第七节 户外拓展的小组发展 / 016
第八节 户外心态生存指南 / 019

第二章 户外拓展如何促进企业发展

第一节 企业内部的人际关系调节 / 024
第二节 企业战斗力的提高 / 026
第三节 企业员工素质的提升 / 028

第三章 户外拓展的运作流程

第一节 户外拓展的前期筹划 / 032
第二节 户外拓展的步骤 / 034
第三节 户外拓展训练方案范例 / 038
第四节 户外拓展活动案例 / 039

技 巧 篇

第一章 野外生存技巧

第一节 户外常用装备的选择技巧 / 044
第二节 地图使用的技巧 / 047
第三节 判断天气的技巧 / 048
第四节 辨别方向的技巧 / 051
第五节 野外拓展中时间判断的技巧 / 052
第六节 户外判断距离的技巧 / 054
第七节 户外寻找水源的技巧 / 056
第八节 露营地的选择和建设 / 059
第九节 野外食品安全 / 064
第十节 户外生火的技巧 / 067
第十一节 野外求救的技巧 / 070
第十二节 户外急救的技巧 / 071
第十三节 15种基本结绳方法 / 075
第十四节 攀岩线路图的绘制技巧 / 076
第十五节 GPS个人终端简介 / 078
第十六节 疲劳修复误区 / 080
第十七节 其他技巧 / 082

第二章 户外拓展培训技巧

第一节 户外拓展为何失败 / 086
第二节 破冰技巧 / 088
第三节 小组组建的技巧 / 090
第四节 激励学员的技巧 / 092
第五节 讲解的技巧 / 095
第六节 应变的技巧 / 096
第七节 感性工具的运用技巧 / 099
第八节 指导小组领导人工作的技巧 / 100

目 录

实 践 篇

第一章 破冰游戏精选

1/4 卡片 / 106
魔法与歌声 / 106
松鼠与大树 / 107
串名字 / 108
绕口令 / 108
进化论 / 109
佳人何处寻 / 110

共同前进 / 111
猜猜我是谁 / 111
真情告白 / 112
人　浪 / 113
人　椅 / 113
扯"龙尾" / 114

第二章 水上拓展活动精选

深潭游泳 / 118
潜　水 / 119
漂　流 / 121
同舟共济 / 123
水球运动 / 124

飞瀑速降 / 126
抢滩登陆 / 128
冲　浪 / 129
划艇竞技 / 132
海　钓 / 133

第三章 野外拓展活动精选

攀　岩 / 138
定向越野 / 141

蹦　极 / 144
登　山 / 147

实 践 篇

徒步穿越 / 149
野　营 / 151
Hash 运动 / 154
夺宝奇兵 / 155
搭索过涧 / 156
星空静思 / 158
山地缅甸桥 / 159
探　洞 / 160
滑翔伞 / 162
溯　溪 / 165
丛林穿越 / 167
拯救大兵 / 168
沙滩布阵 / 169
迷彩漆弹 / 171
户外自行车 / 174
滑　雪 / 178

第四章　户外拓展场地活动精选

盲人方阵 / 182
信任背摔 / 183
同穿一双鞋 / 185
"地雷阵" / 186
蜘蛛网 / 188
走梅花桩 / 190
坐地起身 / 191
快乐大转盘 / 192
翻叶子 / 194
建　塔 / 195
太空舱 / 196
理财高手 / 197
悬空排雷 / 199
巧用气球 / 200
穿越生命线 / 201
共同进退 / 203
鳄鱼潭 / 204
跳　绳 / 205
星际之门 / 207
团队跷跷板 / 209
孤岛求生 / 210
缓冲墙 / 212
空中断桥 / 214
飞越激流 / 215
巨人梯 / 217
跨越生死线 / 218

目录

实践篇

卡丁车比赛 / 220	艰难使命 / 231
连体足球 / 222	技术标兵 / 232
高空单杠（高空跳）/ 224	胜利墙 / 234
穿越曲径 / 225	迷 宫 / 235
盲人足球赛 / 227	走钢索 / 237
排爆英雄 / 228	罗马炮架 / 238
奋勇向前 / 230	泰山绳 / 239

附 录

户外拓展活动专业术语汇总

户外常用装备汇总 / 242	海钓专业术语汇总 / 267
水球专业术语汇总 / 244	潜水专业术语汇总 / 269
登山专业词汇中英文对照 / 256	海口 Hash 运动
登山专业术语汇总 / 264	专业术语汇总 / 270

附 录

户外拓展常用工具知识汇总

背包相关知识汇总 / 276	户外炉具知识汇总 / 282
户外服装知识汇总 / 279	渔具相关知识汇总 / 284
登山鞋知识汇总 / 280	

编 后 语 / 288

理 论 篇

第一章
THE FIRST CHAPTER
体验式培训
与户外拓展

第一节 体验式培训的兴起

体验式培训的概念

体验式学习（Experiential Learning）是一种学习模式，是指在互动、学习者自愿参与的基础上，通过经历与体验，获取相关知识、技巧与经验。"经历"是指一系列有主题、有目的的活动与游戏。学习者在参与这些活动与游戏时，可以有效运用自己以前的经验、知识、技巧，重新评估、整合自己的能力，并将其转化为于己有利的信息，最终运用于实际生活中。体验式学习与传统学习模式有很大区别，详情见表1。体验式培训就是运用体验式学习的方式所进行的一种训练模式。

表 1　体验式学习与传统学习模式比较表

要　素	体验式学习	传统学习
学习主体	学习者为主，培训师为辅	教师为主，学生居于被动地位
学习方法	培训方式多样化	以传统的讲授式为主
学习内容	经验、技能、认知	以教学材料为准
学习环境	无具体限制	教室、实验室等固定场所
学习特色	个性化	标准化、理论化
学习过程	体验、回顾、总结	讲授、考核
学习者状态	积极、上进	受限消极
讲师状态	目的明确、责任感强	消极教育
学习效果	学以致用、能力提升	高分低能

体验式培训的特征

★寓教于乐

有这样一种说法相当盛行：学习最大的难题是将"要我学"变成"我要学"。

第一章 体验式培训与户外拓展

没错，兴趣才是最好的老师。体验式学习采用的活动与游戏本身具有极强的娱乐性，同时具有极强的引导性。培训师在引导学习者进行活动与游戏时，也将同步引导学习者进行思考，这样一来，就完全打破了传统的"水桶与水杯"的教学模式。所以，体验式学习最大的特点就是寓教于乐。

★ 自我教育

由于训练过程中采用了大量需要学习者参与的活动与游戏，而不是大量的讲述与训导，所以学习者能够在活动过程中自发地思考、总结，自然而然地处于主导地位。也就是说，体验式培训能够最大限度地调动学习者的主观能动性。

★ 个性与团队共发展

体验式培训强调团队协作，大多采用小组训练的方式。整场培训也可以看作是团队的磨合过程。体验式培训力图让学习者置身团队当中，使他们在训练过程中适应团队并最终融入团队，运用自己的个性（特长、智慧）为团队建设出力，达到个人与团队共同成长的目的。

★ 培训方式灵活多变

体验式培训是依据"实践出真知"这条哲学原理发展起来的，它强调"做"，并从"做"中领悟真理。体验式培训"做"的范围相当广泛，以各项活动、游戏作为学习的道具，其形式和内容可根据学习者或团队的需要灵活转变。

★ 综合活动性

体验式培训的项目基本上都是通过体能活动来引发学习者思想上的触动；而认知活动、情感活动、意志活动，则都有明确的操作过程。

★ 明确的实际意义

体验式培训把思想、知识、技能融进各项活动与游戏中。这种互动式的学习过程使学习者能够用自己的亲身经历把握所学内容，学习效果更为明显，也更容易将体验过程中的心得转移到工作与生活中，具有明确的实际意义。

心理学研究表明：看到的信息可以记住10%，听到的信息可以记住20%，亲身体验的信息则可以记住80%。体验式培训让学习者通过亲身经历，从根本上改变思想认知，并在习惯和行为上有一个新的改进和突破。

体验式培训的层次

根据风险程度的不同,体验式培训可以分为4个层次。

★层次一:基于培训教室的传统训练

在室内做一些一般性的拓展活动,风险小,但活动开展范围也会受到限制,只能用于调节气氛以及热身。常见的活动有:生肖分组、姓名牌交谊会、进化论、扑克分组等。

★层次二:较低风险的训练

场地设在户外较平坦的地方,以小组为单位应对挑战,风险较低,主要用于增进团队间的协作,树立团队自信心。常见的活动有:过电网、风中的劲草、星际之门、"绳智"清醒等(见后文介绍)。

★层次三:较高风险的训练

场地同样设在户外较平坦的地方,在小组的支持下,以个人为单位应对挑战。这类训练风险较高,主要用于培养个人与团队之间的信任感,或提高个人的创新能力。常见的活动有:A-B、铁钉等(见后文介绍)。

★层次四:高风险的拓展训练

以小组或个人为单位,应对专业的"关卡",风险高,主要用于学习者的自我认知与改变,挖掘学习者的潜能,帮助其建立积极的人生观、价值观。常见的活动

第一章 体验式培训与户外拓展

有：绿野仙踪、信任背摔等（见后文介绍）。

体验式培训中的"风险"

风险是培训中长期存在的因素。除了一般所说的危险性之外，还包括体力消耗，以及场地、道具等方面存在的不确定性。在不同的培训层次，这些因素出现的概率也各不一样。

★风险值

风险值（Value at Risk，简称VAR）本来是一个经济学概念，是指在一段时间内，投资组合发生损失超过预计金额的可能性。在户外拓展训练中，风险值是指拓展活动本身所具有的危险系数，针对活动的设计、场地、道具、工具等因素。

RH：风险值高。

RM：风险值中。

RL：风险值低。

★体力消耗值

体力消耗值反映的是学习者在拓展活动中预计将消耗的体力，上限是体力的透支。学习者可参考体力消耗值，根据其身体状态决定是否参与拓展活动。

EH：体力消耗值高。

EM：体力消耗值中。

EL：体力消耗值低。

★场地实况

宏观上，所有的拓展场地可分为两大类，即户内拓展场地和户外拓展场地。

OU：户外拓展场地。

IU：户内拓展场地。

★道具需求

道具需求：根据活动的设置，决定是否需要准备道具。

PY：需要道具。

PN：不需要道具。

第二节 户外拓展的起源与发展

户外拓展的起源

拓展训练,又称外展训练(Outward Bound),原意为一艘小船驶离平静的港湾,义无反顾地踏上未知的旅程,去迎接一次次挑战。拓展训练源于第二次世界大战期间,由汉思所创。

出生于1886年的汉思毕业于牛津大学,是一个极具想象力与创造力的德国教育家。在20世纪初的德国,捧读教科书和讲授式的教学模式盛行,而汉思敏锐地意识到,传统的教学模式已不能满足学生成长的需要,他开始尝试开发另外有效的教学方法。

20世纪,哲学已经取得了相当大的成就,汉思从"实践出真知"这个哲学原理中得到了启发,于是他在德国成立了Salem学校,开始试行体验式教学。希特勒上台后,身为犹太人的汉思不断受到德国纳粹的迫害。汉思开始逃亡,而他的逃亡地正是后来成为拓展训练起源地的英国。

在二战中,英国大西洋商船屡遭德军袭击,许多缺乏经验的年轻海员葬身海底。通过观察,汉思发现,凡是成功逃生的海员,都是意志力坚强、生存欲望强烈的人,而且这部分海员具有较强的协作能力。汉思茅塞顿开,于是在1941年与其他人一起在威尔士建立了阿伯德威海上学校。该学校的校训是"你拥有的超过你想到的"。学校的目的是培养年轻海员的海上生存能力,提升他们遭遇海难后的生存技巧,使他们的身体和意志都得到锻炼。

二战结束后,这种训练方式为大多数人所接受,人们认为这种训练方式可以延续下来并应用到其他领域,因为他们认识到,促使海员生还的关键因素并不是体能,而是他们在强烈求生欲望下爆发出来的潜能。于是拓展训练的独特创意和训练方式逐渐被推广开来,训练对象也由最初的海员扩大到军人、学生、企业员工、公务员等群体,训练内容也由单纯的体能训练扩展到心理训练、人格训练、管理训练等。

户外拓展的发展

20世纪60年代,拓展训练被引入美国,并在短时间内获得了美国人的认同。哈佛大学教授大卫·高比对此进行了一系列的研究,随后发表了大量的论著,并于

1984年提出了一个新的概念——体验式学习模式。由此,体验式培训诞生了。这个概念的产生,让户外拓展有了更广阔的意义。体验式培训以其最显著的特征——"体验",征服了广大学习者。

第三节　户外拓展的理论基础

"体验式学习"这个概念的提出并不是偶然的。它源于实践拓展训练的展开,理论基础主要是哲学、心理学、教育学、行为学和社会学。

哲学基础

马克思主义哲学有三个重要组成部分:实践论、认识论、价值论。而户外拓展即是以实践论为基础,在认识论方面获取重大的收获,从而改变学习者的价值观。

从实践论来说,户外拓展强调的是"经历""体验",从"经历""体验"中获取对现实生活有效的经验。

从认识论来说,实践引发了新旧认识的交替,并使原有的正确认识得到进一步发展。在不断的实践过程中,学习者的心灵受到震撼、思想受到冲击、认识一步步完善。

行为与认识的改变或完善,是促使价值观念改变的最根本因素。参与户外拓展的每一个人都希望有收获。通过户外拓展,学习者能获得的最大收获是积极的价值观念,在实践与认识的交替、冲击和磨合之后,新的价值观念体系最终形成。

培训师带领学习者进行户外拓展,能够使学习者通过实践,全面认识自己的主观世界。认识了主观世界,人们便能够改造自己的主观世界。任何事物,并不是顺着一条一成不变的路线发展下去,而是在现实的冲击与碰撞中解决自身问题,找到最优发展路径。

心理学基础

户外拓展采用"以人为本"的教育方式。

作为个体而言,学习者有自身的经历、经验和认知,拥有已经成熟或正在形成的行为模式。从心理学角度来探究,人具有多方面的个性,如:行为表现、认知模式、习惯性行为、心理需求等。就户外拓展来说,学习者居于主体地位,同时他们具有主动学习的特性,他们有权利选择、判断和决定,因此,培训师必须为学习者营造一个轻松愉悦的学习环境，营造支持的关系和鼓励的气氛；从宏观上营造一个学习者心理上易接受的学习环境。

美国哈佛大学教育研究院心理发展学家霍华德·加德纳教授曾经提出过多元智能理论。他认为，人的智能是多元的，每一种智能都是重要的且有价值的。学习者在整场培训中，完全可以应用他们的多元化智能吸收更多的知识和技能。培训师只有了解这一点后，才能有效地调动学习者所有的知觉参与体验。

教育学基础

从本质上来说，户外拓展属于教育方式之一，主要运用了成人教育学的相关理论知识。

成人教育学的主要内容包括如何激励成人的学习、如何营造一个适宜的学习氛围、如何教学相长、如何深入地学习、如何将理论与实践相结合等。户外拓展较为成功地在以下几个方面获得了成功：

- 利用新颖、刺激的户外活动激起了学习者的学习兴趣。
- 拓展中采用激励手法鼓励学习、挑战、提问。
- 分享过程中成功地与实际生活相结合。
- 培训师与学习者之间的反馈成功地做到了教学相长。
- 立足现在，展望未来。

行为学基础

行为学关注的是人类行为的改变。户外拓展训练强调"经历""体验"，主要是认为经历带来的体验可以转变人的行为模式，这正符合行为主义的基本思想。

行为主义认为，学习者在不同情况下的学习状态是不一样的，因此，学习的内在动机是很重要的。通过激励手段可以促使学习者更加努力地学习，同时，团队的荣誉感也可以促使学习者合作学习。总的来说，任何正面的导向都可以引发积极的学习。

社会学基础

社会学理论包括社会相互依赖理论、群体动力学理论和符号互动理论。这三种理论的共同点在于：小组是一个具有群体动力的整体，在这个整体中，所有的成员相互依赖、相互依存、相互影响、相互交往。这里的交往不仅仅指团队中人与人的交往，还包括每个人与自己内心的交往和互动。

第一章 体验式培训与户外拓展

由此可以看出，户外拓展训练倡导的是小组合作学习，注重小组成员的沟通与交流，重视个人与团队的共同成长。

第四节 户外拓展的思维工具

户外拓展训练环环相扣，意图通过心理与体能的拓展使学习者得到最大的收益。培训师在整场培训中要用到多种思维工具。毫不夸张地说，思维工具的频频使用，可以成就一个天才；而使用多种思维工具的培训师，成就的是一场成功的培训。

思维工具之一：观察

观察需要调动培训师所有的感官以带动思维，常用于在培训过程中察觉学习者反应、活动反响和活动氛围，以决定活动下一步的发展方向。诸如：培训师察觉到学习者活动气氛不够浓厚时，下一步要做的是调动学习者的学习兴趣而不是开始另一个活动。

思维工具之二：联想

通过拓展训练得到的是能够运用于多方面的信息。培训师只有运用联想，才能带领学习者将他们的感悟应用到具体的方面。比如，在心理极限挑战中，培训师可以带动学习者联想到其他方面，诸如：如何面对难度大的工作任务？是退让，让别的同事去完成，还是给自己一个挑战与成长的机会？

思维工具之三：对比

通过对比，我们可以从迥然不同的事物中找到共同点，也可以从相类似的事物中找到异同点。培训师运用对比，可以将信息更鲜活地呈现给学习者。比如，不同的两项活动，一项以个人为单位，一项以小组为单位；培训师从中找到了共同点：个人的创新能力与勇于冒险的精神。

思维工具之四：躯体思维

运用躯体来表达各种感情状态与肢体语言类似。培训师运用躯体思维的最大目的是感染学习者。诸如："云梯"面前，学习者望而止步，培训师身体力行，攀上"云梯"，向学习者做出胜利的手势与欢呼的表情，用实际的成就感染学习者。

思维工具之五：层次性思维

在网络游戏中，处于不同级别的玩家，拥有的能力与武器也不一样。培训师也要同游戏玩家一样，在不同的层次上释放自己的情绪，并使之产生相应的影响力。诸如：拓展训练开始前，培训师应是严肃、严谨的态度，要适当控制情绪；但在接近成功的时刻，放纵自己的情绪则更易感染学习者；至于到了最后成功的关头，就不要再压抑自己的情绪了，应尽情地同学习者一起享受成功。

思维工具之六：模型

著名的建筑设计师梁思成，精于画设计图，但他同样会让自己的构想见于模型，便于更直接地看出构想的效果如何。拓展训练也是一样，培训师可以借模型向学习者说明整场训练的全过程，让学习者更容易接受拓展方式。

思维工具之七：抽象思维

哲学上认为分析问题时必须要去粗存精，找出本质的因素。在拓展训练中培训师不能纸上谈兵，而是要利用抽象的思维手段帮助学习者认识一些无法用模型展示出来的复杂问题。比如，培训师可以利用抽象的解说向学习者说明如何在完成任务的过程中充分利用小组成员的个性。

思维工具之八：指挥中的创造力

培训师要在目标明确的训练中衍化出思想和知识，有创造性地挖掘出学习者的潜能。

思维工具之九：综合

培训师将所有思维工具综合在一起，能够更加有效地适应不同学习者的不同学习需求。

第一章 体验式培训与户外拓展

第五节 户外拓展的层次与类别

户外拓展的层次

特殊的历史环境,使户外拓展训练拥有高风险性。也就是说,拓展训练从诞生的那一刻开始,就是以人的生命价值为基础的。户外拓展的层次详情见表2所示。

表2 户外拓展的层次分析表

户外拓展的层次	风险值	体力消耗值	场地实况	道具需求
	RH(高)	EH(高)	OU(专业场地)	PY(专业道具)

由此可以看出,户外拓展属于体验式培训的第四层次:高风险的拓展训练。

在户外拓展过程中,无论是作为教练的培训师,还是作为体验者的学习者,都承担着重大的风险。这种风险既体现在拓展活动中,也体现在学习者自身的心理素质上。

一般意义上的目标管理,是先有一个目标,然后再朝着这个方向去发展、去探索,而在拓展训练中则不然。在未参加拓展训练之前,总会有一部分学习者对于自己的学习目标不是很明确,只是有一个模糊的概念存留在他们的理解当中。拓展究竟是什么?拓展对他们又有什么益处?对这些问题模糊的概念首先制造了户外拓展高风险的基础。

再看户外拓展的活动设计。几乎每一个活动都是建立在心理挑战基础之上,这也是户外拓展能出奇制胜的原因——为人所不为,为人所不敢为。在每一次户外拓展中,都会出现一些因心理障碍无法过关的学习者,这就成了户外拓展高风险值的一部分。

除了心理挑战之外,户外拓展还需要学习者有足够的体力。如果勉强进行超出自身体力承受范围的拓展训练,就会存在安全隐患。户外拓展的诞生是以人的生命价值为基础的,一旦出现安全事故,对学习者的生命健康造成危害,后果将不堪设想。这恐怕就是户外拓展的最高风险所在了。

除了上述因素之外,场地设备不完善、安全措施不齐全、拓展基地工作人员工作的疏忽、指导人员的误导、恶劣的天气等都会造成安全隐患。

户外拓展的这种层次有什么意义？我们必须清楚一点：无论风险值的大小和体力消耗值的大小如何，参加学习的学员看重的是培训的意义和价值。一场好的户外拓展，必须以其最终的教育意义作为评估基础。户外拓展的层次与它的教育意义之间的关系要如何来理解呢？

在经济学中，有一个"边际效用递减规律"，消费者从不断增加的对某种商品的消费中得到的满足程度是不断下降的。其实，从中我们也可以看到：人类对于重复行为的兴趣会渐渐消失殆尽，人类对于高层次的行为有着更深切的渴望。同样，在户外拓展训练中，学习者对于低层次的培训方式会慢慢地失去兴趣，开始向往接受高层次的培训，即使高层次的培训具有高风险；与之相对应的是，高风险的户外拓展带给学习者的是更具冲击力的体验。

对于学习者而言，只有在反复的实践、失败、挫折中磨合，才能有"胜读十年书"的效果。

户外拓展的类别

户外拓展作为体验式培训方式之一，可以按照不同的角度，如培训场地、培训对象、拓展方式、培训目的和拓展风险等，划分为多个类别。内容详见表3所示。

表3　户外拓展类别划分表

分类标准	详细说明
培训场地	场地项目、水上项目、野外项目
培训对象	企业新员工、中层管理人员、高层管理人员、社会个人
拓展方式	一般性野外拓展、全封闭军事化训练、全封闭野外特种环境训练
培训目的	新员工培训、挖掘个人潜力、提高个人综合素质、增强团队凝聚力
拓展风险	高风险拓展训练、中等风险拓展训练、低风险拓展训练

按培训场地划分

根据户外拓展举行地点的区别，可以把培训项目划分为三种：场地项目、水上项目、野外项目。

第一章 体验式培训与户外拓展

场地项目是指在固定的场地（拥有固定的设施设备、封闭的环境）开展的户外拓展项目，适用于团队与个人形式的挑战。其风险值总的来说属于中等。根据风险值的大小，场地项目又可划分为不同的级别。常用的场地项目有：信任背摔、蜘蛛网、孤岛求生、空中云梯等。

水上项目是指在水面上借助工具完成的活动，适用于团队与个人形式的挑战。其风险值偏高，训练人员需要较强的控制力。水上项目中很多活动都拥有较长的历史，发源时间较早，经历了时代的改革，逐渐变得成熟、完善。常见的水上项目有：漂流、潜水、冲浪、水球大战等。

野外项目指在郊野借助众多的工具、装备，通过团队成员的协作或是个人的极限挑战完成的项目。一般，野外项目在群山、瀑布、悬崖等险要的地势举行，大部分活动拥有较长的历史。其风险值高，需要专业装备的辅助才能完成，训练人员更需要过硬的技术、组织和沟通的能力。常见的野外项目有：定向越野、攀岩、蹦极、徒步穿越、Hash 运动等。

按培训对象划分

不同的拓展活动具有不同的特点，针对的对象也不一样。总体而言，户外拓展主要针对企业新员工、中层管理人员、高层管理人员、社会个人等。从细节上来说，不是所有的项目都适用于同样的培训对象，如抢滩登陆，是以团队为单位进行挑战，操作较为困难，适用于基层员工和中层管理人员；冲浪这项古老的运动则适用于个人，因为这项活动风险值高，需要专业的技术水平，主要是培养个人冒险、勇于挑战的精神；扎筏过河是考验团队的分工协作的工作效率，适用于企业新员工，能帮助新员工尽快融入企业。

按拓展方式划分

按拓展方式可以将户外拓展分为三类：一般性野外拓展、全封闭军事化训练、全封闭野外特种环境训练。培训师应按照培训对象不同的培训需求，选择相应的拓展方式。

按培训目的划分

培训对象的培训需求各不一样，总的来说，有以下几方面：使新员工尽快熟悉企业文化、挖掘个人潜力、增强团队凝聚力、提高个人全面素质，等等。

除此之外，还可以按照拓展项目的风险值分为高风险拓展训练、中等风险拓展训练、低风险拓展训练三个等级。

第六节 户外拓展的环节

户外拓展的6个环节

体验式培训有许多种不同的方式,户外拓展只是其中的一种。具体来说,体验式培训一般都由以下几个环节组成:破冰游戏、团队组织、个人项目、团队项目、分享、回顾总结。

破冰游戏:

主要目的是让学习者之间互相熟悉,拉近距离,使学习者能够轻松愉悦地投入到训练当中。破冰游戏是户外拓展训练中必不可少的一部分。

团队组织:

也就是生成小组。组织团队的表象目的在于使学习者参与到以团队为单位的项目中来,本质目的在于培养个人与团队间的协作和合作。

个人项目:

是挑战个人极限的活动设计。基本原则是在学习者体能承受范围之内,对学习者心理承受力进行最大的挑战,促使学习者实现自我突破。

团队项目:

这是继团队热身之后的环节。团队项目以统一任务和统一目标为基准,促进学习者之间的信任、沟通、理解与合作,加强队员的合作意识,形成真正的团队。

分享:

学习者将参与活动体验的心得与其他人一起讨论、交流。

第一章 体验式培训与户外拓展

"信任背摔"活动的分享

活动已经结束了,所有人似乎还沉浸在刚才紧张、胜利的喜悦之中,脸上仍洋溢着兴奋之情。

大多数的学员在分享中这样谈自己的感受:"很刺激,觉得自己很了不起。""我第一次发现信任的力量如此之大,实在太不可思议了,我由最开始的胆小鬼转变为了积极参与者。""感谢我的同伴们,是他们的力量支持着我的行为。"……

也存在着不同的声音:"陌生人之间不可能产生即兴的信任感,即使有,我相信那只是为了完成培训计划做出的表象行为而已。""这个活动过于夸大信任的力量了,其实还包括有其他方面的因素,如人员之间的配合、领导人的调配等。""在现实生活中放纵自己的信任行为,我认为这绝不是一件好事。"……

从分享中可以明确活动目标实现的程度。没有反对声音的培训绝不是一场成功的培训,分享绝不是歌功颂德。

回顾总结:

回顾可以帮助学习者消化和整理在训练中获得的体验,并升华出新的认识、新的思想。总结可以帮助学习者展开联想,将训练中所得的体验转化到工作和生活当中,实现训练的整体目标。

"信任背摔"活动的总结

培训到了尾声,大家都知道最后的总结时刻到来了。培训师郑重宣布:"每小组选出一名代表人物,分别将全天的活动进行一番总结,由我来评判哪一组总结得最好。每组总结时间为5分钟。我可以给你们2分钟的思考时间。"听完这项决定,现场的气氛热烈起来了。这样的"结束篇"是一种新的创意,本已冷却的热情又一次被点燃了,培训以这样的方式画上了一个完美的句号。

户外拓展的意义

通过参加拓展训练的各个环节，学习者不仅可以重新对自己的能力及认识进行剖析，进而增强自信心和沟通能力，克服心理惰性，增强战胜困难的毅力，提高解决问题的能力；还能够锻炼身体的灵活性和协调性，启发想象力与创造力，最终在行为与思想方面实现突破。

通过团队项目的拓展训练，能够增强学习者的团队意识和责任心，加强小组成员间的信任度，提升团队成员的人际交往能力，使整个团队能够更为融洽地进行合作。而协同合作的团队精神更会鼓舞起学习者积极进取的人生态度。

户外拓展训练不仅能够陶冶学习者的情操，增长他们的见识，同样会令他们在与大自然亲密接触中找到乐趣，使他们更加关注和爱护大自然。

第七节　户外拓展的小组发展

户外拓展训练与团队建设相结合的显著效果主要体现在小组的发展过程上。一般来说，小组的发展分为四个阶段：形成阶段、磨合阶段、成熟阶段、高效阶段。在不同的发展阶段，小组会呈现出不同的表象与特征。

小组形成阶段

表现形式：建立小组，选出领导人，确定小组的队名、口号、队旗、队歌等。

组员表现：在小组形成初期，组员大多保持谦虚谨慎的态度，并且极力避免与他人发生摩擦。同时，对小组有一定的归属感，愿意为小组的下一步发展不断进行尝试。在心态与情绪方面，小组内部都会不同程度地存在着不安、不满、无所谓的情绪。

"定向寻宝"活动的分组

某公司在户外进行"定向寻宝"活动。由于参加学员较多，教练将所有学员分为四大组，每组民主推选出一名组长，组长的目的是带领组员依据提供的模糊地图到达指定地点寻宝并闯关，最终回到起始点。在一个路口上，A组成员中有部分学员对组长及他人的看法提出了异议，认为小组

> 对地图的分析结果是错误的，不愿意跟着小组继续向前。该组组长在最初的慌乱过后，采取了全体人员重新对路线进行分析的决定。在经过了缜密的分析后，小组长承认自己选择了错误的路线，对于自己的错误，他诚恳地对小组成员表示了歉意，并向提出异议的组员表示了感谢。

领导人表现：对于不知该采用何种手段管理、对自己的职责没有进行更深一步的了解，只是以传统的管理手段——如强制性要求、惩罚等手段——进行管理；在对组员的组织、发动、心理辅导方面做得不够到位。

领导人正确应对**方法**：多采用协调、介入、民主采纳的方法，使小组在最短的时间内明确目标，允许组员发表自己的意见并鼓励小组成员一起进行尝试。与组员设立小组的行为规范以保证小组活动的顺利进行，建立规范的首要原则为：民主、安全和有效。

教练**方法**：详细交代活动的规则、安全事项，在最开始活动阶段中进行有效、详细的指引，尽量将权力下放给小组领导人，不要过多地干涉小组的活动。小组活动时，教练可以观察学员的表现以了解学员的特征及需要。

小组磨合阶段

组员表现：交流时间增多，冲突与摩擦在交流中产生，组员易因对事物的不同看法而产生分歧。随着活动的进行，部分组员会对小组的决定进行置疑，并产生挑战他人的想法或抵制小组的行为。综合小组的表现来看，小组内部基本呈现出对抗的局面。

领导人表现：面对小组形势，会变得手足无措，从而加大强制性管理的强度，对于表现尤为突出的学员产生戒备心理。这一阶段，小组领导人容易让情绪控制自己的行为，进而转化为不理智的思维模式和行为模式。

领导人正确应对**方法**：综合听取组员的想法、意见，并采用制订好的行为规范来化解冲突。采用反馈的手段来了解组员对行为规范、活动目标、活动方法的了解程度，并采取相应的措施，以便减少对小组的介入，加强协调工作的力度，组织组员进行理智的交流。领导人的主导地位开始发生变化，而开始扮演"协作者＋领导者"的角色。

教练**方法**：采取一定的介入工作来减少小组错误的决定和尝试，对于小组错误的决定可以进行惩罚，以便协助小组领导人转化角色。

小组成熟阶段

组员表现：小组内部开始呈现出高凝聚力，组员之间的交流方式变得更加民主、自由、有效。组员愿意与队友分享自己的心得并积极听取、采纳队友的经验，所有组员愿意遵守小组制订的行为规范。小组内部的气氛变得轻松，活动进程变得有序、有效，并富有节奏。

领导人表现：小组领导人完成了角色的转化，同时鼓励其他组员积极担任领导的角色。在解决问题的同时不断完善小组的行为规范，使之更加民主、合理。鼓励小组尝试不同的方法来完成任务。积极引导学员进行分享活动中的好经验，并将之延伸至实际生活中。

教练**方法**：在小组成熟阶段，教练在整个团队中鼓励小组进行内部的分享，并协助小组领导人发现小组组员的特性及特长，适当地对其潜质进行挖掘。

小组高效阶段

组员表现：组员表现积极，全身心投入活动中，并且乐意接受队友的批评、建议；愿意在队友遭遇困难时给予帮助和心理上的支持。组员的创造力、小组的凝聚力、集体解决问题的能力、应对困难的自信心等都得到了提高。

领导人表现：鼓励组员进行创新思考，照顾所有组员，支持所有组员共同参与、共同进步。主动为小组加入新的元素，促使学员将活动中的成功经验转化为实际生活中的经验，使小组分享更加活跃。领导人本身的控制能力、协调能力、时间管理能力得到了提高。

教练方法：对小组的表现进行肯定，给予一定的嘉奖，并引导各小组对自己的行为和小组的行为进行回顾总结，达成小组的共识。

第八节　户外心态生存指南

将培训由室内转移到户外，我们就必须学会"适者生存"。在持续好几天的野外拓展项目中，如何生存？先不说如何支帐篷、准备头灯、准备干粮等烦琐的细节，先说一说在野外生存中应具备何种心态。

心态生存的意义

生活中，有一些事情总是在矛盾中发展着，因为对于同一件事情、同一样东西、同一个人，我们的心态积极或是消极，所引发的结果大相径庭。急功近利、抱怨、愤恨、愤怒都会影响自己的成长与发展。为什么要愤怒呢？有一句话是这样说的：生气是拿别人的错误处罚自己。能够驾驭自己情绪的人，才是成功人士的候选人。然而人总是喜欢追求表面的风光、繁华，而忽略了生命存在的真正价值。每个人的潜力是无限的，不管遇到多大的挫折与失败，只要乐观、积极的心态没有变，好的习惯没有变，一切仍可以从头再来。

户外生存的心态指南

★胆大心细，遇事不慌

在户外生存中，生活场地变成了宽阔的户外，没有了现代化的交通工具，没有了温暖的被褥，也许我们会有一点紧张，但是更多的应该是兴奋。其实，野外也就是大自然，贴近大自然就是给了自己一次返璞归真的机会。

所谓"胆大"是指充满勇气。在野外生存的第一原则就是胆大。一般情况下，越是荒僻的野外，越是容易出现意想不到的情况，所以，学习者必须有在野外生活的勇气。第二原则是心细。野外的特殊环境要求学习者心细如发，比如在选择宿营地点时，必须考虑周全：这个地方是否平坦、附近是否有水源、风向等各个细节都必须考虑到。要在野外生存，必须学会心细。

我们说"胆大心细，遇事不慌"，其实着重的是前四字。只有做到了"胆大心细"，才能"遇事不慌"。

★ 冷静思考

有些学习者在接触野外生活后感觉到兴奋，而且这种兴奋带有惯性。处于兴奋状态的人特别容易做出错误的判断或是决定，一些户外安全事故的发生也正是与这些错误的判断或决定有关。一些从兴趣出发的提议并不一定符合野外生活原则，例如"夜探山洞""徒步穿越"等。往往看似简单的户外活动，在进行过程中会出现意想不到的困难，甚至会产生非常严重的后果。

对于大自然，我们无法去"征服"，我们唯有慢慢去了解它，熟悉它，才可以亲近它。对于任何突如其来的设想，我们要冷静而仔细地思考自己是否具有完成它的能力，以及客观条件是否允许。我们不能因为一时的冲动、兴奋而擅自采取行动。可以说，任何户外活动都是有风险的，户外活动无一不是以生命价值为基础的。

身处一个完全陌生的地点，好奇是正常的，但保持冷静才能保证户外活动的安全进行。如果有一天，户外活动因为生命价值的丢失而失去了其存在的价值，我们也就失去了一种生活和学习的方式。

★ 善于交流

人们或多或少拥有野外生存的经验。有些经验是通过自己的经历得来的，但是经验的得来是自己思维方式的沉淀，难免会出现误区，这个误区的发明人是自己，在没有别的成功经验输入之前，是不会轻易推翻自己的观点的。人们对于自己的观点总是固执地坚持——无论对与错，这是人性的弱点之一，但并不是没有改进的方法。除积极学习外，交流是有效的方法之一。

到野外去生存的人都希望整个过程安全、惬意，一方面可以在野外保证自己的衣食住行，另一方面还可以享受到乐趣。在同样的目标之下，交流变得容易起来。每个人可以把自己以往的经验提出来供大家参考，这样不仅可以吸收到更多的经验，也可以同时纠正自己以前的错误经验。在经验的交流过程中，大家可以更加熟悉、更加了解，融洽的气氛也就形成了。

交流的方式有许多种，可以专门成立小组讨论，也可以在大家共同的行动中交流，如在搭建帐篷、吃饭、寻找水源等行动过程中进行交流。

第一章　体验式培训与户外拓展

★谦虚好学

　　交流是否有效，在于我们是否有谦虚好学的精神。如果队友告诉你帐篷必须背风搭建，你却固执地迎风而建，告诉你正确经验的队友，恐怕再也没有与你交流的欲望了。

理论篇

第二章
THE SECOND CHAPTER
户外拓展如何促进企业发展

第一节　企业内部的人际关系调节

企业内部的人际关系影响着企业的发展，良好的企业内部关系能促使企业更加和谐。同事之间融洽、默契，上下级之间坦诚、和睦，发挥管理的整体功能，调动员工的积极性，才能提高企业的效能和效益。企业内部的人际关系调节符合企业"以人为本"的管理理念。

企业内部有着不同类型的员工。不同类型的员工采用的交际方式各不相同，从而形成了企业内部纷繁复杂的人际关系网。企业管理层可以对员工的工作关系进行调节，却无法控制员工的人际交往。户外拓展训练则在一定程度上起到了调节员工人际交往的作用。

具体来说，企业内部通常有五种类型的员工：领导型、务实型、中庸型、浮夸型和团队新成员。下面对这五种类型的员工逐一进行分析。

领导型

表现：喜欢指挥他人，讲究效率，着重结果，以自我为中心，不太重视人际关系。

分析：这类员工缺少的是对团队轻松、融洽气氛的体验。户外拓展为这类员工提供了体验的机会。在团队项目中，讲究齐心协力的合作，化解了企业内部人员的等级，为企业上下级之间实现沟通创造了良好的环境基础。

务实型

表现：工作岗位上埋头苦干，任劳任怨，待人诚恳，不注重表现自我，潜在的表现力无法发挥。

分析：务实型员工缺少的是个人表现的机会和勇气。户外拓展中的个人项目属于个人的挑战活动，可以说是能够展现自己的活动。个人项目的完成可以使这类员工感受到喜悦与成就，这是对其未来表现力的有效激励。

中庸型

表现：工作方面不勤勉但不会消极怠工，人际交往方面手段圆滑，不轻易得罪人，属于和事佬。判断力较弱，容易是非模糊。

分析：中庸型员工缺少的是对事物判断的果断性。拓展训练个人项目、团队项目都带有竞赛的性质，活动过程环环相扣，步骤紧凑，要求学习者有极强的判断力和行动力。中庸型员工优柔寡断的个性会在活动过程中逐渐被泯灭。

浮夸型

表现：工作不认真，消极怠工，人际交往方面表现夸大而不受人欢迎。

分析：浮夸型最大的弱点是待人不真诚，行动力不够。户外拓展的所有环节都属于行动类，团队之间的相互支持、鼓励的气氛，会让参与者自然流露出内心的真诚。

团队新成员

表现：对企业文化不了解，对各部门、上级及同事不是很了解，这种陌生感造成了他们工作上的不便，以及思想、生活上的负担。

分析：处处战战兢兢可不是好的处事方法，要突破这种陌生感，首先应该让他们对团队的成员熟悉并进行初步的了解，同时初步了解企业文化的特点。对此，户外拓展训练的重点应放在培养团队合作精神、培养团队默契、打破团队成员隔阂方面。活动初始步骤开始是破冰游戏，小小的几个破冰游戏使大家能够互相认识（包括姓名、工作部门、职务等信息），活跃现场气氛，为后面的活动做热身。

在后面的环节中，活动经历了建立小组、开始团队活动、团队分享、活动回顾总结等阶段。在活动进程中，新员工对团队其他成员有了初步的认识，对公司的基本企业文化有了初步的了解。更重要的是，活动能使他们勇于与其他成员交流、合作、分享，小组之间的信任、良好的沟通、共同的语言等让新员工对企业充满了信心。那种因合作顺利而完成任务的愉悦及荣誉感让新员工一下子接近了团队，团队上上下下，不分上级或是下级，不分领导或是员工，都紧密地团结在了一起。

优质高效的团队，需要企业有共同的目标、价值观，需要企业强大的凝聚力，需要所有成员的默契合作和良好的沟通。

团队的成员相处融洽，才能创造出更大的价值。这样的团队最终会踏入稳定期，步入高产期。

户外拓展中还有其他因素同样可以调节人际关系，如激励、沟通、分享、反思等。户外拓展之所以可以调节企业内部的人际关系，是因为它最大限度地着重于个人的个性发展。

第二节　企业战斗力的提高

企业的战斗力体现在企业的人才、创造力、员工的敬业精神、良好的企业形象、有效的督导体制、降低的生产成本、完善的企业文化等方面。

人才

现代市场机制下，高学历不等于高能力。国内传统的教学模式教育出来的未必是适用的人才。对刚刚进入职场的年轻人来说，将理论知识与实际相结合是一个漫长的磨合期。企业出于对人才的渴求，往往通过培训来获取优秀员工。

户外拓展从实际活动中考察了员工的思考能力、行动能力、组织能力、交际能力、创新能力等，从员工在活动中的表现可以分析出他们的综合能力的强弱。不同的员工在不同的方面具有较强的能力，员工某方面的潜在能力也可以在活动中被挖掘出来。企业管理层可以根据员工的特质对其工作进行相应的安排、调整。

由此可以看出，户外拓展是考核企业员工全面素质的有效方式之一。

创造力

企业要发展，创新才是最根本的方法。企业的创新需要员工创新意识的支持，户外拓展最大限度地满足了员工的自尊心和表现欲望，使其尝到了创新、行动带来的成就感。自我价值的实现激发了员工的积极性与创造力，使其充分释放潜能。

人类的潜意识中潜伏着70%的力量，这70%的力量当中主要包括了创造力与行动力。企业的日常工作遵循着固定的规律，员工的创造力与行动力很容易在日复一日的循环中消失。因此，企业要想拥有一群高素质的员工，需要适当借助培训的力量。

员工的敬业精神

拥有正确、积极心态且技术娴熟的员工对企业来说才真正有价值。企业要想培养出大量敬业的员工，则需要改变他们的消极认知，改善其行为方式，将"要我做"转化为"我要做"。

户外拓展的主要目的和效果正是改进员工的心态和行为方式，培养其发现工作中的快乐，使他们成为具有主动工作精神的敬业型员工。

第二章 户外拓展如何促进企业发展

良好的企业形象

企业形象是企业的无形资产,其价值由客户来决定。客户与企业员工打交道的过程就是在考核该企业的形象,他们可以明确判断出哪些是训练有素的员工,哪些是不成熟、能力有待加强的员工。员工的工作素质与行动效率体现了该企业的管理水平,也是影响客户购买决定的重要因素。

具有敬业精神的员工能为企业树立良好的形象,自然能为企业招揽新的客户并留住回头客。

有效的督导体制

企业员工通过培训改变了心态及工作方式之后,自然减少了管理层对他们的督导工作,降低了管理成本。一个企业的发展壮大不能依赖管理层的强硬管理,而要靠员工自制、自律。

生产成本的降低

户外拓展挖掘了员工的创新能力,改进了员工的工作表现。员工素质的提高直接导致企业效益的提高,因为员工的主动性与创新能力节约了生产成本,扩大了企业产品的优势。

企业文化的完善

企业文化体现了企业内部统一的价值观、企业经营哲学和企业精神。通过培训,员工能够反思自己的行为,并深层思考企业的企业文化,将个人的价值与企业的价值观、经营哲学结合起来。这样一来,员工的流失率便降低了。

虽然户外拓展并不是解决企业问题的唯一方式,但是它以特立独行的培训方式防止了企业管理的进一步恶化,并能预防更多问题的出现。

第三节　企业员工素质的提升

企业之所以需要户外拓展，是因为户外拓展在开发员工个人潜力、提高员工个人应变能力、提高团队整体执行力等方面具有相当重要的作用。

基层员工素质提升

定位：基层员工属于企业的基础力量，是企业的重要成员，他们多处于企业的生产一线，是被领导者，其工作单一而富有规律。这类员工通常自信心不足，缺乏创造力及思维技巧，不善于与上级和同事沟通。

目的：通过户外拓展训练培养基层员工的团结协作精神，提升其对企业的认识、了解，增强其归属感，改善其认识现状。

方法：通过一系列的团队活动提升基层员工素质，如孤岛求救、巨人梯、攀岩等活动；以小组为活动单位进行体验，辅以多项思维工具，如观察、想象、模拟、综合等。

效果：调整了基层员工的心态，增强了他们的自信心以及对企业的信心，改造了他们的工作方式，使他们明确自己的定位，认识到自己在团队中的作用，增强团队荣誉感。同时可以提高基层员工的自我控制能力及应对内部竞争的能力，增强了其沟通的能力，磨炼了个人意志，使他们勇于面对挑战，在价值观上与企业的价值观相统一。

新员工素质提升

定位：初入团队的新员工，对于工作环境、工作氛围、工作伙伴充满陌生感，对企业没有归属感，对企业的经营理念、价值观不明确，缺乏对企业的认同感及对工作伙伴的信心。

目的：使新员工尽快融入团队，培养其对企业的归属感，增强新员工对企业文化的认识及对企业的自信心。

方法：将新员工融入其他团队成员中形成小组一起参与活动，使新员工初步认识自己的企业与工作伙伴。主要运用感情投入、躯体思维、模型化等思维工具。

效果：通过户外拓展，新员工熟悉了企业的其他成员，对企业有了一定的认识

（包括企业的价值观、经营理念等），对企业产生了一定程度上的归属感，加强了对企业的认可程度。对自己未来的工作岗位充满了自信心，对自己的工作伙伴产生了信任感。

中层管理人员素质提升

定位：中层管理人员占据了企业管理层的较大比例，他们是企业管理的重要参与者。他们的领导才能对企业的发展至关重要。

目的：使中层管理人员充分挖掘自己的潜力，全面地认识自己，剖析自己。改善人际关系，提高时间、任务管理技巧，提高解决问题的能力，从总体上提高领导才能。

方法：中层管理人员在团队项目中充当着"领头羊"的角色。在户外拓展中，培训师要让他们对活动的进程进行筹划，对组员进行分工，同时兼顾小组成员的思想、心理工作。中层管理人员还要在关键时刻做出决策，为活动下一步做出基本方案，并亲手掌控小组的活动节奏。在拓展训练中，主要会用到观察、创造力、模式形成、综合等思维工具。

效果：启发了中层管理人员的创造力，提高了其与上下级沟通的技巧，改善了团队气氛。同时，中层管理人员在活动过程中体现了自己的领导才能；提高了解决问题的能力，时间管理能力，以及分工、计划、统筹能力；展现了面对困难时的魄力。从个人层面来讲，中层管理人员在户外拓展活动中，也增强了个人的自信心，改善了个人的思维模式，对自己有了一个全面的认识。

高层管理人员素质提升

定位：高层管理人员在企业内部主要起协调事务、做出重要决策等关键作用。作为企业的运营核心，他们与企业基层人员接触较少，容易以偏概全。

目的：借户外拓展的时机，高层管理人员可加深对企业员工的了解，加深对企业的团队精神的了解。同时，户外拓展可以帮助他们提高个人的判断能力及决策能力。

方法：借助适用于高层管理人员的活动，让高层管理人员在模拟情景下挖掘自身的潜力，发现自己的才能。同时，高层管理人员能借用团队其他成员的眼睛观察自己的行为模式及思维模式。高层管理人员在拓展中，需要运用模式形成、综合、观察等思维工具。

效果：通过拓展，高层管理人员加深了对企业内部人际关系网的了解，以及对企业内部团队精神及企业文化的认识；提高了自己对事物发展的敏感度及反应力，以及与下级沟通的技巧；挖掘了自己的才能，全面地认识了自己的能力；提高了自我控制的能力，能够从容面对压力及竞争；思维方式有了明显的改善。

理论篇

第三章

THE THIRD CHAPTER

户外拓展的
运作流程

第一节 户外拓展的前期筹划

与其他形式的培训一样，户外拓展也需要进行设计和准备工作，其中的细节需要与学习者的实际情况相结合，最大限度上满足学习者的培训需求。在户外拓展的初期筹划阶段，必须做好以下准备工作：

- ◎ 收集大量的学习者资料和活动资料；
- ◎ 明确培训活动的目的；
- ◎ 安排培训活动的时间；
- ◎ 选择有效的活动；
- ◎ 准备活动；
- ◎ 培训计划书的确定。

收集资料

培训前期的调查是不可省略的环节。了解学习者的工作状况、人生态度、身体状况是主要的调查内容。

分析学习者的工作状况和人生态度，可以了解学员缺乏的因素有哪些，以此作为活动设计的基础；了解学习者的身体状况，可确定活动的风险值，有严重病史或特殊情况（怀孕、恐高症等）的学习者将被禁止参与风险值高的活动。

了解活动资料是为了以下两点：一是确保对活动的规则、步骤、安全事项明悉；二是脑内储存备用的活动资料以备不时之需。临时增加活动是一项风险决定，如果脑内有大量活动的储存，就不会造成遗憾。

明确培训目的

明确培训目的是有效选择拓展活动的第一要求。培训师可以以报表形式征求学习者的意愿，这是确保活动可以顺利进行的保障。

一般而言，户外拓展活动的目的分为以下几种：

- ◎ 提高企业员工的凝聚力；
- ◎ 激励学习者；
- ◎ 提高学习者的思维能力、行动能力；
- ◎ 自我重新定位；

第三章 户外拓展的运作流程

- ◎ 体验丰富的现代人文精神和管理内涵；
- ◎ 挖掘个人的潜力。

培训活动的时间安排

户外拓展活动主要由活动进行和活动心得分享两部分组成，而活动进行所用的时间占了较大的比例，因此要注意这两者间的时间分配要协调，以免降低培训的有效性。

安排活动时应当注意：与实际生活有联系的一面应该特别凸显，以使活动具有教育意义，并根据活动的学习性决定其分享时间的长短。如果是具有较强现实教育意义的活动，可适当延长分享时间；如果活动的教育意义倾向于理论，分享时间可以控制在10分钟以内。

选择活动

选择户外拓展项目活动时，必须考虑这些活动是否有助于学习，是否能创造有效的学习机会，活动方式是否能为人接受，活动的时机设置是否适宜等。

活动设计者最大的误区是主观化，即依照自己的喜好选择活动。户外拓展活动的基本原则是：活动与学习内容有关；改善学习环境；使学习方式生动有趣；各项活动之间必须相互关联；活动设计者熟悉所选择的活动。

对于耗时较长的户外拓展训练，需要不同类型的活动方式调节培训气氛，单一类型的活动易使人产生厌烦情绪。

教练在设计活动时可以依照以下标准：

- ◎ 活动内容实用性强；
- ◎ 活动的外延有发展的余地；
- ◎ 力求活动安全度在保障范围之内；
- ◎ 活动数量符合时间的安排；
- ◎ 活动的资料齐全，有详细的安全保护措施。

准备活动

选择有效的活动之后需要进行的是活动的准备工作，从宏观上来说，需要准备的内容如下：

★ 熟悉活动

对于教练而言，无法对学员进行详尽的活动介绍是一件难堪的事情。教练必须了解活动的时间分配、活动的规则、活动的步骤、活动道具、活动设施、活动场地等。

教练在学员之前亲自体验活动是最好的熟悉活动的方法。以受训者的身份演练活动，可发现问题，思考解决的办法并验证其有效性。

★ 演练对活动的描述

在拓展训练中，教练必须向学员口头描述培训的基本安排，占口头描述绝大部分比例的是活动规则与活动步骤。教练可以安排一个对拓展活动不了解的人作为听众以检验自己的描述是否清晰易懂，如果答案是否定的则需要反复改进，直至得到满意的效果为止。

★ 活动道具的准备

除去在固定场所使用专业设施、装备的活动之外，教练需要准备好所有的活动道具（秒表、记录表、测量工具、标记笔等），一旦有所遗漏，中途离开获取道具，教练的信誉必遭质疑。

具体的活动道具要根据活动的具体要求准备，对于易损坏、易丢失的道具应该准备好备用品。

★ 考察培训环境

教练应该提前考察培训环境，消除培训的安全隐患，为学员提供安全保障。而受训者自身，也要对自己的人身安全负责。

培训计划书的确定

所有的初期筹划工作的最终表现方式为培训计划书。培训计划书应包含所有初期筹划工作，应是教练对学员、培训负责的表现形式。

第二节　户外拓展的步骤

做好了所有户外拓展训练的前期工作后，户外拓展训练便可以正式开始了。不论户外拓展的场地设在哪里，不管活动的方式如何，户外拓展都免不了以下几个步骤：一是团队破冰；二是项目进行；三是分享；四是回顾总结整场拓展训练；五是培训评估和培训效果反馈。

第三章 户外拓展的运作流程

团队破冰

破冰游戏是户外拓展的热身活动，旨在打破学员之间的陌生感，打破人与人之间的隔膜，活跃现场气氛，让学员习惯户外拓展训练的培训方式，对拓展训练的考验做好心理准备。

破冰游戏开始前，教练必须将学员组织成列队，清点学员人数，进行自我介绍，说明拓展训练的目的、方式、时间安排等，让学员对拓展训练有一个大致的了解。然后开始讲明破冰游戏的规则，再开始破冰。

破冰一般可以采用游戏的方式进行，让学员们在一个个设计巧妙的游戏当中与队友熟悉；也可以采用自然式破冰，就是让学员在规定时间以内与队友交换姓名等个人信息。破冰游戏同样可以运用于建立小组，如生肖分组等游戏。

个人项目 / 团队项目

拓展活动的进行包括两个方面，一是个人项目，二是团队项目。个人项目、团队项目相结合，是拓展训练建设高绩效团队的良好方式。

个人项目的特征：

- 以个人为单位接受活动的考验；
- 心理、体能挑战兼顾，偏向于心理挑战；
- 以提高个人自信心、勇气，打破个人心理限制为目的；
- 个人项目有助于提高个人技能；
- 吸引其他队员的注意力，活动者能够得到队友的鼓励与信任。

常见的个人项目如蹦极、冲浪、高空单杠等。利用专业的安全装备、道具、设施等完成活动，活动过程中，安全和规则必须兼顾。

团队项目的特征：

- 以小组为单位接受活动的考验；
- 旨在增强团队内部协作能力，增强团队凝聚力；
- 建立良好的沟通；
- 增进团队成员之间的信任和默契；
- 可以增进部分学员的领导、筹划能力。

团队项目多运用模拟情景对学员进行考验。在模拟情景中，各个小组进行带有竞争性质的比赛，每个小组选出自己的领导人，设计队名、队徽、口号、队歌等小组信息。团队成员共同进退，在特定的场景下体验团队的力量。常见的团队项目有定向寻宝、野营、夺宝奇兵、坐地起身、翻叶子等。

分享

这里的分享是指每个活动结束后的分享，旨在让学员互相交流自己的感受和训练中的心理变化，或是与教练进行交流，反馈各自的信息。分享的目的是将拓展活动中所得到的启示与实际生活联系起来，获取实际意义。

分享的时间依活动的具体设置而定，如果是较为简单的活动，分享时间应该控制在5分钟以内，如果是较为复杂、实际意义较强的活动，可以延长分享时间。分享的方式可以为自然式，即各小组围坐在地上，自由发言，将自己的心得与队友分享，或集体得出需要澄清的问题反馈给教练；也可以为强制性，即教练以点名的形式让学员发表自己的意见或看法。

拓展训练的回顾总结

拓展训练的回顾总结是学员的温习过程，在回顾与总结环节中，教练带领学员一起回顾拓展训练的环节，以及每个环节带来的体验、心得等，让学员对整场培训有一个大致的轮廓，并在这个轮廓下获取正确的认识（包括个人与团队之间的关系、个人的成长、团队的共同进步等）。

回顾总结的特征：

◎ 巩固团队的学习成果；
◎ 使学员将所有的体验进行整理，从中提炼出对自己有利的信息；
◎ 沉淀团队激情，将激情与实际生活联系起来。

回顾总结的内容除了学员信息的整理之外，还包括公布各种活动的比赛结果及相关评论，教练对各小组、个人的表现评论等方面。回顾总结既可以采取单纯的学习式总结，也可以采取寓教于乐的方式。如在告别晚会上进行回顾总结，既轻松又富有新意。

培训评估／培训效果反馈

★培训评估

培训评估的内容主要是学员的满意度、团队的行为有效程度、个人的行为有效程度、培训的结果评估（主要依据是学员培训前后的表现对比）等。

团队的行为有效程度评估包括团队的工作技巧、团队的工作氛围、团队的凝聚力、

第三章 户外拓展的运作流程

团队的运作能力、团队解决问题的能力、团队的人际关系的协调度、团队的协作能力等。

个人的行为有效程度评估包括员工的价值取向（人生价值观、世界观、人际交往观念等）、员工的需求（自我价值实现的需要、企业归属感的需要、安全需要、自我尊重和他人尊重的需要等）、工作满意度（对工作环境的满意度、对工作伙伴的满意度、对上级的满意度、对工作稳定性的满意度、对工作发展性的满意度等）。

培训的结果评估主要针对培训的各个层面，如培训的效果、安全度，还有培训的投入与回报率等。结果层面的评估必须是培训前后相对照得出的结果。培训结果评估的主要方面不在于数字的表面性说明，而是着重于"结果"的说明，如培训效果，侧重于学员个体或是整个团队培训前后在工作中的表现对比，这需要企业管理层的配合才能获得相关信息。

★培训效果反馈

培训效果反馈的形式主要有口头反馈、书面反馈、媒介反馈等形式。反馈的信息包括学员对教练的意见、对培训方式的意见等。培训效果反馈一方面可以给教练提供可供参考的信息，另一方面可以促进学员对培训的进一步反思。

口头反馈：主要指学员用口头语言反馈意见。学员将培训过程中受到的启发、影响、实际意义等通过语言进行反馈。语言反馈的信息层面较多，内容广泛，由于是学员的亲口反馈，内容真实贴切。口头反馈的形式多为座谈会或交流大会。

书面反馈：与口头反馈的方式相比，书面反馈的最大特点是可以作为档案存档。同时，学员进行书面反馈，一方面可以回顾整场培训，表达出对培训的评价和个人对培训的感受；另一方面为自己提供了反思的机会。

媒介反馈：媒介反馈主要是指在企业内部发行的刊物上面将学员反馈的信息刊登出来。媒介反馈的主要载体为企业的人力资源部或是人事部门。

除了上面介绍的三种主要反馈形式外，还可以采用其他反馈方式，如行为观察反馈方式、调查研究反馈方式等。无论是哪一种反馈方式，目的都是为了对学员进行方向上的指引，将培训中的思想具体运用于实际工作和生活中。

第三节　户外拓展训练方案范例

组织户外拓展训练前，我们需要制订一个方案。这个方案是培训计划书中最核心的一部分，不仅需要包括上一节中户外拓展训练的 5 个步骤，而且需要对环境、工具、人员等因素做更细致、更周详的安排和计划。

以下是 A 企业的一次名为"精英管理团队"的户外拓展训练的方案，是一个可以作为参考的范例：

培训时数：2 天

培训人数：两组，共 30 人（暂定）

培训时间：2019 年 9 月

时间安排：见表 4

表 4　"精英管理团队"拓展训练时间表

9：00	到达训练基地，安排住宿，换服装
9：30–10：00	集合，课程介绍、安全等注意事项
10：00–10：45	破冰及热身活动，建立团队（队名、队歌、团队口号）等（统一战略方向）
10：45–11：30	分组进行不同项目（协作与创新）
	第一组：背摔　第二组：背摔
11：30–12：00	学员分享，讲师点评
12：00–14：00	午餐、午休
14：00–14：30	午后热身：人椅等（加强相互之间的信任）
14：30–15：30	分组进行不同项目（高效的管理能力）
	第一组：巨人梯　第二组：地雷阵
15：30–16：00	学员分享，讲师点评
16：00–17：00	分组进行不同项目（高效的管理能力）
	第一组：地雷阵　第二组：巨人梯
17：00–18：00	学员分享，讲师点评

续表

18：00—19：00	晚餐
19：00—21：00	传真机（战略·制度·人员）
第二天	
7：00	起床
7：30—8：30	晨练：同心竿
8：30—9：00	早餐
9：00—10：00	合作进行项目（让成员体会战略、制度、人员）
十字大塞车	
10：00—10：30	学员分享，讲师点评
10：30—11：30	分组进行不同项目（培养沟通协作与创新）
第一组：蜘蛛网　第二组：蜘蛛网	
11：30—12：00	学员分享，讲师点评
12：00—13：30	午餐、午休
13：30—14：00	午后热身：信任圈（加强相互之间的信任）
14：00—15：00	分组进行不同项目（培养高效的管理能力）
第一组：孤岛求生　第二组：高空平衡木	
15：00—15：30	学员分享，讲师点评
15：30—16：00	分组进行不同项目（培养高效的管理能力）
第一组：高空平衡木　第二组：孤岛求生	
16：30—17：00	学员分享，讲师点评
17：00—17：30	毕业墙（培养高昂的士气）
17：30—18：00	合影，总结

第四节　户外拓展活动案例

户外拓展训练能够在轻松的气氛中完成对人们的磨砺，这是因为这种活动综合性强，易于被学员接受。从下面的例子中我们就可以感受到这一点。

信任背摔——摔出来的信任与勇气

走进培训大厅，首先映入眼帘的是一行四个大木架，似乎要给在场的人一个下马威。听完教练的活动规则介绍，不少人心里打起了退堂鼓：能接住吗？一不小心跌到地上，那不就糟糕了吗？

每组21人按照要求来到了木架前，除一人上平台外，剩余的20人在平台前分列两排，面对面、手搭手，组成了一堵"肉墙"。

第一个登上平台的人是小组长，培训师助理将其双手缚于胸前，且用红布蒙住他的眼睛，背向"肉墙"。培训师宣布背摔活动开始。所有人都屏住气息，不敢说话。培训师再一声令下后，小组长的声音响起来了："伙伴们，我要倒了，你们准备好了吗？"台下的声音响了起来："准备好了！"小组长听到后，便直挺挺地向后倒了下去。"肉墙"一下一下地将小组长运送到队伍的终点，当小组长双脚着地时，整个队伍发出了一阵欢呼。

其实，这个项目的安全性就在于倒的那一刹那，平台上的人双腿不能弯曲，更不能一屁股坐下去；身体越直，安全性就越大。可是，依然有人上去后一屁股坐下去，或是双腿弯曲不成形地倒下去。能不能顺利倒下去，关键在于你对你背后的人是否信任，所有人的感悟是倒下去后比站在平台上的感觉更踏实，这一倒，倒出来的是信任，是团结。

同舟共济——在水中打造团队绩效

几根竹竿，几个油桶，几根绳索，能不能搭建成过河工具？能不能在最短的时间内到达终点？这是整个团队面临的问题。

搭建工作开始了，有人慌慌张张，有人不知所措，也有人无从下手，初始阶段显得相当混乱。在初期的混乱过后，每个小组都拟订了自己的方案并开始尝试。各组奇形怪状的过河工具开始产生了。在对其功能、安全性能进行初步确认后，其中两个小组率先开始渡河。意外的情况发生了，其中一组的工具在下河不久后便解体了，小组成员统统落水。失败对他们来说是个打击，每个人看上去都是气急败坏的样子。这时教练对他们说："失败是成功之母，最重要的是吸取教训，改进工作方式！"小组长开始鼓励队员："不要气馁，加油！重新开始没有什么可耻的，我们不能放弃！"

失败后的重新开始，大家都显得格外沉着，这一次，小组不再急于求成，而是研究改进技术。尽管这一小组取得的最终成绩不是很理想，但户外拓展强调的不是成绩、胜利，而是有所"得"，团队的工作方式在培训中得到了改进，团队伙伴的关系得到了改善；最重要的是，通过拓展，打造了一支高绩效的团队。

蹦极——刺激背后的心理挑战

恐高吗？站在塔顶，心里是否在不停地打鼓？尽管有着全套的安全措施和万全的设备，可是心底的恐惧感还是在不停涌现？"当你们站在这里，最大的敌人就是你们自己。你们能不能战胜自己？你们是否愿意活在自己的阴影之下？一旦跨越出去即是超越自己！现在，挑战开始，有谁愿意第一个开始挑战？"

终于，有一个男孩子愿意尝试，穿好装备，一切准备就绪，按照教练的要求深呼吸一下，开始！纵身一跃，他向着辽阔的大地飞去。看着队友安然无恙地回到身边，大家都跃跃欲试。学员们依次进行体验，发出尖叫，尽情地挥洒自己的热情。在紧张而又刺激的氛围中，心理挑战圆满完成。

Hash 运动——追踪中培养团队协作力

前面"兔子"狡猾地设置路线，可苦了后面的"猎人"。面对复杂的路线，该何去何从？一个小小的决定就会影响到整个团队的效率。如何抓住狡猾的"兔子"？"猎人"们该如何处理好内部的协作与沟通问题？

在活动过程中出现了这样的问题，"猎人"们并未发现"兔子"留下的任何标记，随着时间一分一秒地过去，小组成员的情绪开始有了变化，内部产生了不同意见，对立也随之产生。"为什么我们不再找一下呢？然后将寻找范围缩小，这样成功的概率更大。"有学员建议。对于当时情况而言，这是最无奈也是最有效的方法。5 分钟后，该组成员终于在一块石头上找到了"兔子"留下的路标，但是路标十分模糊，所指方向似乎主要朝向两条小径。吸取了前面的教训，小组全体成员一致决定，分成两部分，尽早到前面探路。通过小组成员的探查，发现其中一条小径通往山涧，这样就成功排除了错误道路。

其实想想看，不只是追踪的过程中充满了选择，事业、生活无一不是在不断的选择中发展，睿智的人选择"选择"，仍然迷茫的人选择发发牢骚，然后原地踏步。

星空静思——在自然中寻找睿智

明亮的星星、皎洁的月光，周围一片沉寂，体会自然的神韵，反思自我、寻找自我。远离喧嚣的城市，在这里，我们能够找到超乎想象的东西，这是一种何等超凡脱俗的体验。

技巧篇

第一章
THE FIRST CHAPTER
野外生存
技巧

第一节　户外常用装备的选择技巧

户外拓展训练中常需要的装备有帐篷、睡袋、背包、户外灯具、动力绳等。这些装备对活动的顺利进行起着辅助作用。如何保证这些设备在使用过程中不会出现任何差错呢？选择这些装备时需要注意哪些问题呢？

帐篷的选择

从总体上看，帐篷可以分为四季帐篷和三季帐篷，从具体的结构和使用范围来分，又可以分为单层帐篷、双层帐篷、高山帐篷等。

四季帐篷一般在冬季使用，为双层帐篷。而三季帐篷主要在春季、夏季、秋季使用。那么我们如何分辨单层帐篷、双层帐篷与高山帐篷呢？

单层帐篷特征：结构简单、轻便。最大的缺点为防雨、防风性能差，不适于在冬季使用，因为冬季的寒冷会使帐篷内部的装备变得潮湿。

双层帐篷特征：质薄、透气且外帐防水，最特别之处是内帐入口外还可以支起一个小门厅，可放背包或做饭。防寒、防风性能较好。

高山帐篷特征：较小、矮，抗风雪能力强。

任何帐篷都主要由支竿、外帐、内帐、帐钉组成，支竿的作用尤为重要，帐篷能否支起来，主要靠它的强度起作用。一旦支竿折断，帐篷就支不住了。内帐与外帐所起的作用都不一样，外帐主要用于防风雨，内帐则主要用于防水，内帐可以单独使用。帐钉则用于固定帐篷。

选择帐篷时共同的标准是重量、大小、高度等。帐篷的原材料主要有玻璃钢和铝合金两种，相比之下，铝合金的强度更高。帐篷的大小一般要容纳两人以上，相同原材料的帐篷，选择的标准为越轻越好。

睡袋的选择

总体上，睡袋分为普通型、专业型两种。专业型的睡袋在原料、设计等方面都较普通型要好。普通型睡袋适用于一般的露营，大多在春、夏、秋三季使用，而专业型睡袋则主要用于较寒冷的季节，甚至可供探险队使用。

睡袋最主要的功能为保温，但不同质量的睡袋的保温性能各不一样，这是因为不同睡袋的保温层采用了不同的原料。档次较低的睡袋表面常采用普通的尼龙绸，保温层则采用人造腈纶棉，这种睡袋保证的温度只在20℃左右且压缩性差。档次较高的睡袋表面采用原料为具有透气功能的尼龙，保温层则采用微纤维棉，保暖性强且重量轻、压缩性强，易于携带。

睡袋的款式设计也是选择标准之一，适当的款式有利于入睡。一般的睡袋款式有木乃伊型、信封型和混合型。木乃伊型带有头套，上大下小，符合人体的形状；睡袋的侧面装有拉链便于出入，这种睡袋保温性较好且重量轻，便于携带；信封型睡袋的空间比木乃伊型睡袋大一些，睡眠舒适度比木乃伊型好，但保暖性不及木乃伊型，还比较重。混合型睡袋则介于木乃伊型和信封型之间。

睡袋的填充物也各不相同，有些是采用人造材料进行填充，保温性差。保温填充物较好的为鸭绒，最佳的填充物为鹅绒，如果绒的纯度在90%以上，蓬松度及保温度都较强。

背包的选择

我们可以从自己的具体要求来选择相应的背包：

装载数量：如果携带物品较少，可以选择小容积（25～45升）的背包，这种背包除主袋之外，还附有几个小口袋，利于将物品分类装放。

运动方式：攀岩所用的背包，一般不设计硬支撑，为的是便于随身而变形，同时外挂点比较多，方便悬挂器材；有的款式还专门装配了用于整理器材的垫布。自行车运动所需的背包根据其具体要求可分为背包、架挂包、前把包、背挂两用包、驮袋等。登山包或野营背包在设计上考虑了各种运动形式的特点和长途旅行的需要，适用于登山、探险和林地穿越活动。

结构设计：良好的结构设计是体现背包功能的标准之一。现今流行的背包都采用了尼泊尔背篓的原理，采用了双V字形设计。一是内衬铝架呈V字形，设一横杠在肩部定位，并根据人体曲线对铝架做定位处理，使用者还可根据自己身体的舒适度进行微调；二是背包装载部分呈V字形，上宽下窄，上厚下薄，装物后呈篓型。这样的结构更便于受力传递。

背包的材料：从织带上看，普通的织带和优质的织带价格可差3～5倍，优质尼龙织带的承重力可达200公斤以上。从面料上看差别也很大，同为420D的面料，普通面料每码重280克，而高密度的面料每码重410克，因此两种面料从强度和耐磨度上都会有较大差异。从涂层上看，低档背包多用PVC涂层，受冷会变硬，而高档背包多用PU涂层面料，遇冷硬度没有明显变化，四次PU涂层的面料防水度可达1500毫米以上。

身形与背包的契合度：背包如与背部的身形相契合，可减轻背负者的受力，身形较小的人不宜背大尺码的背包，背包的腰部受力点应在尾骨上方的腰窝上。肩带的支点应略低于肩部（10厘米为宜），这样才便于受力带的调整和受力，背起来也才舒服。

户外灯具的选择

户外宿营是一项极具乐趣的活动，可是在黑暗中活动会受到限制，事前准备好备用的灯具是最好的办法。灯具有很多种，而且各具特点。

◎ 手电筒：手电筒是常见的照明工具之一，优点是轻巧、光线足，易于携带。但如果利用手电筒在夜间做饭，是不太现实的，这正是手电筒的缺点之一。

◎ 营地灯：专为照亮较大面积的地方而设计。适于参与人数较多的长途旅行，因为这种灯较大、较笨重。营地灯有使用电池和使用燃料的。使用电池的操作较方便，但使用时间较短。使用燃料（天然气、煤油、酒精或汽油）的操作比较麻烦，但往往照明强度高，使用时间长。

◎ 头灯：头灯是利用电池供电的灯具。顾名思义，头灯可以被戴在头上，以照亮前方的道路。优点是可解放双手，缺点是照亮面积较小，且使用时间较短，需要不时更换电池。

◎ 燃气灯：体积较小易携带，照明强度高，大都使用天然气，因为天然气气罐已事先加压，而不像使用煤油时需要加压。多用于人数不多的小型团队。

◎ 蜡烛：古老的照明方式之一，方便但照明强度不高，不适用于多人照明。

动力绳的选择

动力绳是攀岩的重要工具之一。动力绳的质量直接影响着活动的安全。绳索一般被分为动力绳与静力绳两种，两者的区别在于吸收冲力的大小，相比之下，动力绳较为出色。动力绳具有以下特点。

长度：绳子长度一般以米来计算，现在通用的规格长度是50米、55米、60米、70米。

直径：直径一般用毫米表示。直径为10.5毫米和10毫米的动力绳最为常用。部分单绳的直径是9.6毫米。直径越大的绳子保险系数和耐用性就越好。

重量：一般来说，户外拓展所带的工具越轻越好，但动力绳的重量一般按克/米计算，越重的动力绳安全系数越高。

构造：攀登绳是由绳芯和绳皮所构成。里层的绳芯是绳子承受力量的主要部分，外层的绳皮紧紧环绕着绳芯编织，避免使用绳子时绳芯受到磨损。

柔韧性：柔韧性较强的绳索易打成绳结，但受力后不宜解开，较硬的绳索能够轻易地穿过不同的器材，但绳结易开。

其他装备的选择

防潮垫的选择标准：隔绝性、舒适度、使用面积和耐用度等。

水壶的选择标准：材料、工艺、容积等。

登山杖的选择标准：构造、活动需要、长度、材质等。

刀具的选择标准：材质、功能等。

第二节 地图使用的技巧

无论是定向越野还是野外宿营，都需要随身携带地图以明确自己所在位置，但并不是所有的人都可以明确地图所表现出来的信息。如何正确察看地图获取正确信息呢？只需要抓住地图的几个重要方面进行分析即可。

地图的方向

标准地图是按上北、下南、左西、右东的方位绘制的，少数地图是按特定要求绘制的，由方向标注明方向。从周围环境的目标物对照地图，应该能够大致知道自己的方位，这是地图的基本作用。

地图的比例尺

由于所示地区的大小不同，地图所采用的比例尺也各不一样。为了精确地判断位置，应该明确地图绘制时采用的比例尺大小。所谓比例尺就是实际长度缩小的倍数。例如1∶50000，就表示图上的1毫米代表实际的50米。根据地图的比例尺可测算出目前所在位置与终点之间的实际距离。

地图图例

公路、桥梁、湖泊、草原、河流、行政区等，在地图上是由不同的图例表示的。图例一般指线条、符号等可辨别性记号。图例可以帮助我们选择正确的路线。例如：

公路：主要公路（国道）一般用红色双平行线表示，如果红色双平行线之间的距离缩短，表明此段为高速公路。普通公路用黄色实线表示，大道用黄色虚线表示。

村庄：村庄、乡镇用蓝色空心圆表示。

等高线

这是一种将地理海拔高度相同或相近的点，用线条人为地连接起来的假想线条。在同一张地形图上，所有等高线的高度差都是相等的。通过看等高线的分布及疏密情况，可以知晓大致的地形：等高线的宽度越小，表明这一带的地势越陡；等高线宽度越大，这一带的坡度越缓。在彩色地形图上，等高线的色块随海拔的变化而出现颜色的变化，海拔高度是从浅棕色、深棕色到深褐色逐渐变化的，海拔越高颜色越深，而在平原地带则是绿色，海平面用蓝色表示。

如何在户外保护好地图

地图多为纸质，为防地图破损，可将其固定在塑料便利文件夹中。这样做可以防止地图破损、被淋湿，不会影响查看地图的清晰度。

地图上没有的道路

尽管地图能够显示出绝大部分道路，但总有一些道路是地图上没有的。例如：地图发行后修建的道路、山间的捷径、营救性临时开辟的道路、积雪期使用的道路等，对于这些通过地图无法确认的道路，可以向本地人询问。如果实在无法掌握明确的信息，不宜冒险。

第三节　判断天气的技巧

提前知道户外天气，可以保证户外训练的顺利进行。我国从古代开始就流传着一些关于预测天气的谚语，即使到了今天，这些谚语依然可以帮助我们抵御恶劣天气的突然袭击。我们还可以通过观察云的形状或是一些事物的自然形态判断天气的发展情况。

通过谚语判断天气

★月光带枷，大雨落下

"月光带枷"就是说月亮周围有环。空气潮湿时，天空中有小冰晶凝结，经过月光折射会造成月亮周围有环。

第一章 野外生存技巧

日环变大是天气晴朗的预兆,这表明水蒸气正在蒸发,蓝天会更清晰。缩小的日冕意味着将要下雨。午后太阳如果闪烁绿光,表明天气相当不错,好天气至少可以维持24小时。天空的薄云,往往是天气晴朗的象征;那些低而厚密的云层,常常是阴雨风雪的预兆。

★ 朝霞不出门,晚霞行千里

这是一句古老的天气谚语。日落时分若空气中水汽很少,在随后的两个小时内不大可能下雨或下雪;但如果朝霞红了半边天,通常会有一场暴风雨。天空呈灰色,意味着灰尘和水汽混杂在了一起,很容易降雨。

★ 烟囱不出烟、烟扑地

这两种现象都是天将下雨的预兆,因为草木燃烧后排出的气体中含有的二氧化硫,会与空气中的水分子发生反应,变成液滴,浮在空中。因此,烟似乎就变重了,不易升腾。

表5 云的形态与天气对照表

名称	形态	位置	天气情况
卷云	像羽毛 像绫纱	最高	阳光可以透过它照到地面,天气晴朗
卷积云	像鳞波	很高	它不会带来雨雪
积云	像棉花团	2000米左右	它不会带来雨雪
高积云	像羊群	2000米左右	在天空映着温和的阳光
卷层云	仿佛白色绸幕	高	云块间露出碧蓝的天空,天晴
高层云	像毛玻璃	低	将要下雨或下雪
雨层云	布满天空	更低	将要下雨或下雪
积雨云	形成高大的山	更低	马上就会下暴雨

通过动物行为判断天气

◎ 傍晚，鸡迟迟不愿入窝，是下雨的预兆。原因是，雨前洞里的小虫因为闷热而爬出地面，附着在草叶上，给鸡造成了觅食的好机会。

◎ 早晨，蜘蛛网上有水珠表示天晴。天气晴朗的日子里，早上温度低，使空气中的水蒸气凝结成小水珠，挂在蜘蛛网上闪烁着，通常天气不会下雨。

◎ 蚂蚁过马路。在地面挖洞生活的蚂蚁，感觉要下雨，害怕洞会被水淹，便会在下雨之前逃之夭夭。

◎ 蚂蚁垒窝，天气转坏。天气转坏时，蚂蚁显得非常忙碌，有的忙于往高处搬家，有的则来回运土垒窝。通常，窝垒得越高，表明降水也就越大。还有一种大黑蚂蚁垒的窝，往往在次日风的来向处垒得高些。

◎ 分辨蝉鸣知天气。蝉的叫声是由它的腹部发音器的薄膜振动而发出的。据观察，夏天由雨转晴前2小时左右，蝉就会叫，而晴天转阴雨时，蝉不会叫。这是因为下雨前，它的发音薄膜潮湿，振动不灵。相反，天气转好，空气干燥，薄膜振动有力。

◎ 黄鹂"猫叫"天转阴，猫头鹰连叫快下雨。当天气即将转阴雨的时候，黄鹂鸟会发出类似猫叫的声音；夏秋季节，日出或黄昏时，猫头鹰连叫两三声，叫声低沉像哭泣，并在树枝上东跳西跳，很不安宁，这是天要下雨的征兆。

◎ 蜜蜂是天气的预报者。蜜蜂最适合在天气晴朗、气压较高的情况下飞行。另外，天气越好，植物花蕊分泌的甜汁越多，诱惑蜜蜂的能力也越大。早晨蜜蜂都出窝采蜜，天气晴，傍晚迟迟不回窝，明天继续晴朗。反之，则预示阴雨将来临。

◎ 乌鸦栖落在树枝上时，头总是迎着风向。因此，在地面风力很微弱的早晨，观察高枝上栖停的乌鸦头的朝向，可确定空中的风向。

◎ 云雀叫声提高表示天晴。从远方传来云雀轻快的叫声，就可证明是好天气。

◎ 早晨麻雀鸣叫表示天气晴朗。麻雀对天气变化十分敏感，在天气好的日子里，叫得特别厉害。

◎ 燕子低，披蓑衣。这是由于燕子是以小虫为主要食料的。当天气转坏要下雨时，空气湿度增大，小虫的翅膀上随着小水滴而变软，不能高飞。燕子为了捕食小虫，也就跟着低飞。

◎ 鹁鸪在不同天气里叫声不一样。晴好天气，它不急不慢地叫着"咕咕咕……"，声音清脆，没有拖音。天转阴雨时，就连叫"咕咕咕——咕……"，声叫得重，拖音长。

第一章 野外生存技巧

通过其他方面判断天气

观察篝火也可以预测天气变化。如果烟火缓缓上升，表明天气不会有太大变化；如果烟火闪烁不定，或者升起又降下，可能会有暴风雨。

第四节 辨别方向的技巧

野外生存必须学会辨别方向。我们可以采用专业的工具（如指北针、指南针等）进行辨认，也可以通过大自然的提示或资料的暗示获取有效信息。

大自然的提示信息

★太阳

日出日落可以给我们提供一个大致的方向，我们也可以通过观察影子来获取信息。取一根棍子（1米以上）立于地上，在棍子影子的顶端用实物（如石头、泥块等）做好标记，影子会随着太阳的移动而移动。10分钟（或以上）后，在棍子的影子的顶端再次做好标记，在两个标记之间画一条直线，再从直线的垂直方向再画一条直线，这样就形成了一个方向标。此时，第二个标记代表的方向是东方，依顺时针方向依次为南、西、北。

★北极星

北斗七星斗口五倍距离处就是北极星，北极星正下方为正北方，按顺时针方向依次为东、南、西方。

★树木

根据树叶的特点可以辨别方向，在北回归线以北的地区，大树南侧的枝叶茂盛而北侧的则稀疏。

★蚂蚁洞穴

可以根据蚂蚁洞穴来识别方向，因为在北回归线以北的地区，蚂蚁的洞口大都是朝南。

★岩石上的苍苔

岩石众多的地方，可以找一块较醒目的岩石来观察。在北回归线以北的地区，岩石上布满苍苔的一面是北侧，干燥光秃的一面则是南侧。

★冬季的积雪

冬季可以观察山沟或者建筑物来确定方向。由于日照的原因，积雪难以融化的部位总是朝向北面。

巧用手表

可以利用手表来辨识方向：将现在所处的时间除以2，再把所得的商数对准太阳，表盘上12所指的方向就是北方。比如上午8点，除以2商数为4，将表盘上的4对准太阳，12所指的方向就是北方了；如果是下午，应以24小时计时法计算：下午2点，即是14点，除以2商数是7，将表盘上的7对准太阳，12所指的方向就是北方。

第五节　野外拓展中时间判断的技巧

野外拓展训练中，若没有钟表，除了运用手上现有的工具判断时间外，如果具备了依据自然判断时间与距离的技巧，无疑是如虎添翼。但是请记住，大自然给予的提示还需要我们经过思考得出正确的结论。

第一章 野外生存技巧

野外利用自然现象与手头工具判断时间

★ 北斗七星

北斗七星斗口的两颗指极星，五倍距离处就是北极星。我们把北极星当成钟表表面的中心，把指极星和北极星的连线当成时针，在钟面上划分12等分：上面是12，右面是3，下面是6，左面是9。这样，一架北斗星钟就组成了。

由于星辰是东升西落，所以北斗星钟的时针转动方向，和普通钟表的时针相反。12点以后，指11点，然后依次指10、9、8、7……。尽管它的时针转动方向和普通钟表不一样，但是完全可以得出和一般钟表几乎一致的时间。

★ 指北针与罗盘

可在指北针或罗盘中心立一根火柴，指北针或罗盘指针转至正北正南方向，观察火柴杆影指的方向，杆影指向西（W）则是上午，杆影指向东（E）则是下午，杆影指向正北（N）则是正午，按杆影的移动轨迹可判断早6时至下午6时的时间。

★ 自制日晷

用厚纸板两块，按照当地纬度的余角安置，在上面一块厚纸板口按顺时针方向从1～24画好字盘，将针插在字盘中央。安置日晷时字盘应向北。在3～9月可按上法安置字盘，10月至来年2月应自下而上将针反插在上面纸板上并在其背面按照逆时针方向画出字盘。

★ 星钟

观测的时候，只要记住当地的经度（要以时间为单位来表示经度，因为地球自转一周360°，需24小时，所以可用15来除当地的实际经度数求得），认好星钟时针所指的"钟点"数字，以及观测的月份和日期，最后再用一个常数减一减，就能马上得出所需要的时间。

这个方法，可用简单的公式表示：

北京时间 = 36.4 小时 − 经度 −2 ×（钟点数字 + M）

M就是由这年1月1日算到观测时间的月数（每3天算成0.1月）。如果得出来的是负数，就要加24小时。至于36.4小时这个数字的来源，我们在此不做说明。

在某年6月1日晚上，于北京天文馆（经度 =7时45分）看北斗星钟指针在"10"，这时候的北京时间是几点几分？

先心算一下，知道6月1日离1月1日相隔5个月，即M =5。这样，这时候的北京时间（钟表时间）是：

36.4 小时 −7.8 小时 −2 ×（10+5）小时 = −1.4 小时

24−1.4=22.6 小时，也就是晚上10点36分。

第六节　户外判断距离的技巧

户外如何判断距离

★ 夜间利用光源或声源判断距离

在1公里以内可以看见香烟头火光。

在1.5公里以内可以看见擦火柴火光及手电筒光亮。

在2公里以内可以看见步枪射击火光。

在0.5公里以内可以听到人的平常谈话。

在1公里以内可以听到人呼喊声和马蹄声。

在1.5公里以内可以听到汽车开动声音。

在2公里以内可以听到汽车喇叭声和马叫声。

在5公里以内可以听到枪声。

在8公里或12公里以内可以听到飞机声。

第一章　野外生存技巧

★ 步测

《队列条令》上对步子的大小有个规定，齐步走时，一单步长75厘米，走两单步为一复步，一复步长1.5米；行进速度每分钟120单步。一个成年人的步长，大约等于他眼睛距离地面高度的一半，如某人从脚跟到眼睛的高度是1.5米，他的步长就是0.75米。

另外，我们每小时能走的公里数，恰与每3秒钟内所迈的单步数相同。例如，你平均3秒钟能走5单步，那每小时你就可以走5公里。

掌握了自己的步长和步速，步测就算学会了。步测时，只要记清复步数或时间，就能算出距离。例如，知道自己的复步长1.5米，数得某段距离是540复步，这段距离就是：540×1.5米=810米。若知道自己的步速是每分钟走54复步，走了10分钟，也可以算出这段距离是：54×10=540复步，540×1.5米=810米。根据复步与米数的关系，可以把这个计算方法简化为一句话："复步数加复步数之半，等于距离。"

★ 目测

不同距离上不同目标的清晰程度是不一样的，通常目测标准如下：

100米，人脸特征、手关节、步兵火器外部零件。

150~170米，衣服的纽扣、水壶、装备的细小部分。

200米，房顶上的瓦片、树叶、铁丝。

250~300米，墙可见缝，瓦能数沟；人脸五官不清；衣服、轻机枪、步枪的颜色可分。

400米，人脸不清，头肩可分。

500米，门见开关，窗见格，瓦沟条条分不清；人头肩不清，男女可分。

700米，瓦面成丝；窗见衬；行人迈腿分左右，手肘分不清。

1000米，房屋轮廓清楚，瓦片乱，门成方块窗衬消；人体上下一般粗。

1500米，瓦面平光，窗成洞；行人似蠕动，动作分不清。

2000米，窗是黑影，门成洞；人成小黑点，停、动分不清。

3000米，房屋模糊，门难辨，房上烟囱还可见。

★ 指北针测

指北针不但能给出方向，还能告诉我们距离。打开指北针，就能发现有准星、照门。准星座两侧尖端的宽度恰好是准星座到照门距离的1/10。准星座就是估计判定距离的，所以也叫"距离估定器"。测量距离时，将指北针放平，用右眼通过照门、准星观察目标，记住距离估定器照准现地的宽度，然后目测现地的宽度，并将该宽度乘以 10，就是到目标的距离。若目标太窄，也可以用估定器的一半照准，此时应乘以 20。例如，测得目标物约为估定器的一半，已知目标物长约 7 米，则可以算出到目标物的距离为：7 米 ×20=140 米。

第七节　户外寻找水源的技巧

水是户外活动的必需品，随身带着饮用水是我们的一个习惯。但是，随身携带的饮用水仅仅适用于短期的户外活动（不包括在野外搭营）。若需要在野外搭营住宿，必须选择好营地，营地的选择条件包括接近水源地。而在野外拓展中，饮用水用尽的时候，可以巧用大自然的资源。无论是作为户外拓展教练还是学员，具备了寻找水源的一般性技巧，无疑就增加了一项在野外生存的技巧。

利用植物取水

★仙人掌

各种仙人掌含水甚丰。切去仙人掌的顶部，汁液即自切口流出，然后捣碎果壳果肉，以吸管吸取汁浆。但如发现其汁液为乳白色时，切勿饮用，因为这种汁液可能有毒性。

★野生蔗

只要在茎干上挖洞，水则流出；也可砍去枝叶，饮用切口处流出的汁液。其味生涩，但如无其他方法，则野生蔗亦为最佳植物代用水。

★棕榄

砍倒树干，割去顶端，斜放在地上，用容器在其根部盛接，每8小时去茎一段，一日约可得5～8毫升水。

★竹

粗大的竹类、麻竹、桂竹、孟宗竹等茎干均含少许水分，雨后采取方便，但需注意在过滤消毒后才可饮用。

★野丝瓜

将茎与根部切断，以容器收集，或用塑胶袋包扎切口，次日收回，就可以得到饮用水。

★水树

凡树体积粗大、叶阔大、多生果实，则树身藏水丰沛。只要用利器在树干上挖一洞，即有水流出。但需注意，挖洞时应在太阳西落之后，黄昏时终能得水。

★水藤

分布于800米以下的溪畔的潮湿地带。将其茎割切一段，即有水汩汩流出，待流尽后，在其上约0.3米处切割一段，便有水流出。

寻找水源技巧

★根据植物生长状况寻找水源

生长着香蒲、沙柳、马莲、金针（也称黄花）、木芥的地方，水位比较高，但水质也好；生长着灰菜、蓬蒿、沙里旺的地方，也有地下水，但水质不好，有苦味或涩味，或带铁锈。初春时，其他树枝还没发芽时，独有一处树枝已发芽，此处有地下水。入秋时，同一地方其他树枝已经枯黄，而独有一处树叶不黄，此处有地下水。另外，三角叶杨、梧桐、柳树、盐香柏等植物只长在有水的地方，在它们下面定能挖出地下水来。

★ 根据地形地势寻找水源

山脚下往往会有地下水，低洼处、雨水集中处以及水库的下游等地下水位均高。另外，在干河床的下面，河道的转弯处外侧的最低处，往下挖几米左右，就能有水，但泥浆较多，需净化处理后方可饮用。

★ 根据气候及地面干湿情况寻找水源

炎热的夏季，地面总是非常潮湿，在相同的气候条件下，地面久晒而不干不热的地方，地下水位较高；在秋季地表有水汽上升，凌晨常出现似纱的薄雾，晚上露水较重，且地面潮湿，说明地下水位高，水量充足；在寒冷的冬季，地表面的隙缝处有白霜时，地下水位也比较高；春季解冻早的地方和冬季封冻晚的地方以及降雪后融化快的地方，地下水位均高。

★ 根据天气变化寻找水源

天空出现彩虹的地方，肯定有雨水；在乌黑、带有雷电的积雨云下面，定有雨水或冰雹；在总有浓雾的山谷里，定有水源；靠收集露水也可缓解些燃眉之急。

巧用多种水源

★ 地表水

包括泥泞水、雨水、露水等，其收集方法如下：

泥泞水：首先将茅草制作成一长约0.3米左右的锥形容器，将水入过滤器，在底部以容器盛接，过滤数次，消毒后即可饮用。

雨水收集：下雨时，在大的树干上挖一孔，插入竹筒，雨水将沿此筒聚流，底部以容器盛接即可。如无利器挖孔，可用长布条沿树干缠绕，约留尺许于容器内，雨水即沿雨布条引入。

露水收集：利用金属板，夜间露天放置，待水珠凝结成时收集之。或可用石头收集，在地上挖一直径1米左右的浅坑，其上铺一帆布（或纸张、衣料、山芋叶等），再用石头在其上排成高约1米的V字形，则露水沿石而下积聚于帆布内，待次日除去石块，即可得3~5毫升水，可消毒后饮用。

★ 地下水

高山融雪、溪水、渗于地下的雨水、山谷低洼处积水、岩缝里流出的山泉等均为地下水源。此类水源易得，唯需消毒后饮用。

★可直接取用水源地

凭借灵敏的听觉器官，多注意山脚、山涧、断崖、盆地、谷底等是否有山溪或瀑布的流水声，有无蛙声和水鸟的叫声等。如果能听到这些声音，说明你已经离有水源的地方不远了，并可证明这几地水源是流动的活水，可以直接饮用。但要特别注意的是，不要把风吹树叶的哗哗声当做流水的声音。利用鼻子尽可能地嗅到潮湿气味，或因刮风带过来的泥土腥味及水草的味道，然后沿气味的方向寻找水源。

注：常用消毒法有煮沸法、碘酒消毒法（用药箱中备用碘酒以 1000 毫升水加入 8.2% 之比例即可），药片消毒（普通急救箱中应备有此类药品，1000 毫升水中加入 2 片饮水消毒片即可）。

第八节　露营地的选择和建设

露营地的选择

宿营营地的选择及其建设是关系到全部人员休息的大问题，在营地的选择上很有讲究，以下是注意事项。

近水：露营休息离不开水，近水是选择营地的第一要素，因此，在选择营地时应选择靠近溪流、湖潭、河流之处，以便取水。但也不能将营地扎在河滩上，有些河流上游有发电厂，在蓄水期间河滩宽、水流小，放水时水流将迅速增大。此外，一些溪流，平时小，一旦下暴雨，有可能发大水，变成滚滚洪流。一定要注意防范这种问题，尤其在雨季及山洪多发区。

背风：在野外扎营，不能不考虑背风问题，尤其是在一些山谷、河滩上，应要选择一处背风的地方扎营。还应注意帐篷门的朝向不要迎着风。背风同时也是为了用火安全与方便。

远崖：扎营时，不能将营地扎在悬崖下面，这样很危险。一旦山上刮大风，有可能将石头等物刮下来，造成伤亡事故。

近村/近路：营地要靠近村庄，因为有急事可向村民求救，在没有柴禾、蔬菜、粮食等情况时就更为重要。近村的同时也要近路，即接近道路，这样方便队伍的行动和转移。

背阴：如果是一个需要居住两天以上的营地，在好天气情况下，我们应当选择一处背阴的地方扎营。比如在大树下面及山的背阴面，最好是朝照太阳，而不是夕照太阳。这样，如果在白天休息，帐篷里就不会太闷热。

防雷：在雨季或多雷电区，营地绝不能扎在高地上、高树下或比较孤立的平地上，那样会很容易遭雷击。

建设营地

营地选择好后就要建设营地。尤其是有一定规模的野外露营地，其整个营地的建设就尤为重要，分为以下几个步骤：

平整场地：将已经选择好的帐篷区打扫干净，清除石块、矮灌木等各种不平整、带刺儿、带尖儿的任何东西，不平的地方可用土或草等物填平。如果是一块坡地，只要坡度不大于10度，一般都可以作为露营地。

场地分区：一个齐备的营地应分帐篷宿营区、用火区、就餐区、活动及娱乐区、卫生区、用水区（盥洗）等区域。建设营地时，要先落实宿营区；用火区应在下风处，距离帐篷区应在10~15米以上，以防火星烧破帐篷；就餐区应就近用火区，以便烧饭做菜及就餐；活动及娱乐区应在就餐区的下风处，以防活动的灰尘污染餐具等物，并距离帐篷区15~20米，以减少对早睡同伴的影响；卫生区应在宿营区的下风处，与就餐区、活动及娱乐区保持一定的距离；用水区应在溪流及其河流上分为上下两段，上段为食用饮水区，下段为生活用水区。

建设帐篷露营区：如果要建设由数顶帐篷组成的帐篷营地区，我们在布置帐篷时，应注意以下内容，第一，所有帐篷应是一个朝向，即帐篷门都向一个方向开、并排布置；第二，帐篷之间应保持不少于1米的间距，在没有必要的情况下尽量不系帐篷的抗风绳，以免绊倒人；第三，必要时应设警戒线（沟），在山野露宿有可能会遇到野兽或者坏人的攻击，当然，这种可能性很小。为了以防万一，我们可以在帐篷区外用石灰、焦油等刺激性物质围帐篷区画一道圈儿，这样可以防止蛇等爬行动物的侵入，或者用电子报警系统等办法。

建设用火就餐区：就餐同用火一般在一块儿或是相近的地方，这个区域要与帐篷区有一定的距离，以防火星烧着帐篷。烧饭的地方最好是有土坎儿、石坎儿的地方，以便挖灶建灶，拾来的柴禾应当堆放在区外或上风处。就餐区最好有一块儿能让大家围坐的草地，"餐桌"可以用一块儿大平石充当或者就将餐具放在地上。"餐椅"同样用石块儿最好，或者席地而坐，由于地气对人体有害，故可以用各自的睡垫或气枕头代用一下，不要怕麻烦，至少要用雨衣或塑料布。就餐时间多在天黑以

第一章 野外生存技巧

后,因此我们需要考虑照明的位置,不论是用汽灯还是其他方式照明,灯具应当放在可以照射较大范围的位置,如将灯具吊在树上、放在石台上或者做一个灯架将其吊起来。

建设取用水区:取水、用水一般都在水源处,盥洗用水与食用水应分开,如是流水,食用水应在上游处,盥洗生活用水在下游处;如是湖水即同样要分开地方,两种用水处应当距离 10 米以上。这种划分是出于卫生的需要。另外,取水要经过的河滩地带乱石灌木等物较多,没有小路可寻时,应当在白天清理一下,不然晚上取水时就不方便了。

建设卫生区:卫生区即是临时厕所所在地。如果只是宿营一晚,可以不必专门挖建茅坑,指定一下男女方便处即可。如果队员人数多或者宿营天数在两天以上,则应当挖建茅坑。临时厕所应建在树木较密的地方,这样就不用拉围帘了。更要注意不能建在行人常经过的地方。如果附近的溪流多,可以将厕所建在溪流上——在小溪上搭两根大木头,要搭得平稳,使人有安全感,让大家能够在上面大小便。大小便可以直接排入溪流中,不用担心会污染河流,少量的粪便会被河流中的生物分解或被自然净化。如果已建了卫生区,大家的大小便就应该在修建的卫生区里进行,而不应随处排泄。

建设娱乐区:娱乐区可以设在就餐区,待就餐以后打扫出来即可。如果场地大,也可以单独划出一块地,只要场地平整即可。同时场地里绊脚、碰头(矮树)的东西要少,因而要进行一般性的清理,在玩游戏时在一个划定的圈子里拉上保护绳,以免发生意外事故。

防雨:防雨是露营时需考虑的重要问题。应在扎营前观察天气变化情况,如果判断当晚有可能下雨,应当对营地及帐篷进行必要的防雨处理。除选择好营地外,需要挖泄洪沟,加固帐篷并增强防雨性能,如可以在帐篷外加盖防雨塑料布、雨衣等,将各种旅行用品放置在帐篷中等。

防风:风向对扎营比较重要,关系到帐篷门、炉灶口开向及营地各区域的整体布置问题。这需要了解一些地形气候知识,比如在大湖泊边扎营,其风向是早晚相反变化,白天,地面温度上升快,风向陆地刮;夜晚,地面温度下降快,风向湖区刮。故应当将帐篷门背风开,而炉灶口应向风开。在炎热干燥的山区同样有相似的情况,白天,由于山谷(谷地)气温上升慢于山坡(山顶),呈上升气流,即谷地向上刮风;而夜晚则呈下降气流,风向谷地刮。在山谷中扎营时应当事先考虑这种情况。研究风向及风力,对户外运动比较重要,有条件的可以带上一个风向风力表,或根据表 6 查知风力,在记日记时不妨记录一天最大的风速。

气温：气温对户外旅行同样重要，我们应当学会气温管理，即掌握在某一季节、某一地区的气温变化及规律，并在此基础上了解所需装备、服装配置。学会对气温及变化有一个较为准确的直觉判断，这就要经常携带一个气温表，经常性地对照观察、体验。一日之中，一般在下午2点出现当日最高气温；而夜里2～3点则出现最低温。这一日之间的温差叫日较差，日较差的大小与地理纬度、地形、季节、天气状况等因素相关。一般说来，低纬度比高纬度地区、内陆比沿海地区、晴天比阴天、盆地比平原、荒漠比林地的日较差大。在森林中，由于森林的储存功能，日较差小，林中要比无林地气温低0.7～2.3℃，夏季低8～10℃，冬季低4～5℃，同时森林中的湿度也较大，故在森林中露营应当注意这一问题。

表6　风力等级、风速及外界表象表

风力等级	风速（米/秒）	外界表象
0级静风	0.0～0.2	烟柱直上，水面无波，树叶不动
1级软风	0.3～1.5	弱而无力，烟随风去，树叶微动
2级轻风	1.6～3.3	人有感觉，树有微响，旌旗始动
3级微风	3.4～5.4	细枝摇动，旌旗风展，稻谷摇动
4级和风	5.5～7.9	树枝弯动，灰尘四起，纸飘空中
5级劲风	8.0～10.7	小树摇动，湖塘起波，庄稼起伏
6级强风	10.8～13.8	电线有声，撑伞难行，大树摇动
7级疾风	13.9～17.1	迎风难行，全树摇动，大树弯枝

第一章 野外生存技巧

续表

风力等级	风速（米/秒）	外界表象
8级大风	17.2～20.7	阻力甚大，小枝折断，江河浪猛
9级烈风	20.8～24.4	吹坏烟囱，小屋受损，瓦片移动
10级狂风	24.5～28.4	行人吹跑，逆风难行，树木刮倒
11级暴风	28.5～32.6	破坏严重
12级飓风	32.7以上	摧毁力极大

利用溶洞住宿

在南方大部分地区的野外，常可见到各种形式的山洞，旱洞、水洞、穿山洞、复合洞等，住宿溶洞是野外旅行最为常见的方式之一。我们的祖先就是从住宿溶洞开始了新的地面生活，可见住宿溶洞是安全、方便、温暖、避风避雨的好地方。住宿溶洞应当注意以下几点：

通风：首先要判断该洞是否通风。保持空气流通很重要，不通风的死洞不适宜居住。可以在洞中点一支香烟，只要烟向洞中或洞外单向飘动即说明此洞是通风的。

浅住：洞多是比较深的，从安全的角度出发，最好将营地安排在距离洞口较近的地方，以方便撤营及转移。

水情：在确定一个溶洞可否住宿时，应先弄清此洞的水情，多数的溶洞都有流动的地下水，有个别的地下水水情复杂，尤其在雨季就更应当注意，选择的住宿地应当干燥，上无滴水。

此外，不少的溶洞多有蝙蝠、燕子等动物栖息，因而入洞住宿最好少惊动它们，如果此类动物较多，可以换一个洞。如果对洞穴探险没有经验，应当在洞中少活动，并且禁止单人活动；在洞中住宿可以不用搭帐篷，只需铺上各种睡具即可，如果有蚊虫可以烧烟驱赶。

露天宿营

露宿是对我们野外生活的一种锻炼和考验，同时也是一种难得的生活体验。在没有雨水、大风、风雪及霜的天气，完全可以试试在露天下露宿的方式，不用支搭帐篷等任何遮挡物。露宿地可以选择在大树下，铺上塑料布、防潮垫，再放上睡袋，睡袋上可以再罩上一块儿塑料布，或者在睡具的上方简单挂一块儿防雨布。露宿主要的问题就是防露水及蚊虫的侵袭，可以在睡袋的头套处罩一层纱网，以防蚊虫，或整夜烧火，燃烟可以减少露水，在一些农村可以看到农民这样做是为了减少霜降。当然，雨季、冬天就不要露宿了。另外，注意不要在水边、草木密集的地方露宿，那些地方蚊虫多，也不安全。同时，露天处气温比帐篷里低5℃左右，故要多加衣物，以防着凉。

另一种露宿的方式就是用吊床，吊床的优点是不会被地上的动物袭扰（如蛇等爬行动物），在一些潮湿的地带很实用。用吊床要在睡袋下垫防潮垫，并在吊床上方挂一块儿防雨布。有一种吊床式帐篷有防雨篷，同时还有防蚊虫的纱帐，很适合丛林宿营。

雪屋：在大雪纷飞的雪天，如果雪比较厚实，就可以用雪做一个简单的雪屋，东北地区的猎人们就熟悉这种办法。建盖雪屋必须要有压得比较实的雪，再用铁锹等物切割建盖。由于篇幅所限，本书不过多阐述特殊条件下的露营方法。

野外作息：合理的作息安排是保障身体良好状态的重要途径。在野外活动时，参与者常常会由于激动、兴奋等原因，长时间聊天，或者长时间进行娱乐活动，从而影响正常的休息。这要特别注意，因为大家活动了一天，身心都比较疲劳，这时队长应当规定统一的作息时间，如不要晚于午夜0点就寝，早上7~8点就要起床，尤其强调要统一，不能因个别人而影响整体。

第九节　野外食品安全

在活动的空闲时间来一点儿水果或蔬菜，有百利而无一害，但前提是选择正确的瓜果蔬菜。平日里见多了瓜果蔬菜，但许多人并不清楚其中哪些对人体有益。你具有这方面的常识吗？身处于野外，新鲜的野果对人们无疑是极大的诱惑，但千万不要随意取食，因为它们极有可能是隐藏在大自然中的"杀手"。

第一章 野外生存技巧

可携带的瓜果蔬菜

先来谈一下我们身边常见的水果和蔬菜,这些当中的一部分可以随身携带供野外充饥食用。

杏子:使人精力充沛,可改善皮肤、头发和指甲。

柑橘汁:可以防伤风、流感、心脏病和中风。

胡萝卜汁:能提供抵抗心脏病、中风、高血压及动脉粥样硬化所需的各种营养成分。它对你的眼睛很有好处,并有助于肝脏代谢酒精。

甜菜:可增强消化系统功能,特别是肝脏;也能帮助细胞吸收更多氧气,进而增强免疫系统。

芹菜:可起到缓解关节炎、消除疲劳、减轻胃溃疡和帮助消化的作用。

苹果:奇妙的解毒剂,可清除体内垃圾,缓解便秘及其他的消化障碍,也能减轻风湿病、关节炎和中风等症状,还有助于抵抗高胆固醇,增强肾脏功能。

黄瓜:具有抗衰老作用。

梨:对心血管系统有益,是高能量水果,能缓解便秘和消化困难。

隐藏在大自然中的隐形"杀手"

★ 触摸性杀手

这一类植物只需要与人的身体部分稍有接触,便可以将毒液传递给人类。

毒漆树:高2~6米,树干无毛。奇性复叶,小叶卵形对生,背部有黑色腺点,白色浆果簇生。

毒常春藤:树型更小,茎扭曲缠绕或直生。复叶上着生三小叶,叶形多变,绿色花,白色浆果。

毒栎:与毒常春藤相似,但树型更小,直生。小叶卵形,三片,掌状复叶,白色浆果。

宝石草:常与毒常春藤伴生。花瓣淡黄色,略带橙红色斑点,种荚爆裂时会射出刺激性汁液。

★ 食用性杀手

夺命草:高约30~60厘米,茎基部着生长条形叶。花茎顶端生绿白色6瓣花。千万不要将其误认为野百合或野洋葱!

毒芹和水毒芹：它们分布广泛，都属于伞形科植物。具有伞形花序的植物种类很多，而且都密集簇生着许多小花，很难区分。毒芹高达2米，茎多分枝，中空茎，外布紫色斑点。复羽状复叶对生，复伞房花序，小花白色，根也为白色。分布于荒川野草丛中，气味难闻，毒性很大。水毒芹平均高为0.6～1.3米，多分枝，茎上分布紫色条纹，密生根，奇数复叶，小叶双齿状裂，复伞房花序，白色小花簇生。总是分布在水边。气味令人难受，有毒。

伞形科植物还包括大量可食用的种类，但是如果不能绝对肯定无毒，就不要冒险采集。即便少量食用有毒植物，也会造成严重后果。

毛茛属类：分布广泛，株高几厘米至1米，从南至北都有。甚至北极圈内也有毛茛属植物生存。它们都有光亮的黄色，花瓣5片或更多。

荨麻树：热带地区广为分布，常依水而生，小型乔木，宽梭形叶片带刺毛，花枝下垂，很像栽培种荨麻。刺激皮肤的刺毛也类似荨麻，但毒害更大。种子毒性也很强。千万别去触碰荨麻的刺毛。

槐树：路旁常种此树，生食叶子和果实，会引起肠胃炎。

刺槐：生食叶子和果实会引起恶心和下痢。

水仙：全株有毒。球根毒性特强，食用会引起头痛、恶心和下痢。

夹竹桃：树皮和树叶有毒，食用会引起恶心和眼花。

秋海棠：有酸味，食用会引起恶心致死。秋海棠类都有毒。

樱草类植物：根茎有毒，食用会引起恶心和下痢。

★ 毒菌杀手

除上述植物外，还有一种是我们在野营时常遇见的菌类。菌可以分为多种，我们又该如何分辨可食菌和毒菌呢？

毒蘑多有各种色泽，而且美丽；无毒蘑则多呈白色或茶褐色。

菌盖上有肉瘤，菌柄上有菌环和菌托的有毒；反之则无毒。

毒蘑多生长在肮脏潮湿、有机质丰富的地方；无毒蘑则生长于较干净的地方。

毒蘑采集后易变色，无毒蘑则不易变色。

毒蘑大多柔软多汁，无毒蘑则较致密脆弱。

毒蘑的汁液浑浊似牛奶，无毒蘑则清澄如水。

毒蘑的味道多辛酸苦辣，无毒蘑则很鲜美。

煮蘑菇时，毒蘑能使银器具变黑，如果加进牛奶，牛奶马上凝固。

但这些辨别方法都不是绝对可靠的。蘑菇的外形、色泽、生态与毒素没有必然联系。有些蘑菇有毒，但经过水洗、水煮、晒干或烹饪后，毒性会减少或去除。另外，在无法确认眼前的菌类是否可食用时，最好不要吃。

第十节　户外生火的技巧

火对于人的生活是一件非常重要的东西。尤其对于野外生活者来说，火可以取暖，可以煮食，甚至可以挽救生命。在没有火柴与打火机的前提下，我们同样可以采用各式各样的方法获取火种。

户外生火的技巧

★凸镜引火法

任何一个直径为两英寸（5.08厘米）或更大些的凸面镜（如望远镜片），在明亮的阳光下，都可用来聚集太阳的光线，使之照射在准备好的引火物上，进而点燃引火物。在野外，常用放大镜（凸镜）透过阳光聚焦照射易燃的引火物（腐木、布中抽出的纱线、撕成薄片的干树皮、干木屑等）取火。利用放大镜取火最为迅速的是照射汽油、酒精和枪弹的发射药或导火索，可在1～2秒内点燃引火物。此外，放大镜透过阳光聚焦照射，还可将受潮或被水浸湿后晒干的火柴点燃。放大镜是一种重要的引火工具。

★击石取火法

这是人类最早的取火方法。这种方法的使用可能是受到制作石器时迸发出火花的现象的启发。我们可以找一块坚硬的石头做"火石"，用小刀的背或小片钢铁向下敲击"火石"，使火花落到引火物上。当引火物开始冒烟时，缓缓地吹，使其燃起明火。如果"火石"打不出火来，可另外寻找一块石头再试。当然并不是任何一块石头都能点燃引火物，石头击出的火花必须有一定的热量和持续时间才能点燃引火物。根据考古资料发现，用黄铁矿做"火石"，可以取火。

★弓钻引火法和藤条取火法

弓钻取火法：用强韧的树枝或竹片绑上鞋带、绳子或皮带，做成一个弓。在弓上缠一根干燥的木棍，用它在一小块硬木上迅速地旋转。这样会钻出黑粉末，最后这些黑粉末冒烟而生出火花，点燃引火物。

藤条取火法：找一根干的树干，劈开一头，并用东西将裂缝撑开，塞上引火物，用一根长约两尺的藤条穿在引火物后面，双脚踩紧树干，迅速地左右抽动藤条，使之摩擦发热而将引火物点燃。

另外可以用两块软质的火石或竹片用力相互摩擦取火，下面垫以棕榈树皮或椰子叶底部的干燥物做引火物。在平坦的木板上摩擦玻璃片，也能生热，待剧烈摩擦发烫时，将引火物吹燃。

★电珠法

手电筒的电池和电珠也可以做引火的工具。把电珠在细石上小心磨破，注意不能伤及钨丝，然后再把火药填入电珠内，通电后即能生火。若有电量较大的电池（如手摇电话机和电台照明用的一号"甲电"），将正负两极接在铅笔芯的两端，顷刻间，铅笔芯就会烧得像电炉丝一样通红。用这种方法引火既方便又保险。

★电火花法

如果手上的蓄电池没有坏，可以截取两段不太重要的电线，例如照明灯的电线，或使用跨地线。两线各接一个电极，然后小心地把两线的另一端互碰，激出火花点燃引火物。

★小石棒法

这个小工具是由小塑料柄和嵌在上面的火石构成的。用锋利的刀刃摩擦火石，会产生温度极高的火星。这样做，能点燃任何一种引火物。

寻找引火物的技巧

生火之前首先要准备好引火物，引火物是用来引烧燃料用的。一般嫩树枝、大树杈及湿柴草是很难直接用火种点燃的。干草、小树枝、枯树叶、小木块都可用来引火。

如果是雨天，可在树底下或岩石下寻找干燥的引火物。针叶松的干果和落果通常是多树脂的，是极好的引火物。枯死的松树的节子上常有"松树油"或树脂。有时，在枯死的老树根上，也可挖到树脂。即使是雨天，桦树皮仍是很好的引火物，因为里面含有易燃的油脂。

在没有树的地区，同样有天然燃料，如拧成绳的干草、枯死的灌木、煤泥干、油页岩、含油的沙土、干动物粪便和动物油。同时，你还可以从已不能用的汽车或迫降的飞机中取汽油。另外可以利用棉衣里的棉絮、药箱里的绷带、口袋里积聚的绒毛等等生火。

燃着引火物后，轻吹木头，加些小树枝或木片；木块要堆得疏松，保持空气流通；烧旺后才可加上粗木头。

点燃篝火的技巧

燃点篝火应选择背风的地方，距离帐篷不得近于1～2米，以避免火灾。如果必须在潮湿处或雪地上生火，要先用石头或木头垫地。为了便于燃烧，可与风向成直角放置两根枕木，将用作燃料的木柴与枕木呈直角并排放在上面，然后，在这些木柴上面和中间顺着放些用刀斧砍成斜碴儿的细木头。最后，放上引火材料进行点火。

燃点篝火最好的材料是桦树皮。桦树皮的含油量达20%～30%，在雨中仍可燃烧，古代曾是重要的军用物资，是夜间作战方便的火把材料。腐木、棕榈叶、枯草、松针、地衣、干畜粪等也都是引火的好材料。

为使篝火热量集中，不受风的影响，可在篝火的背风面斜着打入两根木桩，靠着木桩排放若干潮湿的圆木，做成防风反射墙。篝火通常分以下几种。

密林篝火： 横放一根较粗的圆木，上面斜搭几根较细的干木头，一边烧一边挪动。适用于冬季无遮棚的露营。

星形篝火： 把5～10根圆木的一头并拢如星形，从中心点燃，然后一边烧一边把圆木向里推。这种篝火热量很高，甚至可供几个人围绕着它在雪地上睡觉。

长条形篝火： 用两段约为人体长的圆木顺风叠放，边上打入湿木楔，防止圆木

滑落。两木之间加撑子，留出空隙，以便燃烧。这种篝火燃烧时间较长，几乎无须调整，适于冬季露营时取暖。

夜间取暖的篝火可以燃烧得旺一些，而且需储备较多的燃料，因此在选择宿营地时，应考虑这一点。一夜的燃料分配比例为前半夜用1/3，后半夜用2/3。

第十一节　野外求救的技巧

野外拓展举行的地点往往是地势较为复杂的场所，比如徒步穿越经过的地点大多是沙漠、湖泊、山峰、沼泽等险要的地势，一旦有人员失散，对于活动的组织者，最大的问题是如何找到他们，尽量保证学员的人身安全。作为学员，学会各种野外求救技巧，也是对自己人身安全负责的一种表现。

对野外生存者来说，及时了解自己所面临的困境，通知别人，求得救援，是非常重要的。遇险求救时，要通过各种方式与别人取得联系。发出的信号要足以引起人们的注意。纵观所有求救方式，以下方法是相当有效的。

烟火信号

◎ 烟火作为联络信号是非常有效的。遇险时，可根据自身的情况就地取材，可在火堆上放些苔藓、青嫩树枝等使之产生浓烟；晚上，可放些干柴，使火烧旺、升高，这样一来可以取暖，二来可以发出很明显的信号。

◎ 燃放三堆火焰是国际通行的求救信号。将火堆摆成三角形，每堆之间的间隔相等最为理想，这样安排也方便点燃。如果燃料稀缺或者因伤重、饥饿等情况过度虚弱，凑不够三堆火焰，那么因陋就简点燃一堆也行。

◎ 可以利用汽油引燃火堆，为了节省汽油，可以用一些布料做灯芯带，在汽油中浸泡，然后放在燃料堆上，将汽油罐移至安全地点后再点燃。点燃之后如果火势过大，要将其熄灭。要确保将汽油添加在没有火花或余烬的燃料中。

◎ 在夜间或深绿色的丛林中，亮色浓烟十分醒目。添加绿草、树叶、苔藓和蕨类植物都会产生浓烟。其实任何潮湿的东西点燃后都会产生烟雾，如潮湿的草席、坐垫可熏烧很长时间。燃烧时，飞虫难以逼近伤人。

◎ 如果受到气象条件限制，烟雾只能近地表飘动，可以加大火势，这样暖气流上升势头更猛，会携带烟雾到相当的高度。

◎ 黑色烟雾在雪地或沙漠中最醒目。橡胶和汽油可产生黑烟。

◎ 在白天，烟雾是良好的定位器，所以火堆上要添加散发烟雾的材料。浓烟升空后与周围环境形成强烈对比，易引人注意。

反光信号

◎ 利用阳光和一个反射镜即可射出信号光。任何明亮的材料都可加以利用，如罐头盒盖、玻璃、金属铂片，镜子当然更加理想。持续的反射将规律性地产生出一条长线和一个圆点，这是摩尔斯代码的一种。即使你不懂摩尔斯代码，随意反照，也可能引人注目。无论如何，至少应掌握SOS代码。

◎ 即使距离相当遥远也能察觉到一条反射光线信号，甚至你并不知晓欲联络目标的位置，所以值得多多试探，而其做法很容易。注意环视天空，如果有飞机靠近，就快速反射出信号光。这种光线可能会使营救人员目眩，所以一旦确定自己已被发现，应立刻停止反射光线。

旗语信号

◎ 将一面旗子或一块色泽亮艳的布料系在木棒上，持棒运动时，在左侧长划，右侧短划，加大动作的幅度，做"8"字形运动。

◎ 如果双方距离较近，不必做"8"字形运动。一个简单的划行动作就可以，在左边长划一次，在右边短划一次。

地对空信号

国际通用的紧急求救信号，"FILL"可以帮你记住其中主要的信号。单个的一根木棒"I"，是最为重要，制作也最简单的一个。尺寸是每个信号长10米、宽3米，每个信号间隔3米。

声音信号

如离得较近，可大声呼喊，三声短三声长，再三声短；间隔1分钟之后重复。

第十二节　户外急救的技巧

户外拓展活动中，有时会发生意外，造成学员受伤。学会户外急救技巧是对人身安全的保障之一。

户外拓展训练前，可准备一些常用药品以防万一，如阿斯匹林、藿香正气水、十滴水、清凉油、止痛膏、绷带、风油精等。

中暑的处理技巧

有学员出现中暑症状时，应该迅速将他们转移到树荫下等凉快的地方，用冷水毛巾擦身，或用酒精擦身并边用口吹，促使酒精快速挥发散热。还可以使用备用的药品，如十滴水、藿香正气水。中暑严重时，学员会出现抽搐，其他人应马上将中暑学员送往医院救治。

溺水的处理技巧

仔细观察呼吸和心跳情况，对呼吸、心跳停止者，马上做心肺复苏术，并设法让病人吐水。溺水容易引起颈椎骨折和脊髓损伤，出现肢体麻痹、呼吸麻痹等，应马上叫救护车。当救援者能站立在水中时，可用双手托住溺水者的颈部，口对口先连续吹入4口气，在5秒钟内观察溺水者的胸、腹部，看看是否有反应。也可用脸颊贴在溺水者嘴上感觉一下能否自主呼吸，如无反应，再吹4口气。如果呼吸、脉搏完全停止，要做心肺复苏术。

晕车的处理技巧

调换到晃动轻微的位置，打开窗户呼吸新鲜空气，解开衣服，想吐时以吐出为好。晕车有相当一部分是心理因素引起的，要尽量分散晕车者的注意力，必要时也可以服用药物来预防。

胃痛的处理技巧

除了服用止痛药外，可用按穴的方法止痛。一个很好的止胃痛方法是用双手拇指揉患者双腿足三里穴。足三里穴在膝盖下3寸，胫骨外侧一横指处，待有酸麻胀感后3～5分钟，胃痛可明显减轻至消失。

食物中毒的处理技巧

想吐的话，应尽量吐出，出现脱水症状要送医院。用塑料袋留好呕吐物或大便，带着去医院化验。不要轻易给学员服止泻药，以免贻误病情。有呕吐、腹泻、舌苔和肢体麻木、运动障碍等食物中毒的典型症状时，要注意：

◎ 为防止呕吐物堵塞呼吸道而引起窒息，应让病人侧卧。

第一章 野外生存技巧

- ◎ 不要让正在呕吐的学员喝水或吃食物，但在呕吐停止后应马上补充水分。
- ◎ 保留呕吐物和大便样本，送往医院化验。
- ◎ 如腹痛剧烈，可取仰睡姿势并将双膝弯曲，有助于血液循环。
- ◎ 腹部盖毯子保暖，这有助于血液循环。

当学员出现脸色发青、冒冷汗、脉搏虚弱时，要马上送医院，谨防出现休克症状。一般来说，进食后短时间内即出现症状，往往是重症中毒。食物中毒如果引起毒性休克，会危及学员生命。出现抽搐、痉挛时，要马上将学员移至周围没危险物品的地方，并取来筷子，用手帕缠好塞入学员口中，防止其咬破舌头。

动物咬伤的处理技巧

如被猫、狗咬伤，应迅速用净水涂肥皂冲洗干净，包上纱布再去医院检查。被狗咬伤的伤口容易化脓，所以必须进行彻底的处理，并及时注射疫苗。如果学员被动物（尤其是飞禽）的排泄物感染，出现持续的淋巴肿、发烧等，应去医院治疗。如有学员被蛇咬伤，应将其肢体放低，将伤口靠近心脏的一端用领带等轻轻地扎起来，伤口部位应保持不动，如是脚伤，应抬着去医院。被毒蛇咬伤是危险的，被无毒的蛇咬伤也必须去医院处理。

痉挛、抽搐的处理技巧

注意观察痉挛、抽搐是从身体的哪一部位开始的，并向医生报告。这类症状往往是突然发生的，来势很猛，学员往往会失去意识。但这类症状发作时间短，一般是2～3分钟，长的也不过5～6分钟。在此情况下，千万不要慌张，应马上将取暖器、热水瓶等危险物搬离学员身边，并迅速将学员移至比较安全的地方。为防止学员咬破舌头，应迅速用筷、压舌板等缠上手帕塞入学员上、下牙之间。为防止唾液或呕吐物吸入气管，或舌头向后坠入咽喉引起窒息，要让学员侧卧，以保持呼吸道通畅。同时要松开学员的皮带、领带、纽扣等，使之易于呼吸。一般来说，待痉挛、抽搐缓解后，再找医生诊治。但如果反复持续地抽搐，需马上叫救护车送医院。为了帮助医生诊断，照料学员时，要注意观察学员的全部症状，并向医生报告。痉挛、抽搐有全身性的，也有局部性的，持续的时间及其症状也是各种各样的。

外伤出血的处理技巧

野外备餐时，身体某部位如被刀等利器割伤，可用干净水冲洗，然后用手巾等包住。轻微出血可采用压迫止血法，1小时过后每隔10分钟左右要松开一下，以保障伤口处的血液循环。

骨折或脱臼的处理技巧

用夹板固定后再用冰冷敷。学员从大树或岩石上摔下来伤到脊椎时，要将其放在平坦而坚固的担架上固定，不要让他晃动身子，然后将其送往医院。

人工呼吸的正确方法

学员溺水、中毒或遭电击后，呼吸已停止而心脏仍在跳动，或心跳刚停止不久，需进行人工呼吸。进行工人呼吸时，应将学员安放在温暖而且空气流通的地点，解开衣服，清除口腔内的痰、泥土、血，有假牙者应取出。

★仰卧式人工呼吸法

病人仰卧，急救者面对病人，两腿分开，跨过病人双侧大腿，跪在地上，两臂伸直，双手掌贴放在病人的肋弓下，拇指向内，其余四指向外，借急救者自身体重将病人胸廓向下前方推压，持续2～3秒钟，使胸廓缩小，排出肺内气体；然后急救者上身伸直，双手松开，使病人胸廓自行扩张而吸入空气。如此反复施行，每分钟15次为宜。

★俯卧式人工呼吸法

病人俯卧，头偏一侧，急救者跪在地上，面对病人背面，手法及动作、次数等与仰卧式人工呼吸法基本相同。在进行人工呼吸时，千万不要用力过猛，以免造成肋骨骨折。在做人工呼吸的同时，应与医院联系，请求前来处理。

包扎的正确方法

外伤急救时，常常要包扎伤口，把它保护起来，以免感染。包扎也有压迫的作用。骨折后可以通过包扎、固定受伤的地方，方便运动。一般而言，包扎方法有两种。

★三角巾包扎法

三角巾是用1米见方的棉布对角剪开而成的。如再剪开一半就成一小三角巾。三角巾适用范围广，使用简便。可用于包扎头部、手、足，也可用于包扎胸部、背部、肘、膝及腿部，还可用于悬吊上肢。

第一章　野外生存技巧

★ 绷带包扎法

一般多用单头卷轴带，起头（开始）包扎。用绷带包扎时，先要缠绕几圈，然后将绷带渐渐向上卷，每一圈盖上前一圈的一半或一半以上，成螺旋带。包扎大小不等的四肢，可在卷上时把绷带反折一下，向下缠绕，再向上卷成螺旋反折带。带尾端用别针、胶布或撕开绷带固定。

第十三节　15 种基本结绳方法

绳索是野外拓展常用的工具之一，常用于捆绑实物或保障人身安全。

从制造绳索的材料区分，绳索大致有天然纤维材质以及化学纤维材质两种。但是现在用于野外的几乎都是尼龙化纤材质的绳索。这一类的制品，比起天然纤维材质如马尼拉麻之类更有强度，质量也较轻、较柔软，也较为耐用；此外，也有在悬挂重物时，伸展性大、易于滑动的特征。但也有不耐热、不耐摩擦及不防紫外线的缺点。

从绳索的形状来看，又可以分为圆形和扁平状两种，我们常用的绳索是圆形，扁平状的绳索主要用于攀岩。有直径从 3～9 毫米的各种尺寸的绳索，野营常用绳索是 5 毫米 ×5 米，登山常用的绳索是 3 毫米 ×5 米。

15 种基本结绳方法

◎ 单结：这是大家最熟悉而又最原始的结绳方法，一般多用于绳头打结及一些不重要的绳结。

◎ 8 字通过结（简称 8 字结）：登山及探险活动常用的绳结，主要用于绳头结和两根绳子的连接，保险效果比单结强且容易解开。

◎ 活套结：常用于抛套绳以系某物或固体连接点，套住后一拉绳子即会自行收紧。

◎ 扎头结：有些绳子（如麻绳）的绳头常会散头，散头后，要用此结结扎。

◎ 便解结：为了回收登山绳，在下一段悬崖处，可以打这种便解结。主绳用登山绳，而绳头系上是根便于解开的细绳，当全体人员安全地下岩后即可拉解开细绳，便于绳扣自动解开，绳子即回收带走。也可以将此结用于需要快速结绳的地方。

◎ 中间结：在结组登山时常用此结，系在中间队员身上的铁锁中，两头的力是相等的，故不会太紧也不会太松，并且易解。

◎ 布林结：常用的结绳方法，可以代替安全带。需紧急救援时，救护人员可将此结套在被救护人的胸间。由于它易结易解，现常用于固定绳结，如在攀岩上方保护时连接保护支点。最好在绳头再打单结。

◎ 双套结：救护人员常用，结法同布林结，但它有两个套，故一个套在伤者胸部，一个套在大腿关节处。对于一些重伤者比较适合。

◎ 消防结：用于救护人员，其两个套互动，主要套在两腿上或两侧腋下，注意只能用于正常人员身上，不能用于伤者及神志不清者。

◎ 交织结：用于连接两条粗细相同的绳子，特点是牢固、易解、美观。

◎ 单重结：用于连接两根粗细不同的绳子。

◎ 紧密结：用于连接两根易滑的绳子。

◎ 活结：常用此结将绳子结在树上（如拉吊床、晾晒绳等），容易解。

◎ 自由结：常用于需要调节长度（如拉帐篷绳等）的结绳。

◎ 杠杆结：常用于结扎绳梯、秋千等，木棍一抽绳结自解。

第十四节　攀岩线路图的绘制技巧

户外拓展项目，如定向寻宝、攀岩、徒步穿越等活动都需要线路图。面对各式符号及模糊的注释，未必每名学员都能够看懂，也可以说，未必每名教练都能绘制出正确、清晰的线路图。绘制路线图的方法如下。

绘制工具

美工刀：约 30 厘米的长尺。
透明胶带：0.8 厘米宽及约 4～5 厘米宽各一卷。
油性彩色铅笔：红、浅蓝、淡褐色。
普通 2B 铅笔。

绘制步骤

裁剪：坐标的 X、Y 轴，用长尺及美工刀切齐。
粘贴：把它们翻到背面，用细胶带宽度的一半粘上（此时一半粘上地图，一半粘在桌面上），将地图从桌面上撕下，再配合等高线或方格线将其细心接合，底下两张依此类推。倘若即将前去的地区范围很大，可以把它粘成一大张，不过需注意的是，两旁数字的 UTM（Universal Transverse Mercator Grid System，通用横墨卡托格网系统）坐标如：18、19 或 45、46 及经纬坐标（写小字）如 N23.45'XX"、E120.34'XX"，皆要用 2B 铅笔将它们填在横纵方格线上，便于日后确认坐标。背面空白处，除可将偏角图或图幅接合表粘贴于上之外，也可将预计的行程或注意事项填写其上。

绘图：将地图正面的主要水系，用淡蓝笔画；棱线部分用淡褐色显示；红笔可画公路或步道；原先文字处如：××溪、××山的别名，可用 2B 铅笔标示出来。

上胶带：首先将地图平置于桌面（此时应变成一大张），将宽胶带如前面的步骤先粘四边，然后由桌面上撕下胶带后对折粘好（如此一来，地图在日后较不易由两侧浸水）；接下来，将胶带一层层地粘贴上去，粘贴时，长尺可平置于图上，如此有利于保持平整，方便作业。注意，每层胶带至少需保持 0.3 厘米的重叠处，日后才会防水，地图背面也依此类推。

绘制要点

★ 方向正确

尽管线路图不要求似正规地图一般复杂，但必须符合一般的规则。绘制线路的方向应符合上北、下南、左西、右东的规则。最好的方法是在线路的四周标注上方向，以免引起学员的误解。

★ 突出重点

绘制地图最重要的是突出山岔口、悬崖、河流、峡口等地形并在旁边进行详尽的注释，以免学员误入危险地带。

★ 符号明确

路线图上的符号，必须简单、直观、易懂。也可以使用自创的符号，但必须在醒目的位置上做出说明。

★ 图文并茂

为了更明确地将信息传达给学员，还可以将实景图与文字相结合，而且线路图上的实景图应多为复杂并能区别于其他景物的实景。

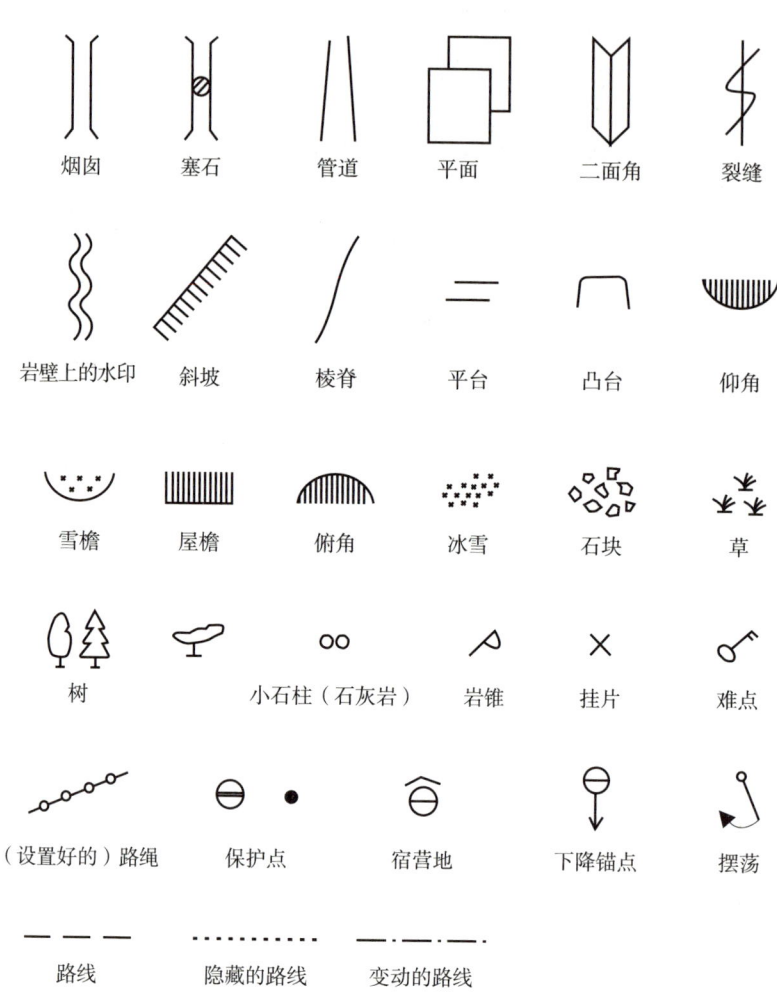

图 1 户外拓展地图图标

第十五节 GPS 个人终端简介

GPS 是 Global Positioning System 的缩写。其个人终端与手机大小相仿，基本功能是给出地点的经纬度、调度信息，精度一般在 100 米左右。毫不夸张地说，GPS

第一章 野外生存技巧

个人终端是一个救命绝招,因为它强大的功能囊括了地图、追踪系统、地点的经纬度等。

功能说明

路标(Way Point)功能:把某点的位置(英文叫 Position Fix,包括一个点的三维坐标)记入 GPS 的内存。这点可以是你所经过的点,也可以是你输入的某个坐标。一般还可为这点起个名字。

路线(Route)功能:路线由起点、终点和若干中间点组成。任两点间的一段叫作一条腿(Leg),一条路线可由若干条腿组成。这些点可以在地图上查出预先输入,也可以边走边记。

方向(Heading)功能:在运动时指明运动方向,GPS 开机时,每 1~2 秒更新一次地点坐标,它可依此计算出前进方向。

速度(Speed)功能:类似方向,给出速度。

导向(Bearing)功能:给出你所在地点到某一路标点的前进方向,一般是显示从正北方向顺时针的角度数。

追踪(Plot Trail)功能:以一定的采样时间间隔(可调)记载运动轨迹,这项功能在没有地图或明确路线的行动以及需要按原路返回的行动中极为有用。

计算机上/下载数据:通过专用连线与软件,GPS 可与计算机连接,可在计算机上安排、分析路线,在 GPS 间交换数据。

地图功能:高档 GPS 可存储一定区域的地图,在显示位置数据的同时,直观地显示你在地图上的位置。

参数指标说明

Good In Tree Cover:树木会挡 GPS 卫星的信号,早期 GPS 最常见的毛病就是在茂密的树林中工作不好,故有此项标识。

Max # Of Statelites:最多能搜索的卫星数。能搜索的卫星越多,定位越精确。共有 24 颗 GPS 卫星环绕在地球周围,因地球的遮挡,最多能同时看到 12 颗。

Of Parallel Channels:最多同时接收到的卫星数。每颗卫星工作在不同频率,低档 GPS 此数会比 Max # Of Statelites 小。此值与定位速度和精度都有关。

Acquisition Time:分为 Warm 和 Cold 两种,若 GPS 开机时,临近其上次关机位置或是给定了一个临近位置,那么它能较快搜索到卫星信号并定位,这叫热启动(Warm),否则将花费较长时间,叫冷启动(Cold)。

Internal Back-up Battery：有此电池可保证人们在更换电池时不会把存储数据弄丢。

Accuray（no SA）：GPS 精度都会标 SA 关闭时的值，SA 打开时一般精度在 100 米左右。

第十六节　疲劳修复误区

拓展训练结束后，学员们松弛下来，有人为了缓解活动后的疲劳、困乏，会采取以下行为，但正是这些做法会对健康不利：

大量饮水

运动过程中，人体的水分大量蒸发，易口干舌燥。因而大量快速地饮水或是以饮料解渴，会稀释胃酸，降低胃液的杀菌作用和对食物的消化功能，会加重胃肠负担。同时，喝水速度太快也会使血容量增加过快，突然加重心脏的负担，引起体内钾、钠等电解质发生一时性紊乱，甚至引发心力衰竭、胸闷、腹胀等。

正确的饮水方法应为抿小口水于口中，缓缓地吞入腹中，频率不宜过快，且饮水量不宜越过 400 毫升。肾脏病、心脏病、肝硬化患者不宜过多饮水。

第一章 野外生存技巧

休息方式不当

活动过后，双腿酸软、四肢无力，此时心跳加快，肌肉、毛细血管扩张，血液流动加快，同时肌肉有节律性地收缩会挤压小静脉，促使血液很快地回流心脏。此时如果立刻平躺于地面休息，肌肉的节律性收缩也会停止，原先流进肌肉的大量血液就不能通过肌肉收缩流回心脏，进而造成血压降低。血压降低会引发脑部暂时性缺血，同时伴随心慌气短、头晕眼花、面色苍白，甚至休克昏倒等症状。

除平躺于地面休息不利于身体健康外，运动过后立即蹲下休息，也会阻碍下半身血液的回流，影响血液循环。正确的休息方法应为进行一些舒展运动，如慢行、舒腿等运动。

立即进食

在运动时，全身的血液进行重新分配，使得胃肠道的蠕动减弱、各种消化腺的分泌也大为减少，若在运动后不经休息立即饮食，就容易引起人体消化系统的紊乱和功能性失调，易得病。

立即洗澡

剧烈运动后人体为保持体温的恒定，皮肤表面血管扩张，汗孔张大，排汗增多，以方便散热，此时如洗冷水浴，血管会因刺激而立即收缩，血液循环阻力加大，同时机体抵抗力降低，人就容易生病。而如洗热水澡则会继续增加皮肤内的血液流量，血液过多地流进肌肉和皮肤中，会导致心脏和大脑供血不足，轻者头昏眼花，重者虚脱休克，还容易诱发其他慢性疾病。

贪食冷饮

运动时会损失大量热量，急需补充无可非议。但运动后人体消化系统仍处于抑制状态，贪吃大量冷饮，极易引起胃肠痉挛、腹泻、呕吐，并易诱发胃肠道疾病。

饮酒

剧烈运动后不久，人的身体机能仍处于高水平的状态，此时喝酒会使酒精成分更快地进入血液，这样一来，酒精对肝、胃等器官的危害就会比平时更甚。长期如此可引发脂肪肝、肝硬化、胃炎、胃溃疡、痴呆症等疾病。运动后喝啤酒，会使血液中的尿酸增加，使关节受到很大的刺激，从而引发炎症。

骤降体温

如果室外温度较高,运动后会感到燥热难耐,倘若此时立即走进空调房间或风口纳凉小憩,就会打破正常的生理调节机能,使生理功能失调,易得感冒、腹泻、哮喘、风寒等疾病。

省略放松运动

许多学员在活动过后急于休息、饮水或是沐浴,却忽略了进行放松运动。其实每次运动后感觉心力俱乏时,应适当放松,如做徒手操、步行、放松按摩等,这样会有助于消除肌肉的疲劳,快速恢复体力。

我们在拓展训练中享受自然、分享心得,也应该在训练后用适当的方法解除疲劳。

第十七节 其他技巧

涨潮规律及时间计算

把握海水涨落潮规律和时间对走海岸线来说非常重要,关系到路线难易程度甚至是有些地方能否穿越的问题。

第一章 野外生存技巧

海水涨落潮规律是每天涨潮两次，相隔12小时。高潮时间一般能维持一个多小时才开始退潮，最低潮时间在两次高潮中间的时间。

涨潮时间每天不同，15天轮回一次，因此，第二天涨潮的时间要比前一天涨潮时间推迟0.8小时（48分钟），可根据农历日期计算每天涨潮的时间，计算公式如下：

农历初一到十五：涨潮时间 = 日期 ×0.8

农历十六到三十：涨潮时间 =（日期 −15）×0.8

掌握规律、记住计算公式应该不是难事，下面就拿几个实际的例子来说明一下：

◎ 2000/12/31 冲动之旅：农历日期是初六，因此涨潮时间是6×0.8=4.8，也就是说涨潮时间是早上和晚上4点48分。

◎ 2001/10/28 虎头虎脑带队走红排角穿越：农历日期是十二，因此涨潮时间是12×0.8=9.6，也就是说涨潮时间是早上和晚上9点36分，高潮持续一个多小时，因此晚上10点多走海岸线时正好赶上高潮尾巴，所以有些地方穿越有点难度；而2002/1/1走同样的路线，农历是十八，涨潮时间是（18−15）×0.8=2.4，也就是说涨潮时间是早上和下午2点24分。

野外天气观测

上坡风：这是由于山地温差的变化而引起的夜间冷空气向下坡倾泻和白天暖空气向山上爬升所致。上坡风大多出现在日出之后15～45分钟内，并在正午或地面接到的太阳能量最强时，达到最大风速。一般南坡接到的能量最大，因此上坡风最强。北坡则无上坡风出现。上坡风通常直向山涧和峡谷里钻。当天空有飘动的云团时，太阳光的时隐时现能够像"开关"一样及时地控制上坡风的发生和停息。

下坡风：相对较为温和而稳定，多发生在近地表面，在日落之后的15～45分钟内开始起风，一直到次日的日出，从山顶刮向峡谷的底部。

下沉风：即"冰川风"。它往往出现在冰川上，不受昼夜变化的影响，因为冰川的表面温度总是低于其上面的空气温度，所以它总是沿着下坡刮起。但在冰川向斜坡延伸的末端处，也会出现上坡风，这种风的强度往往受冰川范围大小的影响。

峡谷风：这是受地形控制的风，也是上坡风与下坡风的混合风，主要出现在斜坡表面有缺口的半封闭式山谷附近。它也受日照温差的控制，即中午多为上谷风，入夜转为下谷风，而且山谷风往往会出现极强阵风的状态。

旋风：这也是山区常见的风，每当地面有显著变化而四周的风很强时，就会产生旋风。在大多数情况下，旋风具有瞬时特征且多形成在北坡。

降水：山区存在着大量的上升气流，它使得空气不断冷却，所以降水量通常随高度的增加而增加。在潮湿的热带地区，山区降水量增加的特别明显。而大量降水所产生的山洪则是对山区旅行者的最大威胁。

雾：山区最常见的是雾，它实际上是接触地表的云，有时山谷里全天都可能是雾气茫茫的。

闪电：登山运动员、徒步旅行者、野营人员都特别容易受到山区闪电的袭击。在崎岖的山地地形所产生的上升风使得那里的闪电更加猛烈、频繁。

温度：温度对于山地旅行者来说是十分重要的。在山区，温度随高度而降低，这种变化在夏季约为冬季的两倍。山峰上的相对湿度比山谷里高得多，在这种情况下，大多数衣服是不良绝缘体，所以，在冬季要使身体温暖、在夏季保持凉爽都是不易的。一般来讲，高度每上升 300 米，温度平均下降 1～2℃。

技 巧 篇

第 二 章
THE SECOND CHAPTER
户外拓展
培训技巧

第一节　户外拓展为何失败

户外拓展为何失败？众多培训师在做了多场户外拓展训练后，都大发感慨：没有一场培训是十全十美的！由于户外拓展与其他培训方式不同，需要的客观环境也完全不一样，培训师的主观素质、客观环境的影响、学习者的能力等对整场培训的影响相当明显。为了预防一些不利的因素出现，培训师可以对可能导致培训失败的因素进行整理。

恶劣的天气

恶劣的天气对于户外拓展来说，无疑是严重打击，下雨、强风等天气会严重影响体验式活动的安全性，基于最基本的考虑，户外拓展不得不取消，大多数培训师会选择临时改为室内体验式培训。不过，学习者本是怀着对户外体验式培训的满腔激情来参加培训的，活动的挑战性骤减，也就代表着他们学习欲望会大大降低。

培训设计不适当

培训设计包括了活动的难度、培训的主题、环节的衔接、时间的配置等。户外拓展训练在一定程度上考验了学习者的体能，由于课程设计是培训师根据学习者调查而设计的，不一定会完全符合学习者的体能要求。难度值的升高，使得学习者不仅在心理上承受重压，在体能上也会承受压力，可能会带来不必要的损伤。难度值降低，学习者的参与度也会相对降低。培训活动与主题不相宜、前后环节脱节都是主题流失的原因，时间配置的两个极端：过于紧凑或过于宽松，也会降低培训的专业性。

培训造成的心理压力

户外拓展的目的在于给学习者造成心灵上的震撼，从而引导学习者认识自我，发现自己的不足，同时改变自己的认知、行为模式。所以，课程设计的主旨在于通过活动体验给学习者带来心灵震撼。但是压力会给学习者造成心灵上的创伤，心理承受能力较差的学习者会因不能承受的挫折、压力而行为失常。

第二章　户外拓展培训技巧

活动规则讲解不明确

培训师对活动规则的讲解不会百分百明确。究其原因，一方面，因为活动规则本身的复杂性用语言无法表述出来；另一方面，培训师被自身的经验、能力所局限。不明确的规则讲解会导致学习者盲目行动，增加其受伤的可能性。最好的化解办法是培训师事前与学习者进行良好的沟通，促使学习者在遭遇困难时主动与别的学习者、培训师沟通以寻求解决办法。

活动体验形式化

如果一场培训下来，所有的学习者都大叫着"太刺激了！太好玩了！"，那么身为培训师，只会感到失落，一场体验式培训做完，真正的效果是学习者对于"体验"深有感触，而不是停留在活动的新奇与刺激上。出现学习者沉迷于刺激的结果，说明培训师对学习者的引导远远不够。培训师要加大对活动体验分享的力度，延长分享、讨论的时间，让学习者将注意力转移到"体验"。最好的分享不是简单地谈体验，而是要结合学习者的现实情况、现实处境进行分享。这种分享才能引起学习者的注意，因为每一个人都是关心自己的。

培训师与企业项目经理之间的恶性沟通

针对企业内训来说，企业的项目经理是一个不能忽视的人物。他负责着公司人员的组织，场地的联系、布置，所有培训的细节他都应该明确。此外，他还负责与培训师进行沟通。培训师与企业的项目经理之间的恶性沟通导致的结果有：开课时间已到，学习者仍未到齐；开课后仍有学习者在打电话、聊天；午餐时间与下午的开课时间冲突。面对这种情况，解决的办法只有一个：与企业的项目经理之间建立良好的沟通，对培训细节进行分工协作。

不合格的装备

对于户外拓展来说，装备的采买要求是相当严格的，不合格的装备带来的直接后果是活动的中断，甚至会导致人员伤亡。因此在购买装备（如登山靴、帐篷、背包、指北针等）时，需要专业人士的指导。

因此，培训师在进行户外拓展训练的时候，为了保证训练达到效果，需要注意很多技巧，后文会对此进行详述。

第二节　破冰技巧

为什么要做破冰游戏

破冰游戏是指打破学习者之间的隔阂，消除学习者之间陌生感的游戏。它可以使团队更加融洽，活跃团队的气氛。破冰游戏最大的好处在于可以有效应用于任何团队。

当学习者初次接受培训时，通常会出现以下几种情况：

- ◎ 没有积极参与活动的热情。
- ◎ 对培训师持有怀疑的态度。
- ◎ 对于个人与团队之间的关系仍不明确。
- ◎ 身处于一个陌生的环境，会产生一种隔阂感。
- ◎ 对于陌生的队友，不会主动与之交流、沟通，将自己封闭起来。

进行破冰游戏，便能打破这种局面。破冰活动的作用就是要驱除学习者的惯性冷漠，进行思想及行为热身，为积极参与活动做好准备。

破冰游戏的技巧

那么如何做好破冰游戏，达到预定目标呢？

★破冰游戏的设计

破冰游戏的设计以活跃课堂气氛为目标，是培训师的第一项技巧性工具。游戏的设计必须包括游戏名称、游戏目标、游戏时间、游戏场地、游戏道具、游戏程序、

第二章 户外拓展培训技巧

游戏分享7个方面。

我们拿生肖分组这个破冰游戏来举个例子：

游戏名称： 生肖分组

游戏目标： 令学习者熟悉使用肢体语言进行沟通，活跃课堂气氛。

游戏时间： 10分钟

游戏场地： 会场内

游戏道具： 无

游戏程序：

1. 培训师给学习者指令，全体人员以自己所属的生肖进行同类组合。
2. 当学习者以生肖同类组合后，培训师让学习者根据所指示的相关动物进行小组合并（例如"龙马精神"即龙组与马组进行小组合并）。

游戏分享：

1. 以生肖分组的意义是什么？
2. 如何使自己的肢体语言更好地传达给相应的人？

目标明确，时间、场地、道具等要素明晰，游戏进行的步骤明晰，游戏分享的主旨明确，这样才是一个合理全面的破冰游戏。

★ 破冰游戏的参与性

有人说，"在体验式培训中，每一个学习者都是主角，没有配角的存在"。没错，学习者都有机会参与，参与游戏的学习者才能感觉到自己是主角：一来，他们感觉到了尊重；二来，他们能够亲自体验。

破冰游戏不是强迫所有学习者单纯地参与，而是鼓励能够表达自己意见的学习者来参与活动，更鼓励学习者之间相互支持。

★ 破冰游戏的灵活性

破冰游戏不是一成不变的，它们有各种各样的表现形式。当培训师意识到目前进行的游戏不可能达到预期的目的时，可以即时选择别的破冰游戏，但前提条件是培训师大脑里有大量破冰游戏的储存，且当前的环境、设施允许更换游戏。

我们仍拿"生肖分组"来举例。生肖分组以学习者生肖进行同类组合，但是当学习者生肖明显参差不齐时，就不能选用这个破冰游戏了，培训师可以改用"扑克分组"，同样可以通过同类分组活跃气氛。

★ 破冰游戏的针对性

曾经有学习者提过这样的疑问："培训师的每一步是不是都是有目的的？是否每一步都能达到目的呢？"其实，不管培训师的每一步是不是都有目的，但是为了达到预期的培训目标，培训师的每一步首先应该有针对性，即针对对象的特点做具体的打算。破冰游戏也是如此，不同的破冰游戏能够解决的问题也不一样，所以培训师在使用破冰游戏时，也要有针对性，要"因材施教""因地制宜"。

使用破冰游戏前后效果的比较

培训师在使用破冰游戏前，学习者的表现如下：

面部表情僵硬，不愿意与其他的学习者搭话，更反感与其他学习者之间的身体接触或是自己使用肢体语言，没有合作、协作的精神，不会主动发言，总是将自己的想法与意见藏起来。对培训师持怀疑态度，表现被动，不够专注，不够投入。

培训师在使用破冰游戏后，学习者的表现如下：

开始参与尝试，勇于提出自己的见解，开始与其他学习者沟通、交换意见，遇到困难时会主动向其他学习者或培训师求助，开始习惯用肢体表达自己的意愿，对与其他学习者之间的身体接触的反感渐渐降低，有与其他学习者合作的表现或开始关心其他学习者的状态，进而开始投入。

从上面的比较中我们可以看出，通过破冰游戏，学习者在心理、生理、人际关系等方面都有了很大的改进，这就是破冰游戏的作用。

第三节　小组组建的技巧

在前面的内容中我们提到，户外拓展训练包括个人项目、团队项目，即分别以个人或小组为单位进行体验式学习。有人认为既然户外拓展重在体验，那么个人的体验，或以个人为单位进行体验，效果应该会更好。其实，就实际意义而言，小组式学习较个人式学习带来的体验更为深刻。将个人融入一个小组（团队）中学习，不仅仅是个人的成长，更重要的是，学习者可以获得与他人交流、协作、交际的技巧，从心灵上得到鼓励、支持。

学习小组的概念与意义

学习小组，其实就是有共同目标的多个个人组成的整体。小组成员之间产生一种相互扶持、帮助的关系，促使学习者合作学习、达成目标。

建立学习小组的意义：小组的目标与培训目标一致，具有协作性。每一个小组成员都要承担责任，大家共同负责；同时小组成员在技能、知识方面进行交流整合，使得小组成员得到的体验是整个小组知识的有效整合。就学习效果而言，小组绩效大于个体绩效的总和。

小组内容

成员：成员是小组最基本的要素，目标通过小组成员具体实现；在小组中，成员优势互补，相互协作。

目标：没有目标，小组也就失去了存在的意义。

角色：小组内每个成员都是担任主角的人选，每个成员都必须发挥自己的作用。

资源：小组的资源是指每个成员的经验、技能、知识，包括思维能力。

存在方式：在体验式培训中，每个小组都以队名、队员、队旗、队呼甚至队歌来表现小组的存在。

建立小组的方式

★ 学习者自发组成小组

此种方式以人数平均为基本原则，由学习者自发地组成小组。需要说明的是，体验式培训中，活动的风险值较高，需要注意男女学习者人数的搭配。

★ 培训师分组

培训师按照男女人数平均分组，属于强制性分组。

★ 游戏分组

"报数"是分小组常用的形式，此外还有许多破冰游戏不仅可以"破冰"，更可以进行分组，如前面提到的"扑克分组""生肖分组"。

游戏名称：扑克分组。

游戏目标：训练在乱局中出头的主动性与矛盾本质的洞悉力，实现组织内部的信息共享，培养个人在团队中顾全大局的精神。

游戏时间：30～40分钟（可视具体情况另定）。

游戏场地：固定场地。

游戏道具：对开白纸1张，固定于白板或是墙上；双面胶1卷（裁成40厘米左右长、每组一条，由上而下间隔地粘贴在白纸上）；普通扑克1副（抽去大小王，一共为52张）；红色笔一支。

游戏程序：在3分钟之内，每人将自己摸到的一张扑克牌与另外的4张（或5张、6张）牌组合成一副牌（这样便能分出学习小组），要力争最快组成优胜牌组。

第四节　激励学员的技巧

户外拓展是对学习者体能与心理承受能力极大的挑战。学习者在挑战过程中难免会出现胆怯与放弃的心理，身为培训师，如何带领学习者顺利通过挑战？在前面的章节中，我们提到了团队成员的支持与鼓励，培训师应该如何巧用激励技巧呢？

以身作则

雍正皇帝一生勤勉，以身作则，让臣子以他为例，治理好地方，培训师也是如此。

在某场培训中，培训师带领学习者进行"空中云梯"活动，看着吊在半空中的绳梯，不少学习者都打起了退堂鼓。一时间，气氛紧张了起来。此时，培训师并没有"循循善诱"，而是给学习者做了一个亲身示范。培训师开始攀爬云梯，所有学习者都屏气望向培训师，当看到培训师到达顶点时，大家兴奋地欢呼起来。培训师以自己为例，证明了"空中云梯"并不可怕。被培训师的成功所感染，个别学习者主动要求给别人做示范。这就是培训师以身作则的效果。

竞争激励

竞争无处不在。它随时影响着我们的生活。在培训中，培训师可以采取竞争激励的方法鼓励学习者进行尝试，也可以在学习小组间进行小组式竞争，还可以在小组内部进行竞争，同时选出每组的优胜者，再让每组的优胜者做一次竞争。采用竞争激励，一方面可以激励学习者有所行动，另一方面可以训练学习者如何应对竞争。

精神激励

精神激励中的"精神"一方面是指培训师对学习者的精神鼓舞，另一方面是指学习者内部的相互扶持与鼓励。通常而言，精神激励的成效较小，但却是最直接的激励方法。精神激励还可以激发团队的凝聚力与协作互助的精神。

物质激励

物质激励通常与竞争激励结合使用，通过竞争的优胜者可以得到一定的物质奖励，比如说具有纪念意义的记事本、小相册等。这些东西虽然不具有很高的价值，但是它们内在所具有的意义无形之中增加了它们的价值。

惩罚激励

惩罚激励是一项极端的激励方式，即处罚违规或是未能完成任务的学习者。为了逃避惩罚，学习者会尽力按照规定完成任务。这样一来，学员间严格的纪律性便建立起来了。

故事激励

具有感染力的故事同样可以起到激励的作用。故事的选择是关键：这个故事必须具有积极的意义，最好是普遍流传且具有典型意义的故事。

永远的坐票

过去，交通条件不佳，人们出行较为困难。某人经常出差，大多数时间买不到对号入座的车票，可是无论长途短途，无论车上多挤，他总能找到座位。

他的办法其实很简单，就是耐心地一节节车厢找过去。这个办法听上去似乎并不高明，但却很管用。每次，他都做好了从第一节车厢走到最后一节车厢的准备，可是每次他都用不着走到最后就会发现空位。他说，这是因为像他这样锲而不舍找座位的乘客实在不多。经常是在他落座的车厢里尚余若干座位，而在其他车厢的过道和车厢连接处，居然人满为患。

他说，大多数乘客轻易地被一两节车厢拥挤的表面现象迷惑了，不会细想在数十次停靠之中，火车十几个车门上上下下的流动中蕴藏着不少获得座位的机遇；即使想到了，他们也没有那份寻找的耐心。眼前一方小小立足之地很容易让大多数人满足，为了一个座位背负着行囊挤来挤去在有些人看来并不值得。他们还担心万一找不到座位，回头连个站着的地方也没有了。与生活中一些安于现状、不思进取、害怕失败，永远只能滞留在成功之路起点上的人一样，这些不愿主动找座位的乘客大多只能在上车时最初的落脚之处一直站到下车。

名人格言激励

名人格言既简练又蕴藏深意，是培训师激励学习者的上佳工具。

格言精选

世界上有两种人，一种人虚度年华，另一种过着有意义的生活。在第一种人的眼里，生活就是一种睡眠，如果这场睡眠在他看来，是睡在既柔和又温暖的床铺上，那他便十分心满意足了；在第二种人眼里，可以说，生活就是建立功绩……人就在完成这个功绩中享受到自己的幸福。

——别林斯基《别林斯基论教育》

虚荣心一过了头，把每种活动本身的乐趣毁掉了，于是使你不可避免地无精打采，百无聊赖。原因往往是缺乏自信，对症的药是培养自尊心。凭着客观的兴趣去做进取性的活动，便可以获得自尊心。

——罗素《幸福之路》

先相信你自己，然后别人才会相信你。

——屠格涅夫

社会犹如一条船，每个人都要有掌舵的准备。

——易卜生

"不可能"三个字只存在于愚人的字典里。

——拿破仑

做人不可有傲态，不可无傲骨。

——陆陇其

音乐激励

向学员放励志音乐也是激励方法之一。一些在培训行业广为流传的音乐就具有激励性质，如：《行动》《真心英雄》《明天会更好》《感恩的心》等。

第五节　讲解的技巧

为了避免意外情况的发生，活动开始前的讲解是相当重要的。在讲解阶段，学习者必须对接下来的步骤、规则有所了解，并有充分的心理准备迎接挑战。为了使学习者达到这种程度，培训师需要通过生动、真切的讲解使他们身临其境。

讲解内容包括：活动的步骤、规则、设施器材的使用、自我保护技巧。风险值较高的活动尤其需要培训师的详尽指引。

讲解有以下注意事项。

简洁有效

户外拓展以学习者的体验为主，所以，培训师的讲解不可以提供更具体的信息，以免降低学习者的体验值，同时讲解必须简洁。另外，讲解的信息对学习者来说必须有效，学习者可以从讲解中明确了解相关信息。

控制时间

讲解时间长，学习者易产生厌倦情绪，分散注意力；时间太短，无法详细说明相关信息，会让学习者降低信任度及安全感。

生动有趣

在讲解的过程中，严肃的气氛会让学习者紧张。营造一个轻松的气氛，讲解会更有效，因此，培训师可以采取模拟场景、类比、比喻等方法进行讲解。

如在讲解游戏"泰山绳"时，有的培训师会用"人猿泰山"为例，既幽默又生动，令学习者容易接受。

语速适当

在讲解过程中，语速不要过快，因为过快的语速会让学习者听不清楚，为了更好地表述清楚，培训师可以在讲解过程中征求一下学习者的意见，对语速进行调整。

语调平和

体验式活动的规则讲解并不需要抑扬顿挫，平和即可。高昂或是低沉的语调会让学习者产生紧张感。

> 用标准普通话

用标准普通话讲解活动规则，才会清晰、明确。如果培训师一口乡音，恐怕学习者会一头雾水，无法听清讲解的内容。

> 征集反馈信息

讲解完毕后，可能会有部分学习者没有听清或是没有理解培训师讲解的内容，因此培训师可以在讲解过程中或是讲解完毕后征集学习者的意见，问问学习者是否听清楚了规则、是否理解了相关规则，同时鼓励学习者提问。

第六节 应变的技巧

在培训过程中，往往会出现一些意想不到的情况，可以说，每一场培训都不会是一帆风顺的，没有问题的培训就是一场不成功的培训。面对突发状况，最好的办法是化解或是将其消极影响降到最低。

> 学习者违规操作

现象：竞争激烈，学习者为了取得胜利，采用违规操作的方式获胜。比如在禁止采用培训师提供的道具以外的其他工具的规则下，依然采用自己携带的工具。

后果：产生安全隐患、恶性竞争。

应对方法：有人严重违规时，可以立刻终止活动，申明竞争规则，纠正学习者的违规操作；出现不影响培训效果或是不危及学习者安全的轻微违规时，培训师可以暗示学习者自己已经注意到他的违规行为，促使他改正。

学习者之间的冲突对立

现象：学习者间因思维模式、价值观念不同，导致意见分歧，产生对立。比如对活动的目标看法不一致，在采用什么方法完成活动上产生分歧。

后果：出现了语言争辩或是身体暴力，破坏了团队协作的氛围，产生了恶性竞争的氛围，活动进程受到阻碍。

应对方法：马上停止活动，分析冲突产生的原因，引导当事学习者进行剖析，也可以让其他学习者对他们进行积极的引导，化解矛盾。为了避免当事人尴尬，可以将两个人调至不同的小组。

学习者与培训师之间的冲突对立

现象：学习者不认同培训师的引导方式，在目标上与预期的培训目标产生了分歧。比如体验式培训是以体验、分享为主，但部分学习者认为体验式培训很难说明问题，不能接受这种培训方式，态度消极。

后果：一旦这类学习者得到了其他人的支持，体验式培训将无法进行。

应对方法：暂停培训，由培训师向学习者进一步阐述体验式培训的意义，取得学习者的认同，并向学习者征集意见。

两种极端的学习者

现象：表现欲望强烈、行动力强的学习者与沉默、行动力较弱、消极的学习者。

后果：极端的气氛影响了正常的体验与学习氛围，有损小组的团结及小组行动力的有效性。

应对方法：鼓励表现欲望强烈的学习者带动消极学习者展开行动，以"一对一"的方式带动现场气氛，对消极学习者给予较多的关注，引导其他学习者带动他一起行动，尽可能多地让消极学习者感受到取得成功的成就感。

出现"二度"学习者

现象：这些学习者已经是"二进宫"了，他们对活动的主旨、目的、方式都已十分清楚，他们的存在对培训效果是一个挑战，因为他们会提前将活动信息透露给其他学习者。

后果：降低学习者的体验值，培训师无法正常引导学习者进行体验、现实联想。

应对方法：改变活动设计，培训师也可以事前与他们约定规则，最好的办法是让这些学习者充任培训师助理，帮助培训师引导其他学习者。

出现不参与活动的学习者

现象：几乎在每一场体验式培训中，都或多或少存在不愿意参与活动的学习者。他们往往会让活动陷入僵局。

后果：阻碍了活动进程，不能实现学习者的全面体验。

应对方法：了解这类学习者的身心状况，如果是身体承受能力有限，可以允许他们退出；如果是心理承受能力太差，可以采用激励的方法，让其他学习者鼓励、支持、带领他们一起参与活动。

学习者连续失败引发的低迷气氛

现象：活动难度大，学习者在长时间内依然无法取得胜利，士气低落。

后果：学习者行动力降低。

应对方法：采用激励手段，也可以给出一段时间供学习者讨论行动方法，同时适当调低活动难度。

时间与活动不匹配

现象：预计的活动时间与现实相冲突，时间总是不相适宜。

后果：学习者可能会有"走过场"的心理，得不到真切的体验。

应对方法：设计活动时，要将活动时间留出余地，或是在活动时间不够的情况下，提醒学习者注意时间的把握。

第七节　感性工具的运用技巧

思想交流、眼神流露、五官演示、肢体语言、培训师的个人魅力、学习者的个人魅力等都属于感性工具。在户外拓展中，感性工具是培训师与学习者、学习者与学习者之间沟通的有效方式。对于培训师与学习者之间的沟通而言，感性工具有助于学习者明确下一步行动；就学习者与学习者之间的沟通而言，感性工具有助于他们的团结协作。

思想交流

这是最直接的感性工具，每个人的思维方式不一样，思想也就不一样。体验式培训是对学习者思想、心理的挑战，犹如一支筷子与一把筷子之间的对比，一个学习者与一组学习者的思想对比，当然是整合之后的思想表现出来的影响力更大、更深远。

小组成员在遇到困难无法克服时，可以要求培训师给他们时间思考，这是一种思想交流。小组间的讨论，是将小组所有成员的经验、思维模式进行整合，进而得出结论，这也是一种思想交流。作为感性工具的一种，思想交流是最基本的。

眼神流露

在现实生活中，眼神流露出的情感是多样的，有感激、爱慕、愤恨、关怀、鼓励等。在体验式培训中，运用眼神表露的情感大多是关怀、鼓励等积极的情感，这些情感也是支持培训成功的感性工具。学习者从培训师、其他学习者眼神里可以看出这些情感，这正是体验式培训要求学习者感受到的团队力量，也是沟通起作用的结果。将一个学习者置于一个团队中，最大的好处就是学习者可以与团队一起成长。体验式学习鼓励学习者流露自己的情感，用这个"窗口"让自己，也让队友看到更美的风景。

五官演示

人的五官集中了视觉、味觉、听觉、嗅觉四大感官，五官也是可以表演的，在平常的日子里，我们很难发现，但是在体验式活动中，五官演示的功能一览无余。

在部分小组协作的活动当中，有这样的规则：不允许开口讲话，让小组成员知道各自的想法而完成任务，许多学习者认为这不太可能，其实这只是因为学习者没有发现自己潜在的能力。利用五官演示，完全可以让其他成员通过联想与想象理解自己的意思。体验式培训的目的也在于此。培训师可引导学习者利用固有的资源，发挥自己的潜能，突破自我限制，完成自我突破。

肢体语言

有人说，即使这个世界上没有一种语言，人类依然可以交流，因为我们有肢体语言这个感性工具。对于这个世界而言，也许地域不同，肤色不同，语言文化都有差异，但所有人的行为动作是一致的，只是我们不善于用肢体表达我们的意愿而已。体验式培训就制造了这样一个机会让我们去挖掘自己、发现自己的肢体语言。

体验式培训有这样一个"活动"——"穿电网"，即不允许学习者说话，只允许用肢体语言进行交流，大家协作穿过电网且不触网。在刻意制造的氛围之下，学习者的肢体语言就发挥到了极致，也让培训达到了目的。

个人魅力

那些流芳百世的伟人的个人魅力就不必赘述了，其实每个人都是有个性的，每个人都可以用自己的个性去感染别人，这就是个人魅力。

学习者在实际的生活、工作中，也许觉得自己是一个很平凡的人，认为自己没有什么个人魅力，大都自信心不足。体验式培训通过活动的设计，充分制造机会让学习者进行自我审视、自我剖析，发现自己的个性所在。如"A—B""橄榄球定律"等活动，就是运用了个人魅力这项感性工具。

第八节　指导小组领导人工作的技巧

小组领导人是在小组成员推举下产生的领导人，其基本职责是带领组员完成既定任务，并及时解决小组内部产生的问题，对小组的任务进行计划，对小组的人际

第二章　户外拓展培训技巧

关系进行适当的协调；其最终目的是带领组员高效完成任务，并带领组员在活动进程中逐步成长。

对于户外拓展训练而言，小组领导人可以采取多样的手段做好领导工作，一般有聆听、提问、反射、综合总结、鼓励、自我流露等。

聆听

聆听的最主要目的是让组员知道你在意他们的想法，你尊重他们。聆听是一种手段，它可以千变万化，但却始终朝着一个目标，那就是了解你的小组人员最真实的状况。

聆听是获取信息最好的方法。聆听的信息包括语言及非语言类的信息：语言信息包括组员所说的内容、声调等；非语言类信息是指组员的面部表情及肢体语言等，从中获取的信息为组员对此项活动和解决办法的满意程度、对他人的认可程度等。

聆听的有效方法是给予学员眼神的接触，并适当地重复他的观点并向他确认，或是用提问的方式获取他的信息。同时，不要忽略了其他组员，要仔细观察其他组员的非语言类信息，考证反馈信息是否为大家所接受。聆听最忌选择性聆听、断章取义或是只听表面意思而不深入思考。

提问

提问是为了澄清一些小组内部不明确的信息，保证小组沟通顺畅，以及提高小组成员的注意力和兴趣。

提问的方式一般有以下几种：

★中立提问式

此种提问方式常被用于解决小组内部争端，不偏向于任何一方，仅用提问的方式询问他们对某一事物的看法或是自己的想法，再进行独立的分析。如果有可接轨处，可以进行综合评述。例如"你认为采用什么方法可以获得更好的效果？"

★反问式

反问通常被用于应付攻击型的组员，他们较为偏激，也许他们没有自己的观点，却一味地抵制别人的任何方法。当他们质疑大家的民主决定时，你可以反问他："你认为其中有什么不合理的地方？"如果他们没有较好的反对理由，活动将按计划往下进行。

★ 启示性

启示性提问常被用于引导组员进行思考，获取对某一事物的感想及受到的启发。例如某一阶段的活动完成之后，可以采取下面的问句："从这项活动中，你们认为其中哪些方面可以与现实生活接轨呢？"

★ 关系取向性

关系取向性提问是一项比较特别的提问方式，主要被用于协调组员的关系，培养小组内部互相扶持的良好氛围，增强团队的凝聚力，化解价值观的差异导致的冲突。常用的问句有："你认为在刚才的活动中，你的搭档给予了你怎样的帮助？"

★ 反射式

反射式问句可以帮助组员明确自己所表述的信息，同时让组员明白自己在认真地对待他的看法及态度。反射式问句常被用于以下几种情况：

- 组员的不确定态度；
- 小组内部绝大多数组员就某一事物提出疑问时；
- 个别组员恐惧的感受；
- 小组对正在进行的活动的看法及自己的感受。

例如组员反馈这样的信息："我对这项活动的安全措施不放心，我感到害怕。"你可以这样回答："我听到你说你很害怕，是因为那很牢靠的安全带。"

综合总结

纵观小组的发展历程，小组内部充满了不同的意见、观点，也有喜欢长篇大论的学员在总结时会滔滔不绝。控制小组成员的行为、综述有效的观点是综合总结的主要效果之一。

从纷繁复杂的观点中抓取积极、有效的信息可以避免让组员得到不重要的信息，进而强化活动的主旨，深化主题。

鼓励

鼓励的方式可以多样化，除运用语言进行心理鼓励、心理暗示之外，对组员的表现给予肯定、支持，并调动小组其他成员对其进行语言鼓励。

第二章　户外拓展培训技巧

自我流露

自我流露指的是小组领导人进行的情感流露。小组领导人在小组中建立的个人风格会成为组员效仿的典范。进行自我流露的重点是不随意宣泄情感，否则会转移组员的注意力。

实践篇

第一章
THE FIRST CHAPTER
破冰游戏精选

1/4 卡片

游戏目标：使学习者在刚刚开始的时候就能够主动同别人接触交流，达到相互熟悉、增进了解的目的。

游戏时间：10 分钟

游戏场地：会场内

游戏道具：卡片

游戏程序：

1. 大家在进入会场时，领到 1/4 张卡片，进入会场后，需要去寻找其他三位学习者手中的卡片，将其拼合成一幅完整的图片。

2. 大家要积极地寻找陌生人，询问、展示、合作，最终才能达成"联盟"，只有找到其他三位朋友，才可以找一个位置坐下来。

3. 把组合成的图片放置到桌上，并迅速熟悉本小组成员。

游戏分享：

1. 为什么需要寻找其他三位学习者？

2. 如何在最短的时间内找到其他三位学习者？

魔法与歌声

游戏目标：通过初步的肢体接触，打破人际关系的距离。通过活动让学习者可以在短时间内增进熟识度，融入课程。

游戏时间：10 分钟

游戏场地：室内或室外平坦的场地均可

游戏道具：2～5 颗质地柔软的球，大小以一手掌握为佳

游戏程序：

1. 开始可由培训师或一名学习者担任魔法师，并对一颗球"施法"。

2. 魔法师"施法"时，所有伙伴开始进行躲避，活动中只要被拿着球的魔法师碰触到就会变成石头。

3. 要想避免被攻击，学员必须找到另一位伙伴，手拉着手在原地合唱一首歌，

第一章 破冰游戏精选

就可以形成保护罩，但如果歌曲重复则无效，学员一样会变成石头。

4. 进行期间除了躲避攻击外，不可和其他人手拉手。

5. 过程当中，不可以跑步，只可以快步走，避免学习者相互碰撞、跌倒。

6. 活动进行几分钟后，魔法师可改变方式，把被碰触的学习者，一样变成魔法师，并给予一颗球执行任务。

游戏分享：

短暂的热身活动，通常不做分享，时间也不宜过长，其目的主要是为了调动学习者的情绪，让他们能够全身心地投入活动中。

松鼠与大树

游戏目标： 通过初步的肢体接触，打破人与人之间的隔阂。让学习者在短时间内增进对同伴的认识，尽早融入活动。

游戏时间： 10分钟

游戏场地： 室内或室外平坦的场地均可

游戏道具： 无

游戏程序：

1. 开始可由培训师或一名学习者担任魔鬼，并对其他人员下达活动指令。其余学员三人为一组，其中两人为大树，一人为松鼠，松鼠位于大树中间。

2. 活动指令为三种："松鼠""大树"及"暴风骤雨"。"松鼠"即所有的"大树"位置不变，所有的"松鼠"交换位置重组；"大树"则相反，所有的"松鼠"位置不变，所有的"大树"交换位置重组；"暴风骤雨"即所有人员打乱重组。指令下达后，魔鬼也必须马上回到队伍中参与重组，剩余的一人将被淘汰，成为魔鬼。

游戏分享：

只是一个小小的用于开场的活动，通常不做分享，时间也不宜过长，主要调动学习者情绪，让他们能够全身心地投入活动。

串名字

游戏目标：活跃气氛，打破僵局，加速团队成员之间的了解

游戏时间：不限

游戏场地：室内或室外平坦的场地均可

游戏道具：无

游戏程序：

1. 小组成员围成一圈。
2. 任意提名一名队员（A）进行自我介绍，包括姓名、单位等信息。
3. 第二名队员随后进行介绍，但必须要说："我是A后面的B"。
4. 第三名队员也必须以此方式进行自我介绍："我是A后面的B后面的C"。
5. 以下队员依此类推。
6. 最后介绍的学员要将前面所有学员提供的个人信息进行复述。

游戏分享：

1. 如何才能在最短的时间内记住队友的个人信息？
2. 在日常工作中，应该以什么样的工作作风和方法达到团队成员相互熟悉的目的？

绕口令

游戏目标：绕口令是训练口才的一个有趣方法，同时也可以用于在培训中烘托现场气氛。

游戏时间：5分钟

游戏场地：室内或室外平坦的场地均可

游戏道具：无

游戏程序：

培训师提供以下绕口令：

1. 一面小花鼓，鼓上画老虎。宝宝敲破鼓，妈妈拿布补，不知是布补鼓还是布补虎。
2. 车上有个盆儿，盆儿里有个瓶儿，乓乓乓，乒乒乒，不知是瓶儿碰盆儿，还是盆儿碰瓶儿。

第一章 破冰游戏精选

3. 金瓜瓜,银瓜瓜,地里瓜棚结南瓜。瓜瓜落下来,打着小娃娃。娃娃叫妈妈,妈妈抱娃娃,娃娃怪瓜瓜,瓜瓜笑娃娃。

4. 肩扛一匹布,手提一瓶醋,看见一只兔。放下布,摆好醋,去捉兔。跑了兔,丢了布,撒了醋。

5. 西关村种冬瓜,东关村种西瓜,西关村夸东关村的西瓜大,东关村夸西关村的大冬瓜,西关村教东关村的人种冬瓜,东关村教西关村的人种西瓜。冬瓜大,西瓜大,两个村的瓜果个个大。

6. 毛毛和涛涛,跳高又赛跑。毛毛跳不过涛涛,涛涛跑不过毛毛。毛毛教涛涛练跑,涛涛教毛毛跳高。毛毛学会了跳高,涛涛学会了赛跑。

7. 四是四,十是十,要想说对四,舌头碰牙齿;要想说对十,舌头别伸直。要想说对四和十,多多练习十和四。

让学员以竞赛的形式对以上绕口令进行复述。

游戏分享:

1. 当有人发音错误时,听者与当事者的感觉和反应是什么?
2. 如何才能做到发音准确、复述流利?

进化论

游戏目标: 以热闹激烈的活动使学习者彼此熟悉,调动队员积极性,以便增进团队成员之间的感情。

游戏时间：10~15分钟

游戏场地：室内

游戏道具：无

游戏程序：

1.提问：告诉学员，进化是从蛋开始的，蛋变成鸡，鸡进化成原始人，原始人进化成超人，超人进化成圣人（示范各种动作）。

2.告诉学员，相同物种才能竞争，不进则退。

3.告诉学员，每个人都从蛋开始进化，蛋跟蛋竞争，赢的进化成鸡，输的变成蛋。鸡跟鸡竞争，赢的进化成原始人，输的变成蛋，不进则退。以此类推，最终变成圣人的为胜利者。

游戏改进：

1.可以增加变化的级数，如蛋以下可以增加阿米巴原虫等。

2.可思考不同的进化名称和动作。

游戏分享：

1.如何明确个人的计划性？

2.在这个游戏中，是否感受到了竞争的残酷性呢？

佳人何处寻

游戏目标：活跃气氛，体验互帮互助。

游戏时间：10分钟

游戏场地：室内

游戏道具：纸、笔、透明胶带

游戏程序：

1.男女双方人数一样，合计10人最为恰当。

2.事前，先在纸上写下诸如"罗密欧""朱丽叶"；"梁山伯""祝英台"等佳偶的名字。

3.将这些写好名字的纸上的男性名字贴在男性的背后，女性名字贴在女性背后。同时，不可让所有参赛者看到彼此背后所贴的名字。

4.一切就绪后，所有出场者要竭尽所能地说出他人背后的人名，然后推想自己背后的人名。倘若读出了所有人员背后的人名，就不难推出自己背后的人名了。

5.联想出自己背后的人名后,要赶快与自己搭档的对象凑成一组。

6.到最后没有成对的人,就是负方。

游戏分享:

1.通过此游戏,你领悟出什么?如:帮助别人等于帮助自己。

2.一组发生错误,是否会引发许多组一起发生错误?

3.如果你是领导,应怎样使你的资源达到最优配置?

共同前进

游戏目标:以较热烈的活动使学习者彼此熟悉。

游戏时间:10分钟

游戏场地:不限

游戏道具:无

游戏程序:

1.第一阶段:学习者双手搭在左右伙伴的肩膀,围成一个圈。

2.第二阶段:在培训师的口令下往前踏步,计算出共能走动几步。

注意:

1.肩部压力过大时,应及时告知他人,并停止向前。

2.避免朝某一方向跌倒。

游戏分享:

1.以这种方式踏步的感觉如何?你觉得如何才能做得更好?

2.如果你们跌倒了,你会有什么感觉?

猜猜我是谁

游戏目标:使初步认识的队员进一步熟悉。

游戏时间：10~20分钟

游戏场地：不限

游戏道具：不透明的幕布一条

游戏程序：

1.参加的人员分成两边。

2.依序说出每个人的姓名或希望别人如何称呼自己。

3.培训师与助理培训师手拿幕布隔开两边成员，分组蹲下。

4.第一阶段，两边成员各派一位代表至幕布前，隔着幕布面对面蹲下，培训师喊一、二、三，然后放下幕布，两位成员以先说出对面成员的姓名或绰号者为胜，胜者可将对面成员俘获至本组。

5.第二阶段，两边成员各派一位代表至幕布前背对背蹲下，培训师喊一、二、三，然后放下幕布，两位成员靠组内成员提示（不可说出姓名、绰号），以先说出对面成员的姓名或绰号者为胜，胜者可将对面成员俘获至本组。

6.活动进行至其中一组人数少于三人后停止。

游戏分享：

1.如果继续玩下去，谁会赢？谁会输？

2.我们所设计的这个游戏是没有输和赢的。

3.这是什么意思？也就是双赢的概念。

真情告白

游戏目标：令每个参与者在无任何威胁的情况下，对其他人的优点与缺点进行点评。让参与者相互反馈自己在成员眼中的优点与缺点。

游戏时间：30~45分钟

游戏场地：会场内

游戏道具："优点与缺点"问卷，每个人一支钢笔

游戏程序：

1.令每个参与者都知道他们将有机会对

团队里的每一个人的优点与缺点进行点评。

2.告知大家这是一项保密的活动,被点评者不会知道这些内容出自何人。

3.给每个人一张"优点与缺点"问卷,并告诉他们每人为其他人至少写出一条喜欢或不喜欢的内容。

4.收集每张问卷,混合一起并对每个人念出写给他们的意见。

游戏分享:

1.所有的意见都正确吗?

2.有没有互相矛盾的意见?

3.现在是否有人不愿意别人和自己同在一组?

人 浪

游戏目标: 培养团队成员随外界变化而立即改变的能力,同时活跃气氛。

游戏时间: 10分钟

游戏场地: 空地

游戏道具: 大缆绳

游戏程序:

1.全体学习者手握缆绳围成一个圈,面向圆心,同时向后靠,形成一个巨大的人圈。

2.培训师发出指令:某个方向的人向下蹲,另外三个方向的人感觉力量的变化;按顺时针方向逐一向下蹲,完成人浪的操作。

游戏分享:

1.在别人向下蹲时,你感觉到了什么变化?你做出了什么直接反应?

2.团队是怎样达成相互配合的效果的?

人 椅

游戏目标: 活跃现场气氛,打破肢体接触障碍,培养团队成员间的信任感。

游戏时间: 5分钟

游戏场地: 空地

游戏道具：无

游戏程序：

1. 全体学习者围成一个圈。

2. 每位学习者将双手放在前面一位学习者双肩上。

3. 请每个人把自己的脚尖顶在前面人的脚后跟上。

4. 听从培训师的指令，缓缓地坐在身后学习者的大腿上。

5. 坐下后，培训师给予指令，让学习者喊出相应的口号：例如"齐心协力、勇往直前"。

6. 最好以小组竞赛的形式进行，看看哪个小组可以坚持得最久。

游戏分享：

1. 在游戏过程中，自己的精神状态是否发生了变化？身体和声音是否也相继发生了变化？

2. 在发现自己发生以上变化时，是否能及时加以调整？

3. 是否有依赖思想，认为自己的松懈对团队影响不大？最后出现了什么情况？

4. 要在竞争中取胜，有什么是相当重要的？

扯"龙尾"

游戏目标：增强队员之间团结协作的能力，让他们感觉、体验"和谐使得团队成功"的魅力。

游戏时间：15～20分钟

游戏场地：空地

游戏道具：色带或与之类似的条状物

游戏程序：

第一阶段：

1. 培训师先将学员分成若干组，每组若干人。

2. 每组排成一队，每个人的手放在前面人的肩上，队尾的人背上挂上色带。

第二阶段：

1. 游戏开始时，每组最前面的那个人要捉住其他组队尾的色带，而队尾那个人也要闪避，避免他人捉到自己的"尾巴"。

2. 若捉到其他组的"尾巴"，两组便合成一组，变成一条较长的"龙"。

第三阶段：
1. 持续进行，直至所有组成为一条"龙"为止。
2. 整条"长龙"最尾的一组，是赢家。

游戏分享：
1. 在游戏之中，团队同时处于攻势与守势，如何协调两者之间的关系？
2. 随着队员的增加，"长龙"的灵活性将逐渐下降，如何保持不败？

实践篇

第二章
THE SECOND CHAPTER
水上拓展
活动精选

深潭游泳

★ 基本概述
形式：团队挑战项目

时间：1 小时

人数：20 人以上（10 人 / 组）

工具：绳子 1 条（长度要比河面宽出 3～4 米）、救生衣若干套（依人数而定）

★ 深潭游泳的概念
借用已连接好的绳子从深潭的一边渡到对岸。

★ 目的
深潭游泳是一项风险中等、操作容易的体验项目。有助于增强团队的凝聚力，激发学员的潜力，提高团队成员的沟通能力，改善团队的创新能力和运作能力。

★ 规则
- 只能使用组织者提供的工具。
- 心脏病患者禁止下水。
- 每个小组需要 3 个以上会游泳的学员。
- 团队所有人渡过深潭才算成功。
- 耗时最短的组胜出。

★ 程序
1. 宣读活动规则；
2. 人员分组，10 人一组；
3. 先由其中一组到达指定起点，开始利用绳索渡过深潭，培训师开始计时；
4. 第一组完成后，后面的小组相继开始；
5. 对照所有小组的成绩，评出优胜者；
6. 回顾总结。

第二章 水上拓展活动精选

★ 技巧

依据小组成员的水性安排过河方式，水性好的人可以扶持一下其他队友。

★ 分享

◎ 会游泳的学员与不会游泳的学员在未下水之前，心理状态有什么差别？
◎ 不会游泳的学员在渡过深潭后有什么感想？
◎ 为什么不会游泳的学员仍然可以安全渡过深潭？
◎ 从过深潭的过程中你领悟到了什么？

潜　水

★ 基本概述

形式：个人挑战项目，同行原则
时间：不限
人数：10人以上（2人/组）
工具：面镜、蛙鞋、水肺气瓶、呼吸调节器、综合仪表、呼吸管、浮力调整装置、潜水衣

★ 潜水的概念

从广义上讲，潜水是指在水下进行的各种活动的总称，包括水下工程、打捞、潜泳等。我们这里的潜水指的是潜泳，即身着专业设备在水下进行的游泳活动。

★ 目的

潜水是一项具有极大挑战性的运动，有助于培养个人勇敢、坚强的品格，并有利于建立起一种人与人之间的信任与沟通。

★ 规则

◎ 患感冒、耳鼻疾病、心脏病、高（低）血压、糖尿病等疾病的人，以及醉酒者，不适宜潜水。
◎ 以同行原则为基础：两人从入水到上岸都必须在一起；教练不得允许其中

一人自行上岸；两人要时刻保持联系。

◎ 潜水员必须穿着脚蹼和空气呼吸器下水。

◎ 潜水过程中受到干扰与阻碍的人员应该马上发出信号，让岸上人接应。

◎ 阻碍、干扰他人的行为将被视为犯规。

★ 程序

1. 宣读活动规则；

2. 人员分组，2人一组；

3. 配发装备；

4. 热身运动；

5. 开始潜水；

6. 结束；

7. 回顾总结。

★ 技巧

◎ 落单时的应对：保持镇静，上浮几米，寻找同伴；找不到时就浮出水面，注意观察气泡。超过10分钟，仍无同伴的踪迹，应回到入水地点。

◎ 水的压力会使人的耳道感到不适，甚至疼痛。此时应用手捏住鼻子，用力向鼻腔内部鼓气，从而使耳道内气压升高，抵消水的压力。

◎ 向深处潜水时，耳内疼痛难忍，应立刻上浮。

◎ 每下潜10米，检查残压计余量一次。

◎ 同伴间的通用手势：我现在情况良好——"OK"；注意（物体）方向——"食指指示方向"；上浮——"右手握拳，拇指向上"；下潜——"右手握拳，拇指向下"。

◎ 入水前，自己应亲自检查装备功能是否正常，然后同伴间相互检查一遍。

◎ 以下入水姿势可供采用。正面直立跳水：水深需在1.5米以上，双脚前后开立，一手按住面罩，一手按住空气筒背带。背向坐姿入水：面向里坐于船帮上，向后仰面入水。正面坐姿入水：初学者使用。侧身入水：在橡皮艇上浮卧滚身入水。

◎ 上升：将上升速度控制在每分钟18米以内，简单说就是不要超过自己呼出的气泡的上升速度；不要憋气；上升时抬头看水面，可以伸出右手指定方向，注意背后，身体缓缓自转。

◎ 潜降：用B.C.（浮力调解器）法时，学员可以用浮力调节器配合配重带，头上脚下地潜降。不用B.C.法时，头下脚上。

★ 分享

- ◎ 入水前与入水后的感觉如何？有什么区别？
- ◎ 两人之间的沟通有效吗？如何使两人的沟通更加有效？
- ◎ 遇到问题时的感觉如何？同伴给予了怎样的帮助？
- ◎ 浮上水面后的第一感觉如何？
- ◎ 潜水过程与生活哪些方面有相似之处？你从中得到了什么启示？

漂　流

★ 基本概述

形式：集体参与，竞争性质

时间：3小时以上

人数：10人以上（3～5人/小组）

工具：漂流筏、防水上衣、水上运动头盔、收口包、漂流靴、漂流手套、背包、救生衣、交叉桨

★ 漂流的概念

漂流是指乘着橡皮艇从湍急的河流上顺水而下。

★ 目的

漂流是近年来流行的一种极具挑战性的运动，一是能体验到风情和惬意；二是增强团队中的协作、凝聚力；三是有助于改善人际关系。

★ 规则

- ◎ 队员必须穿救生衣后下水。
- ◎ 以到达终点的时间先后评判结果。

★ 程序

1. 宣读活动规则；
2. 学员分组，每组3～5个人；

3. 分发装备；

4. 活动开始；

5. 评判结果；

6. 回顾总结。

★ 技巧

◎ 漂流过程中跌水区及大落差区很多，不要携带怕沾水的东西，以避免掉落或损坏。

◎ 在漂流中，注意沿途的箭头及标语，这些有助于学员寻找主水道并提早警觉跌水区。

◎ 下激流时，要抓住橡皮艇内侧的护绳带，坐在后面的人身子略向后倾，保证橡皮艇平衡并与河道平行，顺流而下。当橡皮艇被卡住时不能着急站起，应稳住皮艇，找好落脚点后才能站起。

◎ 翻船后可以采取以下措施：将橡皮艇扶正再重新登上橡皮艇，注意两侧受力平衡，以免再次翻船。一侧人员爬上艇时，另一侧要有人压住。

◎ 事先将眼镜用皮筋系紧，以免脱落。

◎ 用划桨抵住石头，用力使橡皮艇离开搁浅处。

◎ 到达险滩前，可先预测一下顺流而下的大致方向；然后招呼大家收回划桨，将脚收回橡皮艇内并拢，双手抓紧橡皮艇上的护绳，身体俯低，不要站立，稳住橡皮艇重心保持平稳。

◎ 橡皮艇之间距离过近容易发生碰撞，双方相互配合往反方向划桨或推开橡皮艇可以避免这种现象的发生。

◎ 必须全程穿着救生衣，防止翻船。

◎ 穿着简单并留有备用衣物。

◎ 气室破裂是最糟糕的情况。此时要调整艇上人员的位置，破裂气室的位置不要再坐人，设法保持橡皮艇稳定并靠岸等待救援。

◎ 河道水流较深时，常会出现漩涡，此时应尽量绕行，避免被卷入。如果被卷入的话，要保持镇静，让皮艇顺着洄流旋转，等转至漩涡外围时，大家全力划桨即可冲出困境。

★ 分享

◎ 漂流中是否出现了意外情况？导致意外情况出现的是人为因素还是客观因素？

◎ 遭遇意外情况时，团队内部是否出现了矛盾？矛盾是如何化解的？

◎ 遭遇意外情况后，学员通过哪些措施最终解决了问题？解决问题的关键因素有哪些？

◎ 这项活动与实际生活有哪些共同之处？

同舟共济

★ 基本概述

形式：集体参与，竞争性质

时间：1~2小时

人数：12人以上（4人/小组）

工具：每组配发汽油桶2~3个、绳索2根（约12米长）、竹竿10~15根，每人配发救生衣一件

★ 概念

同舟共济是指利用现有的工具制成筏子，以过河的活动。

★ 目的

同舟共济是一项在水上进行的协作性极强的团队竞赛项目，能够提高团队的工作效率、提高团队分工协作的能力、改善团队成员的人际关系。

★ 规则

◎ 以安全为基本原则，以抵达对岸的时间先后进行排名。

◎ 筏子倾覆、散落时，允许学员身体短时间接触水面。

◎ 正常情况下，学员身体接触水面，视为犯规，需要接受惩罚。

◎ 学员可以选择弃权上岸。

★ 程序

1. 宣读活动规则；

2. 分小组，每小组4人；

3. 配发工具；

4. 每小组人员穿好救生衣后在指定地点利用配发的工具制成一个筏子；

5. 扎好筏子之后，从指定的地方下水，利用扎制的筏子渡河；

6. 依照规则在最短时间内到达终点的小组获胜；

7. 获胜者可获得相应的奖品；

8. 回顾总结。

★ 技巧

- 工具物尽其用。
- 筏子结构以"平衡"为基准。
- 渡河时组员行动一致，能够加快速度。

★ 分享

- 扎制筏子的过程中，小组成员是否产生了分歧？矛盾是如何解决的？
- 组员交流的方式如何？
- 每个小组是否出现了权威领导人？
- 如何能让渡河的速度加快？
- 落水的原因是什么？
- 这项活动与实际生活有哪些联系？

水球运动

★ 基本概述

形式：集体参与

时间：1小时

人数：7的倍数。至少14人（每组7人）

工具：水球1个、水球网2个，每组各配不同颜色的救生圈（每人1个）

★ 目的

水球是一项轻松、活泼的水上项目，主要用于打破学员之间的隔阂，拉近学员之间的距离，体现团队的活力。

★规则

◎ 两组人员进行比赛，一般分四节进行，每节比赛时间为7分钟，每节比赛之间，休息2分钟。

◎ 在比赛过程中，学员不得触碰池壁或池底，要一直游动或踩水。

◎ 学员必须带救生圈以保障安全。

◎ 球在一方球员手中的时间为5秒钟以内，否则视为犯规，并处以相应的惩罚。

◎ 一方持球时间超过一分钟，发球权属于对方球员。

◎ 将球攻入对方球门者，交换发球权。

◎ 双方进球得分多者胜出。

◎ 比赛结束后双方比分仍然相同，需进行加时赛。

★程序

1. 宣读活动规则；
2. 学员分组，每组7人；
3. 分发救生圈；
4. 热身，时间为2~3分钟；
5. 学员就位；
6. 比赛开始；
7. 比赛结束，统计得分，评出胜出者；
8. 回顾总结。

★技巧

◎ 顶球：当持球者被两名以上防守者夹击时，把球顶到空中，然后用指尖连续击球，直到将球传出或控制住。

◎ 干传：水球传球方法的一种，指将球直接传入接球者手中。球传出后，接球者在球未落水时就将球接住，随后即可进行传球或射门。

◎ 水下起球：水球基本技术之一。起球时五指自然分开，掌心朝上，伸向球的底部中点，以五指稍用力抓住球。小臂内旋，屈臂将球举起，控制在稍高于耳部的投掷位置上，以利于传球或射门。

◎ 勾手射门：分正面勾手射门和横勾手射门两种。右手向后伸出将球托起，以左手压水,两腿剪水,抬高上身,右臂自然伸直,稍呈弧形摆动,利用手腕和手指的力量将球射出。

◎ 区域防守:水球运动战术之一,也称联防。指在球门前一带易被对方射门得分的险区,每个防守队员负责一个小区域,组成一个有效的集体防守阵式,彼此呼应,互相支援。其站位方式有半月形、梅花形、三三形等,多在队员体力和速度较差或以少防多时采用。

★ 分享

◎ 有哪些因素阻碍了活动的进程?

◎ 与队友之间的配合是否愉快?

◎ 赢得比赛的关键因素是什么?

飞瀑速降

★ 基本概述

形式:个人挑战项目

时间:30分钟

人数:不限

第二章 水上拓展活动精选

工具：安全带、锁扣、头盔等

★概念

参与者从瀑布顶端在极短的时间内降落到瀑布下的深潭水面上，必须相继体验两次。这项活动对参与者的体能与心理有着极大的考验。

★目的

飞瀑速降是一项风险值高，完成难度大的活动。这项活动对于学员的自我剖析、潜能爆发有着很大的作用。

★规则

◎ 使用专门的安全装备。

◎ 有严重病史（心脏病、高血压、脑血栓等）与特殊情况者（怀孕、手术初愈等）不适宜参加这项活动。

◎ 参与者必须严格按照教练的要求去做。

◎ 当感到身体不适时，可以选择放弃。

★程序

1. 宣读活动规则；
2. 参与者穿上专用的安全装备；
3. 教练帮助队员检查安全装备是否正常；
4. 心理调整（1分钟以内）；
5. 队员依次进行飞瀑速降，直至第一次体验结束；
6. 第二轮体验开始，直至结束；
7. 教练带领学员进行回顾总结。

★技巧

◎ 教练对学员不断进行心理暗示及心理鼓励。

◎ 积极征集学员的反馈信息，直到所有学员明确规则及安全措施后方可开始。

★分享

◎ 第一次体验跳跃是怎样的心理过程？

◎ 教练在其中充当了怎样的角色？

◎ 从第一次体验过渡到第二次体验，期间发生了哪些变化？这些变化从何而来？这些变化带来的最直接后果是什么？

◎ 从两次体验中分别得到了什么启示？有什么收获？表现在哪些方面？

抢滩登陆

★ 基本概述

形式：团队挑战项目

时间：90分钟

人数：200人以上（10人/组）

工具：竹子、绳索若干条、救生衣（每人1套）、"宝盒"2个、领队旗2面（具体数量视分组数而定）

★ 目的

抢滩登陆是一项以团队协作为主的活动，风险中等，操作较困难，主要以团队为挑战对象，一般适合基层员工和中层管理人员参加。有助于提高团队的分工协作、团队凝聚力及运作效率。

★ 规则

◎ 只可利用提供的工具扎制竹筏，否则视为犯规。

◎ 在水上时，只可以通过泼水阻挡对方前进。

◎ 采用泼水以外的方式阻碍对方前进的行为属于违规行为，需处以相应的惩罚。

◎ 耗时最短者胜出。

★ 程序

1. 宣读活动规则；
2. 人员分组，10人一组；
3. 穿救生衣；

4. 利用现有的工具扎制竹筏；

5. 竹筏扎制完毕后到达指定的起点处；

6. 于起点处回答"宝盒"中的问题冲关；

7. 到达指令位置，将小组的旗帜竖好；

8. 活动完成；

9. 耗时最短者胜出；

10. 回顾总结。

★ 技巧

◎ "宝盒"内的问题设置：问题的数量与问题的难度成反比，且要注意不同组别的问题难度的公平性；

◎ 场地的选择：在水面上进行活动，水不宜太深、水面不宜太窄。

★ 分享

◎ 小组的领导人员是如何产生的？

◎ 在活动过程中，小组的领导人员做了哪些工作？

◎ 哪些方法可以帮助小组尽快地完成任务，取得胜利？

◎ 与工作情景是否相似？从中得到了哪些启示？

冲 浪

★ 基本概述

形式：个人挑战项目

时间：半小时以上

人数：无限制

工具：冲浪板、冲浪衣、防寒衣、安全脚绳、手套

★ 概念

冲浪是一种由运动员站立在冲浪板上驾驭海浪的水上运动，被誉为"集力与美于一身的运动"。冲浪分为长板冲浪、短板冲浪两种。

★ 目的

冲浪能增强人的自信心，培养冒险精神。

★ 规则

◎ 冲浪之前，学员必须进行热身，如果是初次使用冲浪板冲浪的学员，可以尝试一下人身冲浪，以便调整心理状态。

◎ 冲浪的评判标准是速度、稳定性、过弯角度。

★ 程序

1. 宣读活动规则；
2. 配发装备；
3. 热身训练；
4. 开始冲浪；
5. 活动结束，奖励胜出者；
6. 回顾总结。

★ 技巧

◎ 冲浪的好时机：风过后的3天内是冲浪的好时机。另外，有低气压式峰面过境时，行星9颗交会时，都是冲浪的好时机。

◎ 在珊瑚地形、石头地形、鹅卵石地形，要穿珊瑚鞋，戴安全帽（防撞）。

◎ 要在涨潮时冲浪，退潮时千万不要下水冲浪。

◎ 为避免冲浪板与安全绳缠绕在一起，冲浪者之间应保持3个浪板的距离（约630厘米）。

◎ 中间崩溃往两边斜面推进的海浪属于最好的浪形，一排涌起瞬间崩溃的海浪属于危险浪形。

◎ 被海浪卷下去那一刹那，身体要缩成球状，然后往浪板后面跳，不要跳到浪板前面，从水中踩水上来时，手要先露出水面。

◎ 初学者首先要能憋气，持续约25秒钟；能够在游泳池内前滚翻3圈；能完成从水中踩水往上冲的动作；会水中仰漂的动作；手部滑水加强辅助运动。

◎ 冲浪运动通常是从人身冲浪的训练开始的。人身冲浪，就是冲浪者先游泳离开海岸去等待大浪，当大浪冲向海岸时，就以侧泳游的方式游向海岸。当游到浪峰上时，把脸朝下，背部拱起来，并把手放在腿的旁边，这样海浪就会把冲浪者冲向岸边。海浪消失，冲浪者就把两手张开以减慢速度。这种冲浪感觉训练以及平衡感训练在冲浪中是相当重要的。

◎ 利用冲浪板冲浪的选手，需要将腹部趴在冲浪板上，然后再划到海浪成型的地方。当大浪开始冲向岸边时，冲浪者要奋力划到海浪的前面，在海浪开始把冲浪板冲向海边时，迅速站立起来，一脚在前，一脚在后，以改变身体的重心来驾驭冲浪板横过波面。

◎ 在外海起浪区冲浪时，如果有一道"疯狗浪"从上方整排盖下来时，要迅速把冲浪板往后丢，然后潜水躲藏。

◎ 在海中冲浪时，如果看到水母出现，或是被水母咬到，请赶快上岸休息。

◎ 初学冲浪者要加强手部划水训练、体能训练、脚部训练、水中前滚翻憋气训练。

★ 分享

◎ 冲浪过程中体会最深的是什么？
◎ 踏上冲浪板的那一刻，你在想些什么？有没有害怕、紧张的情绪？
◎ 重新回到岸上的感觉是什么？
◎ 当遇到"疯狗浪"时，心理状态如何？
◎ 冲浪遇到的种种情况与现实生活中哪些意外因素有相似之处？
◎ 与自己的实际情况相结合，试想一下该如何运用冲浪的技巧应对生活中的突发事件？

划艇竞技

★ 基本概述

形式：集体参与，竞争性质
时间：半小时以上
人数：8的倍数，至少16人（每组8人）
工具：皮艇2艘、救生衣（每人1套）

★ 目的

划艇竞技是一项技术性、风险值较高的运动，主要用于团队的集体挑战，可增强团队的凝聚力，提高团队分工协作的能力，培养团队成员的团队意识。

★ 规则

◎ 队员必须穿救生衣后下水；
◎ 以到达终点的时间先后来评判结果；
◎ 皮艇若中途翻入水中，可以重新开始比赛；
◎ 当一艘皮艇出现违规，影响了其他小组的比赛成绩时，可以重新开始比赛；
◎ 超出自己所在的比赛航道5米外的小组被视为违规，将受到相应的惩罚。

★ 程序

1. 宣读活动规则；
2. 学员分组，每组8人；
3. 分发救生衣，每人一套；
4. 学员热身，时间为10分钟以内；
5. 活动开始，最先到达终点的小组为胜出者；
6. 回顾总结。

★ 技巧

◎ 保持力量的均衡度；

第二章 水上拓展活动精选

◎ 掌握方向感有助于发力方向。

★ 分享

◎ 你是否了解划艇运动？如何熟悉划艇运动？
◎ 遇到困难时是如何解决的？小组内是否出现了"领头羊"？
◎ 事先小组商议的决策是否起效？原因是什么？
◎ 哪几个方面可以做得更好？
◎ 赢得比赛胜利的方法和关键因素有哪些？
◎ 小组的凝聚力发挥作用了吗？

海 钓

★ 基本概述

形式：个人挑战项目

时间：1小时左右

人数：不限

工具：鱼竿、绞轮（鱼绞）、鱼丝（做子线用）、鱼具箱或分类盒（内盛钩、铅坠儿、拧圈）、剪刀、后备竿和绞轮、后备铅坠儿和鱼钩（不同大小）、丝排（鱼排，手钓用）、鱼饵、鱼笼、手捞网、刀、磨石、浮泡、竿座、冰箱、水桶和气泵等。

★ 目的

海钓是一项陶冶性情与培养耐心的活动，主要运用于培养个人的意志力，以及培养个人的目标管理能力，同时能够提高个人思考、行动的能力。

★ 海钓的分类

◎ 海洋垂钓

海洋垂钓又分为海洋底钓、海洋浮钓和海洋戏钓。

海洋底钓就是使用组钩，在钓组的尾部挂上铅坠儿，将钩、饵直接坠入水底的一种钓法，多用于垂钓底层鱼类。

海洋浮钓就是选用重量合适的铅坠儿，与浮漂的浮力合理配比，能使钩、饵恰好悬浮于水中的钓法。浮钓适宜垂钓中上层鱼类。若风浪较大，宜选择偏重的铅坠儿，以免钓饵随波逐流。若钓饵已漂远，则应提竿重抛。

海洋戏钓如淡水戏钓一样，不必用浮漂与鱼坠儿，仅用海竿配以拟饵或活的小鱼虾，由鱼线拖拉在水面迅速移动，吸引游速较快的表层海鱼前来捕食。在钓饵落水时，钓鱼者应迅速拉动鱼线，左右摆动。因没有浮漂，只能凭手感，一旦发现竿梢弯曲，持竿的手有沉坠感时，即有鱼咬钩。此时应立即放线，给鱼以远游及吞钩的余地，待鱼已吞钩、不再往前游时，即可收线网鱼。

◎ 海洋船钓

海洋船钓有定点钓、放流钓和拖曳钓等常用方式。

定点钓即用一般的垂钓方法，对象主要为近海底栖鱼类，如石斑鱼、黄鱼、海鳗、乌贼、章鱼等。若近海区有海藻区或礁石群等优良钓位，垂钓者可驱船至这些场所，将船抛锚进行定点钓。

放流钓就是垂钓者居于船上，任由船随波逐流，鱼饵、鱼钩也在水中漂流，引鱼上钩。主要对象有带鱼、小黄鱼、海鳗等。放流钓可不用鱼竿，只用一木质绕线轮即可，鱼饵一般应用活饵，如小鱼、虾、泥鳅等。

拖曳钓适于垂钓游速很快的大型鱼类，鲨鱼、金枪鱼、鲣鱼、旗鱼等。拖曳钓需速度很高的快艇载着垂钓者，辅以电动绕线轮进行。小艇高速行进时，由垂钓者握钓竿，拖着特制的钓组、粗线、大钩、浮漂等进行垂钓。

★ 规则

◎ 每名学员必须在规定的位置进行活动；

◎ 除了统一发放的工具之外，不允许使用自带的任何工具；

◎ 在活动过程中允许自行休息；

◎ 学员之间不允许互相打扰；

◎ 以在规定时间内钓到鱼的净重为评比标准。

★ 程序

1. 宣读活动规则；

2. 分发钓鱼工具，检查工具是否有漏；

3. 学员在自己的位置上就位，准备开始活动；

4. 活动开始；

5. 时间到，活动结束；

6. 学员将所钓到的鱼称重；

7. 评出优胜学员，活动结束；

8. 回顾总结。

★ 技巧

◎ 应尽量选择海钓，避免在浅滩垂钓。浅滩上日光充足，大多数鱼都有避光的本能，一般只有夜间和早晚在浅滩活动。在海湾垂钓应选择滞水区。内海中的滞水区，包括河流入海口、生活码头、防波堤等。这些地方的水底淤泥或沙石较多，水流缓慢、饵料丰富，鱼量较多。岩礁垂钓应选择面向海潮冲击的一面，即通常所说的潮表。潮表能带来丰富的浮游生物，与岩石撞击时又会产生丰富的氧分，所以潮表亦是理想的钓点。

◎ 海钓鱼线应稍粗，直径在0.5毫米以上，线长60~70米，分母（主）线、子（脑）线。因海上风浪较大，浮漂的传递信息作用不大，在海钓中可省去浮漂，凭手中的颤动感或视觉来直接判断。海钓的钓钩应准备多枚，以适应不同鱼种的需要。海竿的坠儿大多为活动式的，鱼吞钩后线自由牵动竿梢，鱼坠儿宜偏重。海竿中也有用死坠儿的。各式诱鱼器，一般为死坠儿。

◎ 斜投式：左脚后退半步，左肩后偏，双手同时握住海竿，竿与水平面呈45°角。左手食指压住鱼线，重心落在右脚，竿梢从右手方往前挥。鱼坠儿通过头顶时，放开鱼线，使钩坠儿自然落入水中。此法不易掌握，需反复练习，一旦熟练后则可投远，目标准确，操作方便，尤其适合海钓。

◎ 上投式：两脚分开，脚往前站，身体重心偏至左脚，左手握线坠儿，以40°~50°的角度，右手挥竿，左手将线坠儿抛出。采用此法坠儿、线摆动幅度小，落点准确，简单易学。

★ 分享

◎ 你是否了解海钓运动？你认为这项活动难度大吗？
◎ 如何在最短的时间内钓到最多的鱼？
◎ 你认为情绪的波动对最终的成绩有影响吗？
◎ 你能从活动中得到什么启示？

实践篇

第三章
THE THIRD CHAPTER
野外拓展
活动精选

攀 岩

★ 基本概述

形式：团队挑战项目

时间：2小时以上

人数：20人以上

工具：安全带、两个主锁、一个下降器或一个ATC（Air Trafic Controller，美国户外运动装备品牌黑钻公司生产的一种保护器械）、一个头盔、一双攀岩鞋、一个镁粉袋

①安全带：人与装备的连接枢纽，攀岩安全带是分大小号的，调整的范围都比较小，也比较舒适。登山的安全带也可以用。使用时注意腰间的主扣一定要反打一下，有一款供攀岩或登山者使用的Beal安全带不用打反扣；除此之外，都要打反扣。

②主锁：主锁是带丝扣的，保证关上锁门后，不会因不小心而被轻易打开，使在其中的绳套或器械脱出，危及生命安全。两个主锁保证在岩壁上使用器械时可轮换打开，交替使用。注意：在岩壁上，两个主锁不可同时打开，打开一端时，登山者一定确定另一端是否可靠，否则就很危险。

③ATC或下降器：用来保护同伴和自己下降时使用，用主锁与安全带相连接，其作用是增大主绳摩擦力来确保同伴脱落时的安全和自身下降时速度的快慢。使用ATC或下降器前，一定要先学好基本动作和操作方法。

④头盔：在攀登中，从头到尾保护头部不受高空落石和意外坠落给头部带来的伤害。在攀岩过程中一定要时刻戴着头盔，否则不知什么时候就会遭到落石的袭击。

⑤攀岩鞋：可以在岩壁上产生很大的摩擦力，舒服地踩在很小的点上，让你在岩壁上充分发挥攀登的才华。

⑥镁粉袋：装镁粉的袋子，手出汗时使用。

★ 概念

攀岩是从登山活动中派生出来的一项运动。攀岩是利用人类原始的攀爬技能，辅以其他工具设备做安全保护，攀登一些岩石所构成的峭壁、裂缝、海触崖、大圆石以及人工制作的岩壁的运动。

★ 目的

攀岩风险值较高，需要的工具较多，属于个人挑战项目，有助于挖掘学员的潜力、激发自我挑战的精神，培养学员冷静、自信的性格。

★ 攀岩的类别

- 按组织形式分类：分为竞技攀登和自由攀登；
- 按保护方式分类：可分为有先锋攀登和顶绳攀登；
- 按运动场所分类：可分为人工场地攀登和自然场地攀登；
- 按运动的难度分类：可分为难度攀岩和速度攀岩。

★ 规则

- 攀登者在路线上，在双脚不接触地面的前提下，可上下、左右移动，攀登方式不限；
- 攀登者在攀登开始之前，可在路线底部做短暂准备，时间为30秒。当攀登者第二只脚离开地面或准备时间完毕时，即开始计时；
- 攀登者必须使用专业的攀岩器材；
- 攀登者必须将保护绳扣入路线上所有规定的保护铁锁中，铁锁开口必须向下，而且攀登者腰部（以安全腰带为准）超过铁锁前，必须先把绳子扣上；
- 攀登者接触最高点的时间都相同时，握点的成绩比触点的成绩好；
- 路线上出现故障时（如支点断裂或松动，保护点脱落等），由教练负责处理。

★ 程序

1. 观察、熟悉路线；
2. 宣读活动规则；
3. 开始着装；
4. 检查装备是否齐全；
5. 在指定的位置以相同的姿势（一只脚在地，另一只踏在第一个支点上，单手或双手落在第一个支点上）听取裁判员的命令；
6. 裁判员发出出发的命令后，比赛与计时同步开始（如有起步犯规的现象，重新开始）；
7. 当攀登者到达顶峰时，停止计时；
8. 以计时器记录的时间判断出优胜者。

★ 技巧

◎ 抓：用手抓住岩石的凸起部分。

◎ 抠：用手抠住岩石的棱角、缝隙和边缘。

◎ 拉：在抓住上方牢固支点的前提下，小臂贴于岩壁，拉住石缝隙或其他物体，以手臂和小臂使身体向上或向左右移动。

◎ 推：利用侧面、下面的岩体或物体，以手臂的力量使身体移动。

◎ 张：将手伸进缝隙里，用手掌或手指曲屈张开，以此抓住岩石的缝隙作为支点，移动身体。

◎ 蹬：用前脚掌内侧或脚趾的蹬力把身体支撑起来，减轻上肢的负担。

◎ 跨：利用自身的柔韧性，避开难点，以寻求有利的支撑点。

◎ 挂：用脚尖或脚跟挂住岩石，维持身体平衡，使身体移动。

◎ 踏：利用脚前部下踏较大的支点，减轻上肢的负担，移动身体。

◎ 有效的休息：攀岩不可能一口气完成，想爬得高一些，一般要先到达一个比较容易的位置，以最省力的姿势，边休息边观察下一段要攀爬的线路。

◎ 呼吸的调节：攀爬一条路线是一个连续的过程，从一开始就应该主动去调节呼吸，而不应等快坚持不住了再去调整。

★ 项目分享

◎ 在攀岩过程中，是否有过放弃的念头？

◎ 站在起点上的心情如何？

◎ 为什么会出现起步犯规的情况？

◎ 结果与过程这二者，你更在乎哪一样？为什么？

◎ 到达终点的感受如何？

★ 项目点评

◎ 在攀岩过程中，互相支持，互相提携，体会什么才是真正的团队。

◎ 可以让队员体会到永不放弃、永不言败的精神。

◎ 到达终点后，感受共同成长、共享成功的喜悦。

第三章　野外拓展活动精选

定向越野

★ 基本概述

形式：团队挑战项目
时间：2 小时以上
人数：20 人以上
工具：地图、指北针、任务卡、哨子、手表

★ 概念

定向越野是定向运动的主要比赛项目之一。参赛者要依靠标有若干检查点和方向线的地图，并借助指北针，自己选择行进路线，依次寻找各个检查点，用最短时间完成比赛的参赛者获胜。

★ 目的

定向越野是一项集娱乐与培训于一体的户外活动，有助于提高队员的判断、决策能力，有助于培养和锻炼队员的毅力与自信心。

★ 定向越野的类别

定向越野可以分为接力定向、滑雪定向、夜间定向、记分定向、专线定向、5日定向以及其他等多种竞赛形式。

◎ 接力定向

接力定向是团体之间的定向越野比赛项目之一，其成绩好坏有赖于每个队员个人能力的发挥。在接力比赛中，比赛的路线分成若干段（国际比赛通常为四段），每名选手完成其中的一段，各段参赛选手的成绩总和为该队团体总成绩。为便于观众欣赏各选手之间的激烈竞争，接力定向的场地必须设置一个"中心"站，各段选手的交接（即"换段"）均在这里以触手方式进行（不使用接力棒），接力定向的观赏性较好。

◎ 滑雪定向

滑雪定向也可以按个人、团体或接力比赛等形式进行。它与个人徒步定向越野赛的区别是选手需要使用滑雪装备（非机动的）。供比赛用的滑道，则需要使用摩托雪橇来开辟。同一比赛路线上的滑道通常不止一条，以便选手自行选择。

◎ 夜间定向

这是定向运动的一种高难度的比赛形式。夜间光线不足，增加了比赛的难度和观赏性。

◎ 记分定向

记分定向通常以个人方式进行。它是在比赛区域内预先设置好许多检查点，并根据地形的难易程度、距离远近、点的位置的相互关系不同而赋予每个检查点以不同分值。选手必须在规定时间内自行寻找若干或全部检查点，积分最高者获胜。

◎ 专线定向

这种比赛与其他比赛的最大区别是在地图上明确地标出了比赛的路线，运动员必须按这些规定的路线行进，并将途中遇到的检查点的位置标注到图上。以检查点位置标绘的准确程度和所用时间的长短定输赢。

◎ 5日定向

这是瑞典独有的比赛项目。比赛共进行5日，比赛路线由若干段组成，每次都单独记录下个人的成绩，最后再算出总成绩。在几十公里或者100余公里的多条比赛路线中，除设置了许多检查点之外，还设有若干营地，供运动员与观众休息或参加丰富多彩的文化娱乐活动。

◎ 其他的定向运动形式

校园定向：在学校的操场上或教室、体育馆内为学生们设计的一种游戏。

特里姆定向：在一定的区域内设置许多永久性的检查点，不规定完成时间，以找到检查点的多少给予纪念品以资鼓励（详见特里姆定向运动）。

世界（或国际）定向运动节活动：在相对集中的一段时间内连续举办多种比赛及有关的展览、讲座、会议等。

在有些国家，人们还常常以家庭为单位进行比赛，并尝试使用不同的交通工具，例如乘坐摩托车、自行车、独木舟或骑马等。

★ 规则

◎ 定向越野比赛路线通常按环形设计，定向越野比赛路线的距离只是个相对准确的数字，因为它是按从起点经各检查点至终点的图上最短水平距离计算的。

◎ 比赛路线的质量标准，简单并具有可选择性，使运动员能够根据自己的能力对前进的方向和路径进行选择；地图要具有可判读性，只有这样才能迫使选手依赖识图、用图的能力来参加比赛，体现出定向越野的特点。

★ **程序**

1. 让参与者自动分组；
2. 讲解活动规则及注意事项；
3. 配发装备；
4. 开始活动；
5. 活动结束；
6. 最先到达终点的参赛者获胜。

★ **技巧**

◎ 地图正置及拇指辅行法确定方向

先将地图正置，把拇指放在自己所在地图上的位置。这样，你要前进的方向便在地图前面，使你能够清楚地观察四周的环境及地理特征。当前进时，拇指随着方向进行移动，当改变前进方向时，地图也要随着转移，即保持地图背向正北方。那样你可以在任何时候都能立即指出自己在图中的位置，可以节省时间和精力。

◎ 利用指北针确定方向

利用指北针，可以准确地找出目标的方向。每次前往目标前，可先观察目标周围的地势，加深印象，务求快速及准确地到达目的地。

◎ 扶手法

利用明显地理或人做特征、做引导，使自己前进时更具信心。如小径、围栅、小溪涧等，皆是有用的特征。

◎ 搜集途中所遇特征

辨别前往控制点途中所遇到的地理特征，确保前进方向及路线正确。切勿将相似的特征误认。

◎ 攻击点（Attack Point）

先找出控制点附近特别明显的特征，然后利用指北针，从攻击点准确及迅速地前往控制点。攻击点必须容易辨认，如电塔架、小路交点等。

◎ 数步测距（Pacing）

先在地图上量度两点间的距离，然后利用我们的步幅准确地测量要走的路程。方法：先度量 100 米我们所需步行的步数，假设需 120 步，当我们在地图上发觉由

A 点到 B 点的距离是 150 米，便可估算出应走 180 步。为了减少数步的数目，我们可以数"复步"，即只数右脚落地的一步，便可把步数减半。在上面的例子中，复步为 90 步。

◎ 目标偏测

利用指北针前进，把目标偏移，当到达目标的上面或下面时，再沿"扶手"进入目标。

任务卡上的提示语告诉了你要去的区域的方向，你要找的点的具体位置，还有你要找的点的小旗子的颜色。如果你找到的一面旗子不是你任务卡上提示语标明的颜色，先不要动，因为这是其他队要找的点。

服装方面，应以轻便、舒适及易于活动的服装为准，如果穿过紧和太厚的衣服，将使你举步维艰。

经验较浅的参与者，可穿旅行靴，以保护脚腕。有经验的越野者可穿上比赛用的运动鞋。

★ 分享

◎ 越野过程中遇到了什么问题？

◎ 团队之间是如何分工协作的？

◎ 团队之间有哪些方面需要改进？

◎ 团队的领导者发挥了哪些作用？下属们又是如何响应领导的？

蹦 极

★ 基本概述

形式：个人挑战项目

时间：不限

人数：不限

工具：弹跳绳、扣环、绑腰装备、绑脚装备、抱枕

★ 概念

跳跃者站在 40 米以上（相当于 10 层楼高）高度的桥梁（或塔顶、高楼、吊车）

上，把一端固定的一根长长的橡皮条绑在踝关节处，然后两臂伸开，双腿并拢，头朝下跳下去。绑在跳跃者踝部的橡皮条很长，足以使跳跃者在空中享受几秒钟的惊险。当人体落到离地面一定距离时，橡皮绳被绷紧，阻止人体继续下落。当到达最低点时，橡皮绳再次弹起，人被拉起，随后又落下，这样反复多次直到橡皮绳的弹性消失为止。这就是蹦极。

★ 目的

蹦极是一项挑战人类心理极限的运动，学员在享受非凡快感的同时增强了自己的勇气与自信，挖掘了自己的潜力。

★ 蹦极的类别

◎ 按地点分类

桥梁蹦极：在桥梁上伸出一个跳台，或在悬崖绝壁上伸出一个跳台。

塔式蹦极：在广场上建造一个斜塔，然后在塔上伸出一个跳台。

火箭蹦极：顾名思义，将人像火箭一样向上弹起，然后上下弹跃。

◎ 按操作方法分类

绑腰：通常第一次尝试蹦极的人会选择用橡皮绳绑住自己的腰部，这样更安全一些。

绑脚：源自南太平洋的捆绑方式，可体验跳水俯冲的快感。

绑背：绑住背部进行蹦极。

◎ 按跳法分类

绑腰后跃式：此跳法为绑腰站在跳台上采用后跃的方式跳下。此跳法为弹跳初学者的第一个基本规定动作，弹跳后仿佛掉入无底洞，约3秒钟后突然往上反弹，反弹持续四五次，定神一看，自己已安全悬挂于半空中，整个过程约5秒钟。

绑腰前扑式：此跳法为绑腰站于跳台上面，以向前扑的方式跃下。此跳法为弹跳初学者的第一个基本动作的另一种尝试跳法。此种跳法近似于绑腰后跃式，但弹跳者为面朝下，真正感受到视觉上的恐怖与无助，当弹跳绳停止反弹时能真正享受重生的欣喜。

绑脚高空跳水式：此跳法为最能展现弹跳者英姿的跳法。此种跳法为将装备绑于脚踝上，弹跳者站于跳台上面朝下，如奥运选手跳水时的神气风采，弹跳者于倒数5个数后即展开双臂，向下俯冲。

绑脚后空翻式：此种跳法是弹跳跳法中难度最大但也最神气的跳法。此种跳法为将装备绑于脚踝上,弹跳者站于跳台上背对悬崖,倒数 5 个数后即展开双臂,向后空翻,此种跳法需要强壮的腰力及十足的勇气,若你认为你的胆识超人,不妨在体验过绑腰、绑脚踝弹跳后,尝试这种跳法。

绑背弹跳:此种跳法被弹跳教练称为最接近死亡的感受。弹跳者将装备绑于背上,倒数 5 个数后双手抱胸双脚往下悬空一踩,仿佛由高空坠落,顿时感觉大地旋转,地面事物由小变大,整个过程仿佛与死神擦肩而过。

★ 规则

◎ 蹦极对身体素质要求较高,凡是有心脑血管病史的人不能参加;
◎ 按照蹦极的一般顺序进行;
◎ 按照要求穿戴专业的装备。

★ 程序

1. 讲解蹦极的注意事项和规则;
2. 检查装备;
3. 做好心理准备,教练在一旁做心理辅导;
4. 开始活动;
5. 活动结束;
6. 回顾总结。

★ 技巧

◎ 深度近视者谨慎参加,因为向下跳时,蹦极者会头朝下,身体以 9.8 米 / 秒的加速度下坠，很容易脑部充血，进而造成视网膜脱落。
- ◎ 跳下前应充分活动身体各部位，以防扭伤或拉伤。
- ◎ 着装要尽量简练、合身，不要穿易飞散或兜风的衣物。
- ◎ 跳出后要注意控制身体，不要让脖子或胳膊被弹索卷到。

★分享
- ◎ 蹦极前后的心情与感觉，有什么不同？
- ◎ 给自己的行为进行一个客观的评价。
- ◎ 如何将蹦极时的激情运用到实际生活中？

登 山

★基本概述
形式：个人或团队挑战项目

时间：不限

人数：不限

工具：裤子、睡袋、雨衣、帽子、鞋子、袜子、绑腿、手套、背包、食物（脂肪、蛋白质、碳水化合物的比例为 1∶1.1∶4.8）及餐具、眼镜、刀、指北针、铁锁、快挂、绳套、帐篷

★概念
登山是指运动员在器械和装备的辅助下，经受各种恶劣自然条件的考验，以攀登高峰绝顶为目的的活动。

★目的
登山探险是一项风险值中等、可操作性强的运动，可激发学员的潜力、勇气与毅力，练就学员对大自然的热爱。

★登山的类别
- ◎ 高山探险：运动员在器械和装备的辅助下，经受各种恶劣自然条件的考验，

以攀登高峰绝顶为目的的登山活动。

◎ 竞技登山：始于 19 世纪末的一种运用熟练的攀登技术和各种技术装备，专门攀登悬崖峭壁或冰壁的登山活动。

◎ 普通登山：与旅游和群众性体育活动相结合而产生的一些难度系数低、装备条件要求简单的登山活动。

★ 规则

◎ 以小组竞赛形式完成活动。

◎ 每一组中走得最快和走得最慢的组员之间的距离不能超过 20 米。

◎ 全组最先到达山顶者为胜。

★ 程序

1. 宣读活动规则；
2. 依照平均原则进行分组；
3. 检查装备是否齐全；
4. 准备就绪，开始活动；
5. 耗时最短者胜出；
6. 回顾总结。

★ 技巧

◎ 上山：上身放松并前倾，两膝自然弯曲，两腿加强后蹬力，用全脚掌或脚掌外侧着地，也可用前脚掌着地，步幅略小，步频稍快，两臂配合两腿动作协调有力地摆动。

◎ 下山：上身正直或稍后仰，膝微屈，脚跟先着地，两臂摆动幅度稍小，身体重心平稳下移。不可走得太快或奔跑，以免挫伤关节或拉伤肌肉。

◎ 坡度较陡时：上下山可沿"之"字形路线来降低坡度。必要时，也可用半蹲、侧身或手扶地下山。

◎ 通过滑苔和冰雪山坡时：除用上述方法外，还可使用锹、镐等工具挖掘坑、坎儿、台阶行进，或用手脚抠、蹬、三点支撑、一点移动的方法攀爬。

◎ 通过丛林、灌木时应注意用手拨挡树枝，防止其钩戳身体。对不熟悉的草木、不要随便攀折，以防刺伤，并尽量选择好走的路线。

◎ 通过乱石山地时：通过乱石浮石地段，脚应着落在石缝或凸出部位，尽可能攀拉，脚踏牢固的树木，以协助前行。必要时，应试探踩踏石头，以防止石块松动，导致摔倒。

◎ 轻装上阵，准备急救药品。

◎ 注意提前关注天气状况，为防有雨，可提前备好雨披。

◎ 登山时必须穿登山鞋。

★ 分享

◎ "上山容易下山难"这一登山的体验说明了什么？与实际生活有哪些联系？

◎ 登山的难易程度与准备工作的完善程度有什么关系？从中可得到哪些启示？

◎ 小组之间的协调工作是否到位？小组成员相处是否融洽？

徒步穿越

★ 基本概述

形式：团队挑战项目

时间：1天

人数：不限

工具：

◎ 公用装备：帐篷、炊事用品（炉具、燃料、炊具等）、绳索（视情况选择携带）、专用工具（砍刀、手斧、行军铲等）、公用药品（通用药、紧急救护药等）、胶带、营地灯、其他集体专用器材（攀岩器材、登雪山器材等）、公用食品及营养品、海拔表、指北针、温度计、地图

◎ 个人装备：背包、睡袋、防潮垫、手套、帽子、换洗衣物、墨镜、头灯、水壶、个人卫生用品、防晒霜、润唇膏、摄影器材、望远镜、笔记本、笔、个人药品、打火机、火柴、餐具、干湿纸巾、便鞋或拖鞋、个人食品

★ 概念

徒步穿越是指全程徒步，从A点到B点，中间可能跨越山岭、丛林、沙漠、雪域、溪流或峡谷等地貌的一种探险活动。

★ 目的

穿越能够考验团队互助精神，可以培养个人不畏艰辛、勇往直前的精神，能够促进个人与团队的共同成长。

★ 规则

◎ 明确的人员分工，确定小组的领导人；

◎ 小组应提前做好活动的筹划；

◎ 队伍必须保证一致的速度，共同到达终点；

◎ 中途遭遇意外（如有人受伤、小组之间产生分歧等情况），可以选择放弃或是进行小组的内部调节。

★ 程序

1. 宣读活动规则；
2. 人员平均分组；
3. 评选出小组领导人并赋予其职权；
4. 检查装备是否齐全；
5. 活动开始；
6. 先到者获胜；
7. 回顾总结。

★ 技巧

◎ 注意体力的调节，体力分配要控制好。一般而言，在上坡时可每半小时休息5~10分钟，下坡时每1小时休息10~15分钟。

◎ 全程尽量保持匀速，掌握节奏，按计划的时间进行休息和进食。

◎ 根据大家途中的体力情况及时调整计划，必要时宁可延长穿越时间。应避免体力透支，要为后来不可预见的意外情况保存体力。

◎ 徒步行走时，应带足饮用水，每人每天约3升的量，根据天气情况而增减。如果途中溪流、湖塘、沟河有水可供补给，一定要先观察水源的清洁程度。

◎ 像徒步等户外运动消耗水分的补充方式最好是250毫升/15分钟为宜。正常的徒步时间里排尿也应该是每4小时1次，排尿时，可以通过观察排解的尿液颜色，来了解自己体内水分流失情况。尿液呈深黄色，微感口渴，脉搏速度正常，为轻微脱水症状；尿液呈暗黄色，口内黏膜干燥，口渴，脉搏速度加快但微弱，为中度脱水症状；重度脱水症状为无尿液，肤色苍白，呼吸急促，口渴昏睡，脉搏快而无力，很弱。

◎ 徒步行走不单是腿部运动，而是一种全身运动。徒步时，要注意通过摆臂来平衡身体、调整步伐。如何控制节奏？即最好的行走速度是走而不喘，脉搏尽量不要超过120次/分钟，肩沉背挺，用腹部深呼吸，全脚掌触地，从脚跟到脚尖位移，什么时候都要按自己的行走节奏去走，不要时快时慢，时跑时停，而是尽量保持匀速。

◎ 在上坡时，行走重心应放在脚掌前部，身体稍向前倾。下坡时，重心要放在后脚掌，同时降低重心，身体稍微下垂。无论上坡下坡，坡度较大时，应走"之"字形，尽量避免直线上下，这是一种相对安全的走法。上下坡攀拉石块、树枝、藤条前，一定要用手试拉，看看是否能够受力。经常有队员因为拉的是枯萎腐烂树枝、藤条，结果导致跌倒受伤，发生意外。

◎ 行走中要养成良好习惯，即集中精力行走，不要边走边笑，打闹嬉戏，更不能大声歌唱，这样不但会分散其他队员的注意力，同时还会无谓消耗自己的体能。

★ 分享

◎ 徒步穿越前，对所有细节都明确了吗？
◎ 小组领导人在活动过程中主要起了哪些作用？
◎ 在活动过程中出现意外情况的频率高吗？为什么？
◎ 小组内部是否出现了分歧？如出现，是如何解决分歧的？

野 营

★ 基本概述

形式：团队挑战项目

时间：2天以上

人数：10人以上

工具：帐篷及其附件、绳子、铲子、铁丝、钳子、起子、剪刀、锯子、相机、手电筒、刀子、地图、保险单、身份证件、蜡烛、睡袋、气垫、毛毯、睡衣、饭盒、锅、水桶、筷子、杯子、盘子、碗、汤匙、叉子、钟表、文具、日志、采集用具、指南针等

★ 目的

野营是一项富有趣味，有挑战性的活动，能够加强团队协作、计划能力，增强团队的凝聚力，同时可以增进个人野外独立生存的能力。

★ 规则

◎ 以每组分配的工具作为生存工具，除此之外，只允许在大自然中获取生活资源。

◎ 团队竞赛制，以组内成员共同的表现情况评出优胜者。

★ 程序

1. 平均分组；
2. 宣读活动规则；
3. 分发装备；
4. 开始野营活动；
5. 总结各组表现，评出优胜者；
6. 回顾总结。

★ 技巧

◎ 扎营休息必须选择靠近水源且背风的地方，如选择靠近溪流、湖潭、河流的地方。扎营时不能将营地扎在悬崖下面。如果是一个需要居住两天以上的营地，在好天气情况下，应该选择一处背阴的地方进行扎营，如在大树下面及山的北面，最好是朝照太阳，而不是夕照太阳。在雨季或多雷电区，营地绝不能扎在高地上、高树下或比较孤立的平地上，那样很容易遭雷击。

◎ 用报纸引火不易引燃木柴，应事先准备好浸过打火机油的木屑，因为木屑易引燃火苗。用石头起灶，灶口应朝风口，剩下的三面用石头围起来。空气流通越好，火苗就越旺。必须注意的是绝对不要在禁止生火的地方点火。灭火时，也要十分小心。

◎ 人体就是睡袋的热量来源，如临睡前先做一小段热身运动或喝一杯热饮，会将体温略微升高，有助于缩短睡袋的变暖时间。建议使用睡袋及睡袋套。

◎ 人体的新陈代谢离不开水，在运动中由于出汗蒸发，人体的需水量比平常多，及时补充水分是必要的。但同样要掌握好度，出现口渴时，应适当地忍耐一下，不要一渴就喝，每次喝水最多一两口就足够了，不要猛喝，过量的水只会加重心脏的负担。

第三章 野外拓展活动精选

◎ 在户外，有可能会因火柴被弄湿、打火机丢失等情况而无法生火，无火时会有很多麻烦和危险，所以应当学会临场取火方法。最常见的就是借太阳光聚光点火，聚光可用放大镜、老花镜、望远镜中的放大镜片，甚至可以将冰块研磨成放大镜，也可以用手电筒中的光聚焦于碗中，将易燃的湿火柴、纸屑、木屑、松脂等置放在聚光处，片刻即会点燃易燃物。

◎ 到达目的地搭建营地的同时，建一个简易的野外厕所是极为必要的。野外厕所应选择在营地的下风处，地点要比营地稍低一些，并应远离河流（至少20米以外）。最好是挖一个宽30厘米左右、长50厘米左右、深约半米的长方形土坑，里面放些石块和杉树叶，用来消除臭味。三面用塑料布或包装箱围住，固定好，开口一面应背风。在厕所内准备一些沙土和一把铁锹，另准备一块木板或纸板。便后，要用沙土将排泄物及卫生纸掩埋，并用木板或纸板将便坑盖住，以保持卫生。

★ **分享**

◎ 野营是否是一个复杂的过程？从细节中感受到了什么？
◎ 野营时的生活与现实生活有什么差异？
◎ 你认为人与大自然是一种怎样的关系？
◎ 如何利用大自然的资源？

Hash 运动

★ 基本概述

形式：团队挑战项目

时间：3 小时以上

人数：不限

工具：登山越野设备

★ 目的

Hash 运动是一种娱乐与锻炼相结合的运动，有助于促进团队气氛的融洽，并创造个人与大自然全面接触的机会。

★ 规则

◎ 先由"兔子"在前面设计跑步的路线，并在重要地点做下标记，然后由"猎狗"在后面根据"兔子"留下来的标记，对它们进行追踪。

◎ Hash 运动的举办地点多为郊外，中途经过的地点多为树林、草地、田地、小溪等，活动允许绕行。

◎ 活动以跑步为主，同时允许徒步。

★ 程序

1. 宣读活动规则；
2. 人员平均分组，小组人员均为"猎狗"；
3. 清楚路线范围；
4. 开始比赛；
5. 在最短时间内找到"兔子"的小组为胜出者；
6. 回顾总结。

★ 技巧

◎ 途经独木桥与悬崖时，应该将背包的胸带和腰带松开，以保证发生危险时能及时迅速地转入安全的地方。

◎ 自己的生活垃圾，必须随手带走，以免污染环境。

◎ 如果没有登山的装备而遇到必须登山的状况时，应该与领队商议之后再做决定，不可以贸然行动。

★ 分享

◎ "兔子"是如何制订路线的？"猎狗"能否接受？

◎ 在追踪"兔子"时，小组成员之间的竞争体现在哪些方面？各小组内是否能做到团结合作？当小组遭遇困难时，是如何克服的？

◎ 这项活动能带给我们什么启示？

夺宝奇兵

★ 基本概述

形式：团队挑战项目

时间：8小时以上

人数：20人以上

工具：防寒服装、雨披、水壶、头灯、徒步鞋、常用急救药品

★ 目的

夺宝奇兵是一项趣味性浓厚、带有竞争性质的活动，它有机地将个人的智慧与团队的决策融合起来，有助于拓展学员的思维能力，加强团队的应变能力，从而深层挖掘团队的力量。

★ 规则

◎ 要在指定范围内进行，不允许超出范围或是抄近道。

◎ 小组必须同时到达关卡。

◎ 听从教练的指令，到其指定的关卡并突破关卡设置的考验（正确回答问题、在规定时间内完成设置好的活动等）。

◎ 到达下一关卡时，必须携带到达过前一关卡的证明物件（实物的证明或是

前一关卡负责人的签字与印章）以作为通关的证据；

◎ 完成所有关卡后（携带通关的所有证明物）回到终点，耗时最短者获胜。

★ 程序

1. 宣读活动规则；

2. 人员平均分组；

3. 分发装备；

4. 听教练指令开始活动，向关卡进发；

5. 最先到达终点者获胜；

6. 回顾总结。

★ 技巧

◎ 夺宝过程中注意体力的调节，进行适当的休息，以免中途体力透支。

◎ 拿到关卡的地图之后，不要贸然向前冲，需要适当分析一下地图，以免做出错误的判断而浪费时间。

◎ 队伍行进过程中，人与人之间的距离保持在1米左右，以免有人员掉队而不能察觉。

◎ 对小组成员特长进行分析，以便在闯关时进行合理地应用。

★ 分享

◎ 关卡的设置是否对小组的进程造成了阻碍？

◎ 小组在拿到地图后做的第一件事情是什么？

◎ 当遇到困难时，小组成员出现了几种态度？

◎ 小组成员到达终点时的感受如何？

◎ 闯关与实际生活中有哪些相似之处？可以联想到哪些方面？

搭索过涧

★ 基本概述

形式：团队挑战项目

第三章　野外拓展活动精选

时间：30 分钟

人数：不限

工具：钢索、安全带、锁扣、滑轮等

★ 目的

搭索过涧是一项具有极强冒险性的活动，主要锻炼学员克服心理障碍，同时改善团队内部的沟通，加强团队凝聚力，并体会活动成功后的成就与喜悦。

★ 规则

◎ 将山涧两岸两个高度不同的点用钢索连接起来。

◎ 用安全带、主锁和滑轮将人固定在钢索上，从高处滑向低处。

◎ 学员拥有弃权的权力。

◎ 过涧用时最短的小组获胜。

★ 程序

1. 宣读活动规则；
2. 人员平均分组；
3. 分发装备并检查装备是否齐全且能正常使用；
4. 每小组人员依次过涧，每小组有专人负责计时；
5. 核查计时结果，决出优胜者；
6. 回顾总结。

★ 技巧

◎ 活动形式对学员心理造成了极大的压力，要缓解这种压力，可以通过确认所有的安全措施都已经到位的方法。

◎ 小组成员要互相交流心得，以便帮助对方克服心理障碍。

★ 分享

◎ 站在起始点与过涧过程中的感受有什么不同？原因是什么？

◎ 我们应该如何克服恐惧？

◎ 从起点到终点的距离是否像我们想象的那么遥不可及？

◎ 你从别的小组成员那里得到了什么？

- 在活动的整个过程中，自己有变化吗？造成这种变化的原因是什么？
- 你敢一个人进行这个活动吗？为什么？

星空静思

★ 基本概述

形式：个人项目

时间：24小时

人数：不限

工具：防寒服装、防潮垫、必备饮用水、文具（纸、笔、墨等）

★ 目的

星空静思是一项通过与大自然交流，对个人精神进行自我剖析的活动，有助于个人进行自我审视，给自己重新定位。

★ 规则

- 活动地点为野外。
- 每个学员活动的地点与其他人隔离，要独处。
- 独处时间为24小时，期间只能饮水不能进食。
- 独处时需要对自己的生活进行思考，分析自己的行为，规划自己的未来。
- 不允许离开自己的范围进入其他人的范围以内。
- 个人必须注意保暖。
- 天气突变或是有意外情况发生时，应该马上终止活动。

★ 程序

1. 宣读活动规则；
2. 检查装备及饮用水是否齐全；
3. 到达指定的地点进行独处；
4. 按照教练的指引进行静思，对自己进行剖析；
5. 将自己的自我剖析结果记录下来，并总结一下自己今年应该朝着哪些方向发展；

6. 活动结束，进行回顾总结，并与其他学员进行分享。

★ 技巧

- 避免过多的动作，专注于思考。
- 随时记录关于自己未来筹划的精要思想。
- 在做好保暖准备的前提下，才能进行此活动。

★ 分享

- 静思的整个过程顺利吗？是不是会经常分散注意力？
- 静思的过程中都想到了哪些方面？其中哪些方面对自己的发展是有益处的？
- 记录下来的思想对自己的生活有实际作用吗？
- 经历过这次活动后，对未来有了一个怎样的期望？

山地缅甸桥

★ 基本概述

形式：个人挑战项目
时间：不限
人数：10人以上
工具：钢丝3根（长20米）、保护网、安全带等

★ 目的

山地缅甸桥是一项能够激发个人潜能的活动，有助于挖掘学员的潜能，鼓励他们将自己的能力发挥到极致，特别有利于新员工融入集体。

★ 规则

- 在8米高的空中架设三条20米长的钢丝绳索，队员必须在规定时间内，脚下踩一根钢丝，手扶两边的钢丝，走完这20米钢丝路。
- 先到终点者获胜。

★ 程序

1. 宣读活动规则；

2. 检测安全带是否牢固，安全措施是否到位；

3. 活动开始时，开始计时；

4. 活动结束，统计时间，决出优胜者；

5. 回顾总结。

★ 技巧

◎ 教练可以带动其他学员对正在参与活动的学员进行鼓励。

◎ 保持平衡，步伐有张有弛。

◎ 在活动开始前进行心理建设。

★ 分享

◎ 安全带是否能在一定程度上减轻学员的紧张情绪？

◎ 你认为如何能在安全的前提下加快速度到达终点？

◎ 你认为哪些因素有利于顺利完成活动？

◎ 这项活动与现实生活有何关联之处？从中能够得到哪些启示？

探　洞

★ 基本概述

形式：合作挑战项目

时间：2小时

人数：10人以上

工具：

头盔：由电池灯、乙炔灯和头盔构成，小型洞穴可用登山头盔及头灯代替，大型洞穴探险必须使用探洞专用头盔灯。

电石罐：放入电石块与水，产生乙炔气体的装置。

探险绳：可使用专业的探险绳，也可以用尼龙绳代替。

服装：洞内湿冷，多有尖利的岩石，会划破衣服，所以必须身着坚固且防寒的服装。鞋子可以选择胶鞋,可以防潮。此外,为避免在低矮的岩洞下爬行时划破手,应该戴上手套和护膝。

安全绳:主要用于承受一定的重力,可用于下降或是爬坡。

记号粉笔:以便在迂回的岩洞中留下可供辨认的标记。

多功能刀具:可利用刀具清除障碍物。

水壶及净水吸管:供饮水之用。

哨子:供在岩洞内与同伴联系之用。

急救药盒:以备不时之需,解决一些突发性病症或是轻微的外伤。

蜡烛:除照明外,还可以用于检测洞内的氧气是否充足。

对于较高的岩洞,还需要准备相应的攀登工具,如上升器。

★ 目的

探洞是一项既刺激又危险的运动,有助于提高学员的勇气及战胜困难的毅力,建立和谐的团队合作气氛,提高个人的控制能力及应变能力。但必须做好周全的准备工作。

★ 规则

◎ 探洞时,必须要2人以上搭档。

◎ 中途有身体感到不适的学员可以与同伴退出岩洞。

◎ 注意保护自然环境,随手带走垃圾。

★ 程序

1. 宣读活动规则;
2. 观察、熟悉路线;
3. 人员分组,每组最少2人;
4. 检查装备是否齐全,着装是否符合要求;
5. 开始活动;
6. 活动结束,回顾总结。

★ 技巧

◎ 口哨信号:SOS三声短(尖锐声),三声长。三声短,间隔一分钟重复;需要帮助,用六声哨声快速而连续地发声,间隔一分钟重复;已理解信号三次快速而连续的声音，间隔一分钟重复；要返回，需连续长声。

◎ 洞中迷路后采用的技巧：岩洞都由地下水冲蚀而成，利用河流冲刷的痕迹可判断出当年河流的走向。任何一个复杂的洞穴系统都是当年的一个地下河流系统。不论你在哪个支流里都可以顺流而下找到主河道，再从主河道走向地表。进去容易出来难。当从一条狭窄通道进入宽敞的"大厅"时，一定要在入口处做好路标，稳定情绪，然后开始找出去的路。在已迷路的情况下，人的感觉往往是靠不住的，这时应抛弃一切感觉，用具体方法去解决问题，从迷路的地方开始做路标，然后尝试不同的方向。

◎ 如果要进入狭窄的垂直洞穴，可以用手攀岩壁，两脚分开踏壁；或背靠一壁，手攀另一壁，进行攀登或下降。

◎ 洞内可能会出现暗流，可以事前准备好雨披和雨靴。

◎ 使用电石罐更换电石时，其他人要退至5米之外。

★分享

◎ 迷路之后的心情是怎样的？

◎ 同伴是否能够给你有效的指引与帮助？两人之间的交流有效吗？

◎ 顺利完成洞穴探险最关键的因素是什么？

◎ 这项活动能够带来哪些方面的启示？

滑翔伞

★基本概述

形式：个人挑战项目

时间：30分钟

人数：不限

工具：滑翔伞、飞行服、护目镜、安全帽、手套等

第三章 野外拓展活动精选

★ 概念

滑翔伞在飞行过程中会产生远大于阻力的速度和升力,因为在构造上,滑翔伞伞衣内层结构设有气囊,在没有充满空气前,滑翔伞没有实质的棱角,一旦内层气囊充满空气,滑翔伞的前沿就会出现棱角。这样,滑翔伞再在空中飞行时将相对的气流由翼面上下分别引开流动,重量与翼上方空气相结合,使滑翔伞产生速度而前进。

★ 目的

滑翔伞是一项充满乐趣的运动,有利于增强个人的勇气与自信。它能够帮助人们超越自我,让人体验到运动带来的乐趣。

★ 滑翔伞比赛的类别

◎ 滞空时间赛:从起飞场到降落场之间,计算在空中停留的时间,时间最长者获胜。

◎ 定点着陆赛:为了测试着陆时的精确度,在着陆场设置一个目标点。着陆时要以安全的方式降落,如果有危险的情况,以负分计算,而分数以最接近中心点者为最高分。

◎ 定时赛:事先设定好从起飞地点到降落地点的滞空时间,以成绩最接近设定时间范围的为优胜者。

◎ 折返赛:起飞之后按照事先设计好的路线在数个标杆之间弯曲飞行,最后回到起飞区附近的降落区。通常以完成这个路线所用时间最短者为优胜者。

◎ 距离标杆赛:起飞之后,飞越某个方向远近不同的标杆之后,返回降落场降落。以用最短时间飞越最远标杆为优胜者。

◎ 指定路线赛:起飞后向预定的目标飞行,以最早到达的为优胜者。在这途中必须要设立数个标志杆。

◎ 指定路线的自由飞行赛:指定飞行方向,沿此方向尽可能地向远处飞行。以飞行距离最远的为优胜者。

◎ 开放式自由飞行赛:路线、方向未预先设定,全部由参赛者自行判定的长距离飞行赛。与时间无关,以飞得最远的选手为优胜者。可分为排名赛、自由起飞赛和一对一比赛。

★ 程序

1.地面练伞:着装时应戴头盔,穿座带,着装后必须再检查一遍。地面练伞俗称"斗伞",即训练将伞翼拉起到头顶,并维持伞翼的平衡稳定。

2. 起飞前准备:复习过去的练习,检讨以前失败的原因,规划全部飞行过程的路线,预判突发状况,确定时机及预测天气变化(云层、风向、风速)的情况,若已有人在飞行,则观察其飞行的状况,然后决定起飞的时间。请在场教练或高级飞行员指导飞行技术,改正不足。

3. 铺伞:指将滑翔伞打开并铺好的动作,将伞衣下层(伞腹)向上,进风口朝顺风的方向,后缘正对风向。检查伞衣、伞绳有无损坏,然后铺成扇形,准备起飞。

4. 起飞:注意因地形、风速、气候状况的不同而有各种不同的起飞动作。在基本训练期间均采用最基本、最安全的正面上手起飞动作(起飞前应观察风速、风向、障碍物及检查装备等)。

5. 空中操作:伞翼飞行特性是向前(速度)、向下(角度),除非超过安全风速或遇强大气流才能改变它,因此操纵时也针对此特性来控制左、右转。

6. 着陆:逆风着陆可减缓进场速度及冲击力。着陆时脚要先着地。

7. 收伞:着陆后,为了避免影响其他队员进场着陆,应将滑翔伞尽快带离着陆区,转而到附近整理区叠伞。方法为着陆后先不解脱任何装备,将所有伞绳绕在手上,再将伞衣提起并置于肩上后,迅速离开着陆区。

8. 叠伞:伞腹朝上将伞衣铺平,把整理好的伞绳置于伞衣中间,座带则放置在正中央下缘处,再由两侧翼端向中间叠起,大小视伞包大小而定,伞叠好后连同座带、头盔等一起装入伞包内。

★ 技巧

◎ 提前了解活动当天的天气情况。

◎ 进行活动的地点应选择在较为平坦、广阔的地区。

◎ 着陆时,需要在10~15米的高度面对风向,将控制棒拉至肩部,距离地面1米时,再将两边的控制棒拉至腰部以下,同时快速并拢双脚,并紧膝盖,以便顺利着陆。

◎ 如果无法正确弄鼓伞衣,进而造成伞衣在正上方站立时,不可以进行活动,要想办法控制住控制棒,使伞衣落到地上,重新开始。

★ 分享

◎ 当身体离开地面时,感受如何?

- ◎ 起飞后与起飞前的感受有什么不一样？
- ◎ 当双脚落在地面上的那一刻，心中是什么感觉？
- ◎ 从这项活动中，你得到了什么？

溯　溪

★基本概述

形式：团队挑战项目

时间：30分钟

人数：不限

工具：溯溪鞋（防滑鞋）、护腿和防水衣物、背包、食品、简单的登山用具等

★概念

溯溪就是沿着溪水逆流而上，途中需攀越光滑的巨大岩石，穿越飞瀑急湍，涉渡深潭，惊险且具有挑战性。

★目的

溯溪可以让学员亲身体会面临危难的情境，能够考验学员体能与心理的承受能力，体现团队良好的协作能力。

★规则

- ◎ 要求逆水而行。
- ◎ 以小组为活动单位，每小组2～3人。
- ◎ 先到终点者获胜。
- ◎ 尊重学员弃权的决定。

★程序

1. 宣读活动规则；
2. 人员分组，每小组2～3人；
3. 分发装备，并检查装备是否齐全且能正常使用；

4. 开始活动；

5. 决出优胜小组；

6. 活动结束，回顾总结。

★ 技巧

◎ 溯溪图一般以 1∶50000 比例显示主要的地形。一般来说，地形图不足 1 厘米的地形省略。图上所描绘的主要有岩石堆、峭壁、瀑布、深潭等地形特征，以及地物标志溪流的汇流和分流点等。

◎ 岩石堆穿越：峡谷溪流中多岩石块，湿滑难行，行走时应看准、踏稳，避免因踏上无根岩块而摔倒。

◎ 涉水时，必须清楚地判断水流的缓急、深度，以及有无暗流，必要时使用绳索。

◎ 攀登瀑布：这是溯溪过程中最刺激，也是难度最大的技术。攀登前必须事先观察好路线，熟记支点，要充分考虑进退两难时的解决办法。瀑布主体水流湍急，但苔藓少，有时反而容易攀登。攀登瀑布虽然刺激，但难度大，经验和技术要求高，不具备娴熟技术的初学者不要轻易尝试。

◎ 遇到瀑布绝壁，无法通行时，可以考虑爬行高绕的方式前进，即从侧面较缓的山坡绕过去。高绕时小心在丛林中迷路，同时避免偏离原路线过远，并确认好原溪流。

◎ 与绝大多数户外拓展活动一样，活动前应考察地势并提前知晓当天的天气状况，并留有撤退后路，以防万一。

◎ 如果溯溪活动的时间在 1 天以上，应预带宿营工具，做好在野外住宿的准备。

★ 分享

◎ 由下而上溯溪的感觉如何？为什么比起由上而下要困难得多？

◎ 有同伴在一起，是不是会更放心地去探险？原因是什么？

◎ 通过这次活动，有了什么新感受和新认识？

◎ 活动结束后，你是否对团队的概念有了更深层次的理解？

第三章　野外拓展活动精选

丛林穿越

★ 基本概述

形式：团队挑战项目

时间：1天或以上

人数：不限

工具：帐篷、睡袋、背包、食品、防寒衣物、登山鞋、防潮垫、急救药品（以驱蚊虫类药物为主）、常用的生活用具（如水壶）等

★ 概念

丛林穿越是在特定的环境下进行的体验活动，接近于封闭式情景体验。在活动中，必须穿过设定的丛林（丛林中设有各项考验项目），到达终点。

★ 目的

丛林穿越创造了一个个人与团队共同成长的机会，有助于增强团队解决问题的能力，提高个人的沟通能力，增强团队合作的意识。

★ 规则

◎ 只能利用供给的工具、装备在特定的环境下生存。

◎ 穿越办法经过小组协商决定，但小组必须一起行动。

◎ 在活动过程中，各小组必须接受考验：野外露营、负重跑等人为设置的障碍。除此之外，还必须依靠所带的工具防御蚊虫、毒蛇的进攻。

◎ 以通过考验并最早到达目的地的小组为优胜者。

★ 程序

1. 宣读活动规则；

2. 人员分组，每小组3～5人；

3. 分发装备并进行检查；

4. 开始活动；

5. 各小组在丛林中接受考验；

6. 评出优胜者；

7. 活动结束，进行回顾总结。

★ 技巧

◎ 驱赶蚊虫的技巧：烟可以起到驱赶蚊虫的效果，可以在丛林中就地取材燃起火堆，也可以利用香烟。

◎ 选择营地的技巧：远离沼泽或灌木丛，选择背风的地段；搭建的床铺应离地面1米左右。

◎ 蛇伤排毒的方法：将伤口挑破，以引流排毒；也可扎止血带，20分钟松一次，向心脏移动，伤口切开十字，挤毒血，拔火罐，隔4层纱布吮吸；若手足部被咬伤引起肿胀时，上肢者穿刺八邪穴，即4个手指指缝之间；下肢者穿刺八风穴，即4个足趾趾缝之间，以加速排毒，加速退肿。穿刺时使用钝针头粗针平刺直入两厘米。

★ 分享

◎ 穿越的过程中体会到了哪些快乐？

◎ 穿越丛林与日常的工作和生活有什么相同之处？

拯救大兵

★ 基本概述

形式：团队挑战项目

时间：4小时

人数：20人以上

工具：背包、迷彩服、"军事地图"、对讲机等

★ 目的

拯救大兵是一个以寻人为主题的竞赛活动，主要用于考验团队成员的沟通能力、应变能力、行动力，同时有助于培养团队的协作精神。

第三章 野外拓展活动精选

★规则

◎ 在规定时间内寻找到被假设为受伤的队员。

◎ 每个小组中的"受伤大兵"会被教练带到隐蔽的地方藏起来。

◎ "受伤大兵"只能通过语言的提示告诉同伴自己在什么地方。

◎ 最快找到"受伤大兵"的小组为胜出者。

★程序

1. 宣读活动规则；
2. 人员分组；
3. 领取设备；
4. 开始拯救活动，同步开始计时；
5. 决出优胜者；
6. 回顾总结。

★技巧

◎ "受伤大兵"明确自己所在的位置及范围对于同伴的指引是重要的条件之一。

◎ 寻找者应该明确自己想要知道的要素，再与"受伤大兵"沟通。

◎ 寻找者应该尽量收集对寻找活动有利的信息。

★分享

◎ 双方的沟通效果如何？双方满意沟通效果吗？

◎ 活动过程中遇到了哪些困难？是如何解决的？

◎ 如何让双方的沟通更加有效？

◎ 对这个活动有什么感受？

沙滩布阵

★基本概述

形式：团队挑战项目

时间：1小时

人数：20 人以上

工具：8 面小红旗、8 面令旗、阵形卡片

★ 目的

沙滩布阵本是军事方面采用的行军布阵法。这个项目主要用于考验领导者下达命令的技巧以及团队完成任务的能力，有助于加强领导的组织、调控能力，适用于基层员工与中层管理人员。

★ 规则

- 每队的队长从裁判手中领取布阵图指挥布阵，并向队员保密。
- 在最短时间内成功完成指令的小组将获得一面小红旗。
- 全场活动共有 8 个布阵方法。
- 获得红旗最多的小组获胜。

★ 程序

1. 宣读活动规则；
2. 人员平均分组，每组 9 人，选出队长；
3. 开始第一轮比赛；
4. 队长领取布阵图，下达指令，评出第一轮胜出者，授予其一面红旗；
5. 依次开始后面的 7 轮比赛；
6. 综合各组的成绩，评出最终的胜出者；
7. 活动结束，回顾总结。

★ 技巧

- 进行活动的地点必须宽阔，也可以选择除沙滩之外的场所。
- 要保证命令简洁、有效。
- 想要尽快完成命令，就必须保证小组内部的和谐。

★ 分享

- 下达命令是不是一件容易的事情？
- 执行与行动能否达到一致？
- 交流有效吗？在活动过程中，队长是否树立起了权威？

◎ 个人的行动力对整个团队造成了什么影响？

迷彩漆弹

★ 基本概述

形式：团队挑战项目

时间：2 天左右

人数：30 人以上

工具：漆弹、漆弹枪、头盔、帽子、防护面罩、护目镜、迷彩服、军靴（8 或 12 寸高筒迷彩军靴）、手套、护膝、面罩、军用背囊、哨子、指南针、手表、对讲机

★ 概念

漆弹运动是以漆弹枪为枪器，以漆弹为子弹的一种射击性运动，这种运动在不断的发展过程中，演化出了许多种形式：闯龙关、狙击战、决斗、夺旗战、歼灭战、伏击战等。

★ 目的

迷彩漆弹运动有助于提高个人的行动力，提高个人合理配置资源的能力和团队协作的能力，同时有助于个人心理素质的锻炼。

★ 迷彩漆弹的分类

◎ 伏击战

双方以相等人数参加，每队 4～10 人，每人 30 发漆弹，分上下半场，双方互换攻守位置一次。比赛时，场内设一条"封锁线"，一方守关伏击，一方突围冲过"封锁线"。伏击一方埋伏在"封锁线"的一侧，伏击队员在比赛开始后不能移动位置；突围的一方利用掩护、策应等方式，在不被击中的情况下，以最快速度突破"封锁线"，冲出伏击圈。最后，以突围方未被击中而冲出伏击圈的队员是否超过半数来决定胜负，或以"幸存"人数多者为胜。

◎ 闯龙关

这种活动方式与伏击战基本相同，其特点是适合人数较少时进行。埋伏者可以在两侧伏击，闯关者配30发子弹。以在不被击中的情况下，到达指定地点即为闯关成功；若中途被击中，而子弹又没有打完，可以从起点重新开始，一直到闯关成功或子弹打完为止。

◎ 狙击战

比赛有两队参加，每队6~10人，每人30发漆弹。在场地内设一块阵地，作为双方队员攻击并占领的目标。在阵地上，根据实际参加人数，双方各派1~2名狙击手进行狙击，其他成员向阵地发起攻击。狙击手既要注意不被击中，又要狙击对方的攻击队员。任何一方的进攻队员只要越过防守阵地的延长线而未被击中，即可参加狙击对方的战斗，双方中弹队员应被罚小歇2分钟或退出场地。最终留在阵地上的人数多的小组获胜；人数相等时，被罚者少的小组获胜。

◎ 歼灭战

双方以相等人数参加，每队6~15人，每人30发漆弹，每个队员都以尽量多击中对方队员而自己不被击中为原则，充分利用各种地形、掩体，采用各种战术配合，以最后双方所剩队员的多寡区分胜负。当双方尚存队员数量相同时，则以双方中弹数多少决定胜负。

◎ 夺旗战

比赛双方派相同人数参加，每队为6~12人，每人30发漆弹。比赛时，双方各占据一块阵地，阵地的后方插上各自的旗帜。对一方队员来说，既要保护好己方的阵地和旗帜，又要设法攻击对方阵地，在不被击中的情况下，夺取对方旗帜，并将旗帜带回己方阵地。队员在夺旗返回己方阵地途中，如被对方击中，将不进行处罚。如果双方均夺取了对方旗帜，则以先返回己方阵地的一方为胜。若在规定时间内，参赛双方都未能夺取对方旗帜，则以双方的"幸存"人数及判罚情况决定胜负。

◎ 决斗

双方各派一人参加，这种方式适合在比赛结束之后仍有少量剩余漆弹的情况下进行。参赛双方先是背对背相距20米站好，听到哨音后突然转身，快速拿枪射击，以击中对方的点数多少来判定胜负。

★ 规则

- ◎ 5米内严禁蓄意射击他人的头部和颈部，禁止从背后射击他人。
- ◎ 休战区禁止开枪。

第三章 野外拓展活动精选

- ◎ 禁止携带如刀、爆炸物、五金工具、绳索等危险物品入场。
- ◎ 严禁对场内的动物射击。
- ◎ 要绝对服从裁判员的判决，若对判决有争议，应于场外再反应。
- ◎ 严禁攀登或移动掩体，小心避开可能有危险的地形及物体。
- ◎ "阵亡者"不得通报军情，也不得将自己的枪械提供给战友。
- ◎ 活动过程中必须身着专业服装并使用专业设备。
- ◎ 只能利用主办方提供的工具射击对方。

★程序

1. 宣读活动规则；
2. 人员分为两组，组员人数为10～15人。每组选出一名队长（总领导人）、一名班长（辅助队长的工作）、一名副班长（辅助队长与班长的工作）、一名参谋（出谋划策）、一名侦查员（侦察对方的军情）和一名通讯员（担任旗手、夺旗手，在班组之间传达信息）；
3. 通过各种各样的形式进行活动，活动过程中，设有两名裁判对比赛进行评判；
4. 综合所有的战果，决出优胜者；
5. 活动结束，回顾总结。

★技巧

- ◎ 通讯员作为班组之间的信息传达者，要保证信息准确。
- ◎ 班长与队长之间的协作对小组的胜利有着相当重要的作用。
- ◎ 要保证命令简洁、有效。
- ◎ 如果队长"牺牲"，则由班长代其职责；如果队长、班长都已"牺牲"，则由副班长代其职责。
- ◎ 想要尽快地完成命令，就必须保证小组内部的和谐。

★分享

- ◎ 整场活动中能否体现出小组的谋略作用？对于小组拥有的资源而言，是否做到了充分利用？
- ◎ 小组之间相比较，各有什么特点？
- ◎ 如何才能赢得胜利？
- ◎ 这项活动具有什么现实意义？

户外自行车

★ 基本概述

形式：个人（团队）挑战项目

时间：不限

人数：不限

工具：

头盔，由高强度塑料制成，里衬压缩泡沫塑料，上有散热孔，可保护头部不受重伤。

骑行服，紧身，由特殊材料制成。可保证快速骑行时不被风吹起而影响速度，同时可以防止磨伤大腿内侧。

骑行鞋，鞋底有一个凹进的小槽，快速骑行时，脚与脚踏板的小槽吻合，这样脚与脚踏板不脱离，便于用力。

骑行手套，主要起到防滑的作用，同时防止手被磨破。

骑行镜，挡光、防晒。

★ 概念

户外自行车运动是用技巧和平衡，通过各种不同类型的人工或天然障碍物的运动，是少数非竞速自行车项目之一。参赛者既要尽量在最短的时间内通过指定的障碍区，又要尽量避免身体和障碍物及地面接触。可分为场地赛、公路赛、山地赛三种比赛形式。

★ 自行车的种类

自行车大致分为公路自行车、山地自行车、场地自行车、小轮车、技巧车等。一般来说，小轮车、技巧车与滑板有许多相似之处，在青少年中很流行。公路车、山地车为常用车型。

★ 目的

自行车运动可以锻炼个人的毅力与自信心，培养个人解决问题、脱离困难境地的能力。如果转化为团队接力赛，也可以培养团队成员协作的能力。在自行车活动中，更可以辅以学员目标管理的理念。

★ 场地赛规则

◎ 计时赛

单独在跑道上以原地出发的形式进行的一种个人计时赛，所有人员要在同一个单元内进行比赛。

◎ 争先赛

短距离赛，在周长333.33米或250米的场地上骑行3圈或4圈（1000米），周长大于333.33米的场地不少于2圈。不计全程总时间，以最先到达终点为胜。出发后，里道的运动员必须以快于走路的速度领骑一圈。第二圈起，尤其是最后200米时，运动员采用各种战术，以最快的速度冲过终点线。

◎ 个人追逐赛

在固定的距离上，两名运动员分别在赛场东西跑道正中的起终点线上同时出发，然后相互追逐的比赛。比赛中，如后面的运动员与前面的运动员追成平排，前面的运动员即被淘汰；如未追上，则先到终点的运动员获胜。获胜者可以进入下一赛次。依此类推。

◎ 团体追逐赛

团体追逐赛属于团队挑战项目。分别由4名运动员组成，赛距为4公里的两队相互追逐的比赛。比赛的办法同个人追逐赛。

★ 公路赛规则

◎ 个人赛

参加者以个人为单位参赛，排列在起终点线后，集体出发。最长骑行距离为170公里。在环路上进行时，环路的周长最少是10公里。以到达终点的时间先后决出胜负。

◎ 团体计时赛

以小组为单位的公路赛形式。多在一个延伸方向、路面平坦、距离为15～50公里的转折公路上进行。每队4名人员参加比赛，队与队之间相隔2～3分钟出发。4名参赛人员根据风向编队，采用匀速方式高速骑行，每分钟心率保持在180次左右。每人轮流在前领骑200米左右下撤至队尾，相互换位领骑，在前抗风阻力领骑者心率通常高于尾随者每分钟10次左右。到达终点时，取本队第三名运动员的到达时间为该队的成绩，按各队成绩优劣确定名次。

◎ 个人计时赛

与团队计时赛类似，但这项比赛场地可以在平坦的环形路上进行。至少每隔5公里（上坡段每1公里）标明比赛所剩下的骑行距离。参赛者以个人为单位匀速骑完全程，每分钟心率可达185次左右。参赛者之间的出发时间间隔为30秒至2分钟（奥运会为1分30秒）。按成绩优劣确定名次。

★ 山地赛规则

◎ 越野赛

越野赛又可以分为绕圈、超长、短程和耐力四种。户外拓展训练中通常采用短程赛的方式。通常，比赛的起终点非同一地点（短程赛除外），但大圈的环形路大致相同。短程赛路线每周最多6公里，起终点设在同一地方，在保证安全的前提下，可设置自然或人为的障碍物。

◎ 爬坡赛

赛程通常为30分钟左右，视上坡的地形而定。比赛路线至少应包括80%的上坡骑行路段。个人或团体赛都可以。起点设在一个指定位置，终点设在另一个海拔更高的地方。

◎ 其他

除在户外拓展活动中常用的比赛方式以外，还有其他需要高技术、好设备的比赛方式，比如说BMX赛、双人绕杆赛、凯林赛、奥林匹克竞速赛等。这些活动所需的技能常人不易掌握，对于户外拓展活动而言，一般情况下不将这些活动设为拓展项目。

★ 程序

1. 宣读活动规则；
2. 明确比赛路线；
3. 检查着装及设备；
4. 开始活动；
5. 统计成绩，决出优胜者；
6. 回顾总结。

★ 技巧

◎ 考虑天气的因素，在活动举办前3天内确定活动当天的天气状况。

第三章　野外拓展活动精选

◎ 场地尽量选择在行人稀少的地段。

◎ 保持正确的骑行技巧：上身较低，头部稍倾斜前伸；双臂自然弯曲，作为上身的良好支点，便于腰部弓曲，降低身体重心，同时可防止由于车子颠簸而产生的冲击力传到全身；双手轻而有力地握把，臀部坐稳车座，使人和车子成"流线型"。

◎ 车把的调整对调整骑行姿势很有意义。将车把的宽度调整至与运动员的肩宽大体相同，一般为38～41厘米。

◎ 车座的调整：将车座固定在水平线上，然后再前后调整车座。根据运动员大腿长度，把车座前端调整到中轴垂直线后2～5厘米处。大腿长，车座应多向后移动；大腿短，车座稍向前移动，但车座前端一般不超过中轴垂直线后2厘米。

◎ 转弯时，身体和车子要尽量保持一致，向里倾斜，上身和车子保持一条直线，以克服离心力。倾斜角度根据速度和弯道大小而定，但一般不得超过28度，否则就有滑倒的危险。转弯前要控制车速。用点闸的方法逐渐减速，刹车时，尽可能前后闸同时使用，前闸可稍稍提前。使用前闸，要求前轮的方向和车子前进的方向相一致，否则，会因身体的体重和车子惯性受到限制而摔跤。进入弯道后将闸放开，以免造成不必要的减速。在弯道上使用后闸时不要过猛，否则车子可能掉头或滑倒。

◎ 上坡骑行要保持正常的踏蹬动作，不可突然用力，只有试图摆脱对手和处于战术需要时，才可突然加速。一般情况下，不宜采用站立式骑行或提拉式骑行的方法，否则会过多地消耗体力，不利全程比赛。遇到短距离坡路，应充分利用物体运动的惯性原理，轻松地踏蹬，快到坡顶时可采用站立式骑行，把速度尽可能提高，给下坡加速创造有利条件。遇到漫长的上坡，要根据自己的体力状况及时调整传动比，不要等到骑不动和速度完全降下来时才改变传动比，要坚决避免重新启动的现象出现。坡路较长或有陡坡时，可交替使用站立式骑行方法，调剂用力部位，让部分肌肉得到休息。

◎ 加强操车技能训练，提高在各种复杂情况下的应变能力，是预防跌倒的积极方法。由于自行车运动的特点，在激烈的训练和比赛中随时会出现碰撞、跌倒等现象。跌倒时，要沉着、冷静，不要害怕，不要过早撒把，也不可闭上眼睛，消极等待跌倒。在身体即将着地时，两脚要迅速从脚套中抽出，要注意保护头部，有意识地用肩部和背部着地，做滚翻动作，减轻摔伤程度。

★ 分享

◎ 如何才能保证行车安全？

◎ 在团队赛中，哪些环节是非常重要的？为什么？

◎ 你认为团队能够获得胜利主要依靠哪些因素？
◎ 你从个人赛中领悟到了什么？

滑 雪

★基本概述

形式：个人挑战项目

时间：不限

人数：不限

工具：滑雪板、滑雪杖、滑雪靴、各种固定器、滑雪蜡、滑雪装（防寒）、头盔、有色镜、防风镜等

★概念

滑雪是把滑雪板装在靴底上在雪地上进行速度、跳跃和滑降的竞赛运动。滑雪板用木材、金属材料和塑料混合制成。

★目的

滑雪是一项季节、环境特殊的运动，从事这项运动需要相当的勇气和一定的基本技术，主要用于培养个人敢于冒险的精神，挑战个人的心理极限，体会运动所带来的乐趣。

★滑雪运动的类别

◎ 跳台滑雪：足蹬滑雪板，不持雪杖，滑过覆雪的跳台后跃起，飞腾而下。简称"跳雪"。跳台利用自然山势建造，滑雪者通过一段助滑区从台端引跳，以飞行距离和动作完美情况计分。

◎ 速滑：比赛在覆雪的高山上进行，坡度5°～35°，平均20°。线路长2000米左右，起终点高标差男子为800～1000米，女子为500～700米。线路两旁设置一定数量的小旗，组成门形。运动员从山顶以最快速度沿线路通过旗门下滑。以滑降两次的时间计成绩。

◎ 回转：也称回转滑雪或回转障碍。比赛在覆雪的山坡上进行，线路上设置

多种形式的旗门，组成障碍。比赛要求在不同的两条线路上各滑行1次，以两次滑行时间之和计分评定名次。如第1次滑行犯规，则失去第2次滑行机会。滑行时碰倒旗杆不算犯规，漏门或骑杆过门则属犯规，不计成绩。比赛前，运动员可以由下往上察看线路，但不得由上而下模拟滑行。

◎ 大回转：高山滑雪比赛项目之一。比赛在坡度5°～32°的覆雪山坡上进行。线路上设置多种形式的旗门，组成障碍。从山顶沿线路通过旗门下滑。其技术要求介于滑降和回转之间，既要有滑降的速度，又要有回转的快捷转变。以两次滑行时间之和计分评定名次。滑行时碰倒旗杆不算犯规，漏门或骑杆过门则属犯规，不计成绩。如第1次滑行犯规，则失去第2次滑行机会。

◎ 越野滑雪：足蹬滑雪板、手持雪杖滑行于旷野雪原。因起源于北欧，又称北欧滑雪。现代越野滑雪比赛共分两大类，一为传统技术各种距离项目的比赛，一为自由技术各种距离项目的比赛。

◎ 雪上芭蕾：雪上芭蕾是高难度的滑雪项目，一般用于专业性的比赛，户外拓展通常不采用这种形式。规则规定，空中技巧的比赛分别以两种不同的内容进行两次：雪上技巧和雪上芭蕾各进行一次。

雪上芭蕾常用的技巧有：跳跃，如高速跳转动作；旋转，用单脚雪板的360°旋转；连续步法，如逆交叉步等。

◎ 雪上技巧：唯一不使用平整场地的滑雪比赛。场地为复杂而连续的小土丘，线路长200米，宽25～35米，坡度为25°～35°。在场地中间，设置3个间隔8～15米的控制门。在比赛中，运动员可以自由选择路线，但必须通过这3个门。

◎ 空中技巧：在覆盖较厚积雪的山坡上，借助下滑惯性在跳台起跳，纵身腾跃，然后在空中完成各种向前、向后的空翻并加转体等高难动作。

★ 规则

滑雪运动的活动形式多样。不同的活动形式有相应的活动规则。

★ 程序

1. 宣读活动规则；
2. 检查着装、设备；
3. 活动开始，裁判员开始审查动作、距离并评分；
4. 总结成绩，评出优胜者；
5. 回顾总结。

★ 技巧

◎ 应仔细了解滑雪场地的高度、宽度、长度、坡度以及走向。

◎ 中途休息时要停在滑雪道的边上,不能停在陡坡下,并注意从上面滑下来的滑雪者。

◎ 滑行中如果失控跌倒,应迅速降低重心,向后坐,不要随意挣扎,可抬起四肢,屈身,任自己向下滑动。要避免头朝下,更要避免翻滚。

◎ 滑行中,如果前方情况不明,或感觉滑雪器材有异常时,应停下来检查,切勿冒险。

◎ 选择滑雪杖时以质轻、不易折断、平衡感好、适合自己身高为原则。一般最长不过肩,最短不低于肋下。

◎ 所有的滑雪板上都有固定滑雪靴的装置,在滑雪者跌倒时,固定器会迅速松脱,因此它是避免滑雪伤害的重要防护器具之一。

◎ 因阳光反射强烈,滑雪时必须戴上有色眼镜来保护眼睛。镜架以塑胶制品较为安全;镜片颜色以黄色或茶色为佳。视力不好的滑雪者,不要戴隐形眼镜滑雪。

★ 分享

◎ 对于这种风险较高的活动,你是否有面对它的勇气?

◎ 活动的成功与事前的准备工作有何联系?

◎ 个人在这次活动中能够得到什么启示?

实践篇

第 四 章

THE FOURTH CHAPTER

户外拓展场地活动精选

盲人方阵

★ 基本概述

形式：团队挑战项目

时间：30分钟

人数：20人以上

工具：绳子1条（长20米）、眼罩若干（与人数相符）

★ 目的

盲人方阵是一项比较简单的活动，主要运用于考察员工的协调、沟通能力，有助于建立团队成员的合作意识。

★ 规则

◎ 学员戴上眼罩以后按照教练的指令行动，不允许私自揭开眼罩。

◎ 在规定时间内，所有成员将绳子围成一个正方形。

★ 程序

1. 宣读活动规则；
2. 让所有学员分为两列，面对面站好，然后戴上眼罩；
3. 所有学员握住绳子，听从教练的指令开始活动；
4. 让监督人查看绳子是否达到了效果；
5. 绳子围成一个正方形，活动成功；
6. 回顾总结。

★ 技巧

◎ 让大家有秩序地发表自己的看法才能避免现场的混乱。

◎ 这项活动比较有灵活性，也可以让学员将绳子围成五角形或是三角形。

◎ 活动前要进行有效的策划。

★ 分享

- ◎ 如何进行有效的沟通？
- ◎ 活动过程中遇到了哪些困难，是如何解决的？
- ◎ 活动过程中是否产生了分歧？分歧又如何化解？
- ◎ 如何让这个正方形更标准？
- ◎ 此项活动与现实生活有哪些相似之处？从中可以得到什么启示？

信任背摔

★ 基本概述

形式：个人挑战项目

时间：不限

人数：15人以上

工具：平台（1.8米高）、布条1块（用于捆绑双手）

★ 目的

信任背摔是一项具有挑战性的活动，以个人为单位进行体验，有助于促进人与人之间的信任，突破自我限制。

★ 规则

◎ 参与者必须摘掉手表、眼镜等坚硬锐利的物件，衣服口袋中不能有任何物品。

◎ 平台上必须有一名监护人，他负责保证背摔者按照正确的动作倒下去；平台下也必须有一名监护人，他负责查看队伍排列是否合理。其余人负责在平台下传送背摔者，队尾的两名传送者要始终抬着背摔者的身体，直至他安全落地。

◎ 背摔者动作在获得平台监护人的认可后才可准备背摔，让台下的传送者知道他即将行动，再向下背摔。

◎ 台下传送者听到背摔者要行动的信息后，准备接住他。

★ 程序

1. 宣读活动规则；

2.平台监护人就位，其余学员在平台前排成两列，按要求用双手筑成一条"手桥"，平台下监护人就位，检查队伍排列情况及动作是否标准；

3.背摔者背向传送者站立在平台上，用布条捆绑双手于胸前；

4.平台监护人确定背摔者准备完毕；

5.背摔者向传送者发送背摔信息："我要倒了，你们准备好了吗？"当得到平台下的确认信息"我们准备好了，你倒吧"，背摔者身体笔直地向后倒下去；

6.传送者用双手接住背摔者并向队尾传送，直到背摔者双脚落地为止；

7.活动结束，回顾总结。

★ 技巧

◎ 背摔者的动作非常重要，要挺直身体，直至双脚落地为止。否则会导致腰部受伤，也可能会使台下传送者受伤。

◎ 用布条将背摔者的双手捆绑于胸前是为了避免其双手挥动伤到传送者。

◎ 传送者的姿势：全部采用弓步站立，双臂伸直，交替排列，搭在对面队友的肩上，掌心向上。

◎ 背摔者应尽量使身体放松，因为这样可以使力量均匀地分配到传送者的手臂上，避免意外的发生。

★ 安全监控

1.随时检查传送者的保护动作是否到位，"手桥"是否平整。

2.检查传送者身上是否仍有硬物（如首饰、手表等）。

3.时刻提醒台上队员的"三个不准动作"（不准一屁股坐下去；不准不发口令直接倒下去；不准脚用力蹬台子边沿，让自己飞出去）。

★ 分享

◎ 跨越心理障碍、完成了挑战之后的感觉如何？

◎ 如何克服心理障碍？保护人与传送者起到了什么样的作用？

◎ 在这项活动中，你认为最关键的地方在哪里？

◎ 怎么样才能帮助队员跨越心理障碍，做到他认为自己不可能完成的事情？

★ 点评

◎ 要信任同伴，相信团队。

◎ 每一个人的每一个疏忽都会影响到团队中其他人的安全。
◎ 团队是靠团队中的所有人共同构成的。

同穿一双鞋

★ 基本概述

形式：团队挑战项目
时间：20 分钟
人数：20 人左右
工具：绳子 2 条（10 米长）、带鞋套的木板 2 块

★ 目的

增强团队凝聚力，改善团队气氛，使新员工尽快融入新团队。

★ 规则

◎ 同一组学员集体站在一块木板上，脚保持在鞋套中，不得接触地面。
◎ 按规定的路线行走一圈，最终回到起点。
◎ 先到终点者胜出。

★ 程序

1. 宣读活动规则；
2. 人员平均分组，每组 10 人左右；
3. 各组人员在起点将脚放入大板上的鞋套中；
4. 活动开始；
5. 评出优胜者；
6. 回顾总结。

★ 技巧

◎ 男女的力量有所区别，应该注意搭配。
◎ 必须保持良好的协调能力才能防止摔倒。

◎ 系紧"鞋带"，否则脚容易脱出鞋套。

★ 分享

◎ 小组成员的协调能力如何？
◎ 怎么做能够加快小组的行进速度？
◎ 这个活动从哪些方面体现了团队的力量？
◎ 这个活动哪些方面与现实生活相通？

"地雷阵"

★ 基本概述

形式：合作挑战项目

时间：15～30分钟

人数：12人以上

工具：硬纸板、眼罩（每人1个）、绳子2根（长12米左右）

★ 目的

"地雷阵"是一项轻松愉快的活动，能够帮助新员工尽快融入新团队，改善人与人之间的沟通技巧，提高人与人之间的信任度。

★ 规则

◎ 每小组2人，一名为指引者，一名为穿越者。只有指引者知道"地雷"的所在地。
◎ 指引者只允许通过声音指引同伴通过"地雷阵"。
◎ 指引者只允许在"地雷阵"之外对同伴做出指引。
◎ 如果穿越者碰到了"地雷"，就意味着失败。
◎ 如果在限定时间内没有穿过"地雷阵"，也意味着失败。
◎ 穿越者如果在阵中碰到其他人，必须在原地停留30秒。
◎ 率先顺利通过"地雷阵"的小组获胜。

第四章 户外拓展场地活动精选

★ 程序

1. 宣读活动规则；
2. 人员分组，每组2人，穿越者要戴上眼罩，指引者站在阵外用声音进行指引工作；
3. 活动开始，穿越者在指引者的牵引下到达"地雷阵"的起点，指引者离开"地雷阵"；
4. 穿越者开始在指引下穿过"地雷阵"；
5. 首先顺利通过的小组获胜；
6. 回顾总结。

★ 技巧

◎ 硬纸板即为地雷，雷区范围为两根绳子之间，距离为10米左右，空间较为狭小，地雷的设置必须适当，留给穿越者一定的活动空间。

◎ 地面需平坦，以避免蒙着双眼的穿越者摔倒。

◎ 指引者的提示语言应简练明确，主要采用方位词与数量词。

◎ 每个人的步伐幅度都不一样，指引者必须根据穿越者步子的大小具体做出指引。

◎ 同组的两个人要互换角色进行活动。

★ 安全监控

◎ 任何人不得光脚踩绳索。

◎ 手不能在绳子上滑动。

◎ 抬人时，必须有人护腰，护腰者不能抬头。

★ 分享

◎ 两人之间的交流是否顺利？交流涉及哪些方面？

◎ 因违规被惩罚时的心情如何？

◎ 你如何看待"地雷"？

◎ 如何能迅速穿过"地雷阵"？

◎ 这项活动与实际生活有何联系？从中可以得到什么启示？

★ 点评

◎ 如果一开始就抓住了问题的本质是否会更顺利呢？

◎ 团队在过程中遇到问题时，如何巧用员工想法开创性地解决问题呢？

◎ 现实工作中有这种现象吗？

◎ 大家挤在一起有什么感觉？是否会尽量让自己少站一点？

◎ 流程改善重要吗？如何改善？完成工作和开创性完成工作一样吗？

◎ 变革重要吗？会面对什么样的挑战（习惯的挑战，利益的挑战，经验挑战）？

◎ 队长重要吗？队长先过去会对团队有什么样的影响？在这种群龙无首的情况下，我们如何去完成？什么因素起了重要作用？

蜘蛛网

★ 基本概述

形式：团队挑战项目

时间：30分钟

人数：20人

工具：编织网、可供编网的两棵大树或杆状物

★ 目的

有利于增强团队的合作精神，改善团队气氛，改进个人的行为模式。

★ 规则

◎ 必须从网的一端通过其中的一个孔到达网的另一端。

◎ 不允许触碰蜘蛛网，否则以违规论处，违规者必须退出比赛。

◎ 不允许借助任何工具。

◎ 每个人必须从不同的蜘蛛网孔过去，反复穿过一个网孔是违规行为。

◎ 未参加活动的小组不可以干扰正在进行活动的小组。

◎ 不可从蜘蛛网下端或两侧穿过。

◎ 以小组完成的总时间长短决出胜负。

★ 程序

1. 宣读活动规则；

2. 人员分组，每组10人左右；

3. 开始活动，每个人通过不同的网孔穿到蜘蛛网的另一端；

4. 开始计时；

5. 活动结束；

6. 比较所有小组成绩，决出优胜者；

7. 回顾总结。

★ 技巧

◎ 蜘蛛网距离地面的高度不宜太高，以免学员摔倒受伤。

◎ 网孔需比人的身体稍大一些。

◎ 由于活动需要消耗很大的体力，分组时要注意男女搭配。

★ 安全监控

◎ 讲师站在人少的一侧，便于保护。

◎ 队员爬过网洞时，要保护其脸部。

◎ 先抬肩，后抬脚，不准抬队员的头。

★ 分享

◎ 计划重要吗？应在计划中考虑哪些问题？

◎ 激励对团队重要吗？指责对团队的打击大吗？

◎ 领导重要吗？充分参与重不重要？

◎ 在团队中有冲突吗？如何解决这些冲突？

★ 点评

◎ 团队配合的重要性。

◎ 激励是管理必不可少的环节。

◎ 必须有效地处理冲突。

◎ 团队的成功靠大家的同心合力。

◎ 团队中必须有领导。

◎ 团队成员必须服从领导。

走梅花桩

★ 基本概述

形式：团队挑战项目

时间：30分钟

人数：10人左右

工具：梅花桩18个

★ 目的

走梅花桩作为武术练习方式流传已久，可以练就个人的勇气与自信，加强团队内部的协作与沟通。

★ 规则

◎ 小组成员必须按照规定顺序走完18个梅花桩。

◎ 小组成员必须手拉着手完成任务。

★ 程序

1. 宣读活动规则；
2. 学员手拉手站在起点位置；
3. 活动开始；
4. 活动结束，回顾总结。

★ 技巧

◎ 活动过程中，身体要保持平衡，注意身体重心的转移。

◎ 最好穿上运动鞋，便于在梅花桩上行走。

◎ 小组成员进行沟通，共同以较为平均的速度行走，以免有学员摔下去。

★ 分享

◎ 小组成员的沟通有效吗？

- ◎ 如何才能保持以稳定的速度安全行走？
- ◎ 这项活动能带给我们什么启示？
- ◎ 过程中遇到问题，该怎样解决？

★点评

- ◎ 企业中必须有良好的沟通。
- ◎ 企业运营中的各环节必须配合。

坐地起身

★基本概述

形式：合作挑战项目

时间：30分钟

人数：16人以上

工具：无

★目的

坐地起身是一项较为简单的户外活动，以基本的动作考验团队的凝聚力，提高团队的合作意识。

★规则

- ◎ 组员背对背坐在地上围成一圈。
- ◎ 相邻的两个人必须握住对方的手腕且不能触碰地面。
- ◎ 所有的组员都必须在原地站立起来。
- ◎ 分组以4人为起点，可以逐渐上升为6人、8人或更多（需为双数）。

★程序

1. 宣读活动规则；
2. 人员分组；
3. 按规则围坐在地上，等待教练的指令；

4.听到指令，组员全体站立起来，活动结束；

5.可以重新分组，人数逐次增多，最后可以所有人成为一组进行活动；

6.活动结束，回顾总结。

★ 技巧

◎ 不要在过硬的水泥地上进行此活动，避免对学员造成身体伤害，可以选择较为柔软的草地或是在水泥地上铺上地毯。

◎ 取得活动成功的关键在于发力的平衡与动作的整齐划一。

◎ 反复进行此活动会大量消耗体力，中途必须休息。

★ 分享

◎ 小组人数的变化与活动的难度有什么关系？

◎ 为什么人越多，活动的难度越大？

◎ 当遭遇到困难时，小组采取了什么交流方式？是否有效？

◎ 联想到现实生活，可得到哪些启示？

★ 点评

◎ 个人的力量无论多大，也比不上团队的力量。

◎ 团队要实现目标，成员必须互相配合。

快乐大转盘

★ 基本概述

形式：合作挑战项目

时间：不限

人数：16人以上

工具：无

★ 目的

快乐大转盘是一项轻松的活动，多用于新员工上岗前的培训，可以提高个人的交际能力，可增强团队凝聚力，使新员工尽快融入团队之中。

★ 规则

◎ 所有学员围成一个同心圆，内外两个圈的人面对面站立，进行肢体语言的交流。

◎ 学员有三种选择：微笑、握手、拥抱。三种选择可以用不同的手势表现出来。微笑——伸出一个手指高举过肩；握手——伸出两个手指高举过肩；拥抱——伸出三个手指高举过肩。对方会以相同的手势给予你回答，在得到对方相同手势的答复之后，才能真正地微笑、握手、拥抱。

◎ 选择结束后教练员会提示所有的学员向左迈进一步，重新开始新的选择，依次类推。

★ 程序

1. 宣读活动规则；
2. 让学员围成一个同心圆，按规则站立好；
3. 开始活动；
4. 活动结束，回顾总结。

★ 技巧

◎ 可以加大手势幅度，让对方看得更清楚。
◎ 用手势表达的同时，可以用眼神进行交流。
◎ 位置要站得准确，面对面才能看得清楚对方的手势。

★ 分享

◎ 活动中采用的沟通方式是否有效？

◎ 如何让对方明确知道你的想法？

◎ 现实生活中，人与人之间的交往与这项活动有什么相似之处？从中可以得到什么启示？

翻叶子

★ 基本概述

形式：团队挑战项目

时间：30分钟

人数：20人以上

工具：眼罩若干、布（1.5米×1.5米）若干

★ 目的

翻叶子是一项考验个人思维能力、团队协作能力的活动，有助于改善团队内部沟通不畅的情况，同时能加强团队解决问题的能力。

★ 规则

◎ 参与者的身体不允许触碰叶子（布）以外的部分，否则应重来。

◎ 每隔3分钟，小组内就会有一人"失明"，团队内部协商"失明者"为哪一个人，"失明者"必须戴上眼罩。

◎ 以翻叶子的时间先后决定胜负。

★ 程序

1. 宣读活动规则；

2. 人员分组，每组10人左右，各组站在各自的叶子上面等待活动指令；

3. 活动开始，计时开始；

4. 活动结束，回顾总结。

第四章　户外拓展场地活动精选

★ 技巧

◎ 合理安排叶子上人员的站立位置，留出足够的空间以供操作。

◎ 根据个人所处的位置状况决定其参与程度（例如站在叶子边缘的人员需要较大程度的参与）。

◎ 合理分配小组成员，注重整个团队的行动效果。

★ 分享

◎ 团队的配合过程如何？小组成员间是否产生了摩擦？如何才能促进团队成员合理、有效地沟通与配合？

◎ 每个人在活动过程中发挥的作用一样吗？为什么会出现这种差别？小组成员应该以什么态度面对这种差别？这种差别与现实生活中的差别类似吗？

◎ 结合现实，这个活动能带给我们什么样的启示？

建　塔

★ 基本概述

形式：团队挑战项目

时间：15～20分钟

人数：20人以上

工具：旧报纸若干张（视具体人数而定）、透明胶带

★ 目的

提升团队的合作精神，并有助于个人在活动过程中挖掘创新思维。

★ 规则

◎ 每组推选出一位领导人。领导人将代表整个小组解说小组建成的塔所蕴含的意义及采用的思维方式。

◎ 利用配发的工具在15分钟以内建一座尽量高的塔，要求牢固、外形美观、有创意。

◎ 评分标准：在规定时间内完成任务且最富有新意的小组获胜。

★ **程序**

1. 宣读活动规则；
2. 人员分组，推选出小组长；
3. 配发工具；
4. 活动开始；
5. 评出优胜小组；
6. 活动结束，回顾总结。

★ **技巧**

◎ 充分发挥领导人的作用，可以赋予小组长一定的权力。
◎ 不要因为时间的紧迫而放弃对组员的意见征集。

★ **分享**

◎ 小组成员参与程度如何？是否出现了两极分化（积极与消极）？
◎ 小组长是如何产生的？小组长是否尽到了职责？
◎ 时间的掌握与创意的发挥是否矛盾？
◎ 你认为小组的合作程度如何？是否达到了应有的水平？
◎ 这个活动能带给我们什么感受？

太空舱

★ **基本概述**

形式：团队挑战项目

时间：30分钟

人数：20人以上

工具：铁棍2根、轮胎1个、绳子若干

★ **目的**

改善团队气氛，提高团队成员人际沟通技巧，提高团队整体协作、解决问题的能力。

★ 规则

◎ 小组所有成员必须穿过固定好的轮胎到达指定地点。

◎ 活动过程中，身体的任何部位不允许接触轮胎内圈以外的地方，否则将其视为违规。违规成员需重新回到起点开始活动。

◎ 以完成任务的时间作为评判标准。

★ 程序

1. 宣读活动规则；
2. 人员分组，每组 10 人；
3. 准备开始活动；
4. 活动开始，计时同步开始；
5. 活动结束，评出优胜小组；
6. 回顾总结。

★ 技巧

◎ 人员分组时注意男女搭配。

◎ 身形过大不可能穿过轮胎内圈的学员，可以不参与此活动，以免难堪。

★ 分享

◎ 小组成员参与程度如何？是否出现了两极分化（积极与消极）？

◎ 时间掌握得如何？

◎ 你认为小组的合作程度如何？是否达到了应有的水平？

◎ 这个活动能带给我们什么感受？

理财高手

★ 基本概述

形式：团队挑战项目

时间：10 ~ 15 分钟

人数：24 人以上

工具：无

★ 目的

训练学员的反应力、注意力，酝酿良好的团队气氛，促进小组的合作，强化小组角色。

★ 规则

◎ 以小组为活动单位，每个小组按照要求围坐在一起（位置不可以随意调整）。

◎ 女学员代表"1元钱"，男学员代表"5角钱"，小组必须用最少的人数组成教练所要求的金额。

◎ 评比标准为时间最短、人数最少、金额准确的综合值。

★ 程序

1. 宣读活动规则；
2. 人员分组，每组8人；
3. 准备开始活动，学员围坐在地上听候命令；
4. 活动开始；
5. 就每组结果进行评比；
6. 开始下一轮比赛；
7. 活动结束，回顾总结。

★ 技巧

◎ 教练所报金额不能大于小组所有成员代表金额之和。

◎ 活动可以反复进行，但活动次数不能超过5次，时间不宜超过15分钟。

◎ 小组与小组之间应留有可供活动的空间。

◎ 在活动开始前确定好小组成员的位置。

★ 分享

◎ 小组活动的场面混乱吗？事前是否做过基本的统筹与沟通？

◎ 如何将小组成员的主动性、协调性结合起来？

第四章　户外拓展场地活动精选

悬空排雷

★ 基本概述

形式：团队挑战项目

时间：30 分钟

人数：15 人左右

工具：眼罩 1 个、绳索 8 根、玻璃杯 4 个

★ 目的

加强团队的合作意识，提高团队之间的交流、沟通，提高团队的整体能力。

★ 规则

◎ 选取一名"排雷者"，让其戴上眼罩，借助现有的工具（绳子）和其他队友的帮助让身体悬空，将"地雷"（玻璃杯）取走放到指定的地方。过程中不得接触地面。

◎ 其余人用绳子牵引住"排雷者"，在未拿到"地雷"时不可以松开绳索，也不可以踏入"雷区"，否则视为犯规。

◎ 如果在排雷过程中，"地雷"爆炸（玻璃杯破碎），表明活动失败，需要重新开始。

★ 程序

1. 宣读活动规则；
2. 选出"排雷者"，让其戴上眼罩；
3. 活动开始，队友帮助"排雷者"固定好身体；
4. 开始排雷，排雷后将雷放到指定位置；
5. 活动结束；
6. 回顾总结。

★ 技巧

◎ 注意男女搭配。

◎ 注意绳索的承受力，如果感觉绳索承受的力量到了极限，可以让活动暂停，

以免"排雷者"受伤。
- ◎ 如果"地雷"爆炸，应迅速将碎片清理干净，以免扎伤"排雷者"。

★ 分享
- ◎ "排雷者"的感受与队友的感受有什么区别？如何正视这两个角色？
- ◎ "排雷者"是如何产生的？
- ◎ 当"地雷"爆炸时，团队成员有什么感受？
- ◎ 任务完成后，大家的心情是怎样的？从中领悟了什么？

巧用气球

★ 基本概述

形式：团队挑战项目
时间：20 分钟
人数：20 人左右
工具：气球

★ 目的

促进成员间对彼此的进一步了解，加强组员之间的沟通，提升团队完成任务的能力。

★ 气球活动的类别

- ◎ **气球水弹**

小组成员分成两列，面对面站立，中间相隔 2 米，先将装有水的气球发放给其中的一列学员，让他们扔给对面自己的同伴，保证气球不会破裂，然后将两列之间的距离逐渐加大。

- ◎ **气球列车**

所有学员排成一行，双手交叉放在胸前，在每两个人的腰部之间放一个气球，全组学员必须夹着气球一直走到终点。若气球掉在地上，必须重新开始。

- ◎ **环形气球列车**

学员围圈坐在地上，人与人之间夹着气球，按照顺时针转动。若气球掉在地上，必须重新开始。

第四章　户外拓展场地活动精选

◎ 彩虹追月

把吹大的气球封好口，统一将气球扔向空中，每名学员除了自己的气球不能碰以外，其余人的都可以碰，能够保持气球在空中停留时间最长的一组获胜。

★ 规则

- ◎ 不可以使气球落地。
- ◎ 不可以挤破气球。

★ 程序

1. 宣读活动规则；
2. 人员分组，每组10人；
3. 人员固定位置，放置好气球；
4. 开始活动；
5. 评出优胜小组；
6. 回顾总结。

★ 技巧

- ◎ 防止气球爆破的唯一方法是所有成员的步调一致。
- ◎ 冬天及雨天不适宜进行气球水弹活动。

★ 分享

- ◎ 活动成功的关键是什么？
- ◎ 控制自己的气球与全小组一起行动控制气球有什么区别？
- ◎ 我们能够从活动中体验到什么？
- ◎ 这个活动与现实生活在哪些方面相似？

穿越生命线

★ 基本概述

形式：团队挑战项目

时间：20～40分钟

人数：20人左右

工具：眼罩若干、粗绳索1条（10毫米×50米）

★目的

加强小组成员之间的信任和团队解决问题的能力。

★规则

◎ 将长绳固定在户外，长绳必须离地约1～1.5米，一端所在的位置为起点，另一端所在的位置为终点。

◎ 所有学员用眼罩蒙住眼睛进行活动，不允许摘掉眼罩，否则活动重来。

◎ 当所有学员都到达终点之处，才可以摘掉眼罩。

◎ 学员在活动过程中，不可以用语言交流，不能有身体方面的接触。

★程序

1. 宣读活动规则；
2. 让所有学员蒙上眼罩站立在起点位置；
3. 开始活动，学员从起点向终点前进；
4. 学员到达终点，活动结束；
5. 回顾总结。

★技巧

◎ 场地必须选择较为宽阔的地方。

◎ 绳子两旁应该设有障碍物，但绳子旁边不应该有锋利的东西，以避免学员受伤。

◎ 雨季不适宜进行此活动。

★分享

◎ 在黑暗之中完成任务，依靠的是什么？

◎ 如果没有绳子，我们能否到达终点？

◎ 在这个活动当中，团队发挥了怎样的作用？

◎ 我们能够从这个活动中得到什么启发？

第四章　户外拓展场地活动精选

共同进退

★ 基本概述

形式：团队挑战项目

时间：30 分钟

人数：20 人左右

工具：绳子若干、任务卡若干

★ 目的

增强团队内部的凝聚力，促进人与人之间的信任、理解。

★ 规则

◎ 活动中，每个队员的一条手臂必须与其他人的手臂绑在一起，不能松开，否则视为犯规。

◎ 每个小组在活动前抽取任务卡，按照上面的要求完成任务。

◎ 由于任务不同，教练主要根据每个小组任务的完成程度评分。

★ 程序

1. 宣读活动规则；

2. 人员分组，每组 5 人；

3. 抽取任务卡；

4. 依照规则将手臂捆绑起来；

5. 活动开始；

6. 教练根据各小组的表现评分，评出优胜者；

7. 活动结束；

8. 回顾总结。

★ 技巧

◎ 可以让学员以不同的人数分组，比如以 2 为基数依次向上涨。这样做可以带给学员不同层次的感受。

- ◎ 任务的设置要以周围环境及工具为限制条件。
- ◎ 活动过程中,学员可以通过大量的语言进行交流。

★分享

- ◎ 小组成员之间的交流依靠什么方式?
- ◎ 活动过程中遭遇到了什么困难?是如何解决的?
- ◎ 同伴之间是否出现了不和谐的情况?造成这种不和谐的原因是什么?最终采用了什么方式解决?
- ◎ 这个活动与现实生活有哪些相似之处?

鳄鱼潭

★基本概述

形式:团队挑战项目

时间:30~45分钟

人数:10人左右

工具:长木板两块(2.1米×10厘米×5厘米,可承受100公斤重量)、木桩8个、轮胎8个。

★目的

提高团队解决问题的能力,培养团队合作精神。训练学员的时间管理、目标管理能力,促进团队步入高绩效团队。

★规则

- ◎ 木桩要离沙地50厘米左右。
- ◎ 木桩排列成曲线且每个木桩上都安装一个轮胎。
- ◎ 假设木桩下是恐怖的鳄鱼潭,学员需要通过木桩越过鳄鱼潭。
- ◎ 学员在活动过程中只能运用木桩及木板作为工具。
- ◎ 每根木桩必须站满5个人以后才能向前进。

◎ 学员的身体及木板都不可以接触到地面，否则为犯规行为。犯规者必须重新开始活动。

◎ 先到终点的小组获胜。

★ 程序

1. 宣读活动规则；
2. 人员分组，每组 5 人；
3. 开始活动，计时开始；
4. 活动结束；
5. 回顾总结。

★ 技巧

◎ 避免掉下木桩的唯一方法是 5 个人紧紧抱在一起并保持平衡。

◎ 传送木板时要与队友协调好，以免伤到队友。

★ 分享

◎ 小组成员之间的交流依靠什么方式？

◎ 活动中最困难的方面是什么？

◎ 这个活动与现实生活有哪些相似之处？

跳 绳

★ 基本概述

形式：团队（个人）挑战项目

时间：30 分钟

人数：16 人左右

工具：10 米长的跳绳 2 根、3 米长的跳绳 4 根、弹力球 4 个

★ 目的

跳绳是一项容易操作的项目，可以提高个人的竞争意识，让人意识到竞争的本

质及领会面对竞争的方法；可以增进团队内部的沟通，加强上下级之间的沟通，创造良好的团队气氛。

★规则

◎ 双人比赛要求两人共同跳 40 下，以每小组的时间为评判标准。

◎ 多人比赛要求先由每人先单独跳 10 下，全体人员合作跳 30 下以上。

◎ 单人跳绳时以球作为接力棒，第一个跳绳者完成 10 个之后，将球传给下一位，以球不落地为标准。如果违规，两人需要一起捡球合跳 5 下，才能继续下面的环节。

◎ 所有形式的比赛中，不允许出现停顿的现象，否则数量归零。

◎ 各小组之间可以用弹力球干扰对手，但必须注意力度。

◎ 综合成绩的标准：一是符合规则；二是失误少。

★程序

1. 宣读活动规则；

2. 人员分组，每组 4 人；

3. 每组由两人摇绳，两人跳绳；

4. 第一步完成后，进行角色互换，摇绳者变成跳绳者；

5. 休息（时间在 5 分钟以内）；

6. 人员再次分组，每组 8 人，可以进行组与组之间的合并；

7. 每组分别选出两人作为对方的摇绳者，可以移动位置以给对手增加难度；

8. 两组同时开始活动；

9. 活动结束；

10. 评出优胜者；

11. 回顾总结。

★ 技巧

◎ 跳绳过程中注意体力的调节，需进行适当的休息。
◎ 依照跳绳者的体力状态调整摇绳的速度。
◎ 两组对垒时，应间隔 3 米以上，以免相互干扰。

★ 分享

◎ 你们采用了什么方式给对方小组施加压力？
◎ 当只有两组对垒时，是否出现了互相攻击的现象？为什么？
◎ 小组内部在活动中是否进行了有效的沟通？
◎ 活动后小组成员是否对自己进行了剖析，还是一味地分析别人的过错？
◎ 这个活动能够带给我们什么启示？

星际之门

★ 基本概述

形式：团队挑战项目
时间：15 分钟
人数：30 人
工具：呼啦圈 2 个

★ 目的

协调团队，调动个人的思维活动，旨在达成团队的共识，形成高绩效的团队。

★ 规则

◎ 分为两组进行对抗赛，每组一个呼啦圈。
◎ 活动前，可以给两个小组 2 分钟的思考时间。
◎ 活动过程中，每组人员手拉手向内围成一个圆圈，活动结束前不允许松开手。
◎ 活动过程中不允许用手指去勾呼啦圈。

◎ 每组成员必须让呼啦圈穿过所有人的身体。
◎ 以活动完成的时间作为评判标准。

★ 程序

1. 宣读活动规则；
2. 人员分组，每组 15 人；
3. 开始活动，每组各自围成一个圆圈；
4. 将呼啦圈放在其中两人的手臂间，开始计时；
5. 活动结束，评出优胜小组；
6. 回顾总结。

★ 技巧

◎ 鼓励学员进行自我突破，打破他们心中的"不可能"。
◎ 活动能否顺利完成在于相邻两名学员之间的配合，当其中一名学员向旁边的学员传送呼啦圈时，旁边的学员应该向他靠拢，同时低下头以让呼啦圈可以顺利穿过他的身体，同时注意双脚必须按照先后顺序穿过呼啦圈。

★ 分享

◎ 采用什么方法可以缩短活动时间？
◎ 活动过程中是否出现了违规动作，为什么？
◎ 在 2 分钟的讨论时间内，小组成员是否就任务完成办法进行了沟通？
◎ 团队工作中最重要的因素是什么？

第四章 户外拓展场地活动精选

团队跷跷板

★ **基本概述**

形式：团队挑战项目

时间：40分钟

人数：20人左右

工具：跷跷板1个（4米长）

★ **目的**

培养团队内部的合作精神，提高团队解决问题的能力，提高团队人员的人际交往能力。

★ **规则**

◎ 小组成员需要全部站到跷跷板上，让跷跷板两端均不着地。

◎ 活动过程中跷跷板着地，小组需要重新开始活动。

◎ 除小组成员以外，任何人都不可以对参与者进行协助。

◎ 各小组每次只能有一名成员跳上跷跷板。

◎ 小组成员间不可以进行语言交流。

◎ 小组之间不允许互相干扰。

◎ 以任务完成时间作为评判标准。

★ **程序**

1. 宣读活动规则；

2. 人员分组，每组10人；

3. 第一组开始就位；

4. 第一组结束；

5. 第二组开始；

6. 第二组结束；

7. 综合成绩，评出优胜小组；

8.回顾总结。

★ 技巧

- ◎ 为保证学员的安全,教练必须安排人员站在一旁做好保护工作。
- ◎ 跷跷板的不平衡性是活动的最大难度,必须把握住身体的重心。

★ 分享

- ◎ 这个活动最大的困难有哪几个方面?
- ◎ 团队内部是否产生了不同的情绪?原因是什么?
- ◎ 团队内部的沟通采用了什么方式?是否有效?
- ◎ 如何让人际关系在跷跷板的不平衡中发展到平衡的状态?
- ◎ 这个活动与现实生活有哪些相似之处?从中可以得到什么启示?

孤岛求生

★ 基本概述

形式:团队挑战项目

时间:40分钟左右

人数:20人左右

工具：不提供（由学员就地取材）

★ 目的

孤岛求生是一项考验团队整体协作能力的活动，是学会合理利用资源的技巧。更重要的是，孤岛求生为团队内部实现良好沟通创造了良好的契机，实现了个人与团队共同成长的目的。

★ 规则

◎ 假设整个团队身陷孤岛，身上又没有携带可供救助的工具，不得不从小岛上就地取材制造一个风筝作为求生工具。
◎ 分组进行对抗比赛，小组之间禁止互相干扰。
◎ 每组有 30 分钟的时间制作风筝。
◎ 在规定时间内制成的风筝需要进行测试，以能够正常升空为准。
◎ 最终评判标准：时间与风筝质量。

★ 程序

1. 宣读活动规则；
2. 人员分组，每组 5 人；
3. 活动开始；
4. 30 分钟后，进行风筝测试；
5. 最终评判出优胜小组；
6. 活动结束；
7. 回顾总结。

★ 技巧

◎ 模拟孤岛场地，寻找可供采用的材料（可就地取材）。
◎ 注意材料的分布及数量的搭配。

★ 分享

◎ 活动过程中队员充当了什么样的角色？
◎ 活动过程中遇到了什么困难？采用了什么方法来解决？
◎ 各个小组作为整体的运作是否有效？内部采用的沟通方式有效吗？

◎ 这个活动与现实生活有哪些相似之处？从中可以得到什么启示？

★ 点评

◎ 领导力的发挥，分配工作的方法，监控员工的表现。
◎ 适当地授予权责，进行有效的计划与行动。
◎ 沟通表达的复杂性。
◎ 每一个学员当下只能选择扮演好一个角色。
◎ 团队共同面对的困难与实际冲突管理。

缓冲墙

★ 基本概述

形式：团队挑战项目
时间：20分钟
人数：16人左右
工具：眼罩若干、一面坚固的墙

★ 目的

建立团队成员之间的信任，提高团队协作解决问题的能力，提高沟通的效率，改善沟通方式。

第四章　户外拓展场地活动精选

★ 规则

◎ 所有学员分成两排，每两名学员作为一对搭档，其中有一名学员需要戴上眼罩，活动过程中不允许摘下眼罩。

◎ 活动起点为距离墙壁 10 米远的地方，戴着眼罩的学员需要从这里向前行进。

◎ 戴着眼罩的学员在行进过程中需要摆出"缓冲"的姿势：向前伸出双臂，小臂向上弯曲，手掌向外，手的高度与脸齐平。

◎ 未戴眼罩的学员紧靠墙壁站立，活动过程中保持沉默与静止，并且防止戴着眼罩的学员撞上墙壁。

★ 程序

1. 宣读活动规则；
2. 活动开始；
3. 学员到达各自的位置；
4. 戴着眼罩的学员到达终点（墙壁），第一轮结束；
5. 学员交换角色，进行第二轮活动；
6. 活动结束；
7. 回顾总结。

★ 技巧

◎ 为保证学员的安全，必须安排人员站在一旁做好保护工作，以避免学员摔倒受伤。

◎ 活动场地可以选择较为平坦的草地，活动范围内没有障碍物，以防学员绊倒。

★ 分享

◎ 蒙着眼睛走路的感觉如何？
◎ 各人对自己的角色有何感想？
◎ 什么因素阻碍了活动的进程？采用什么方法才能从根本上解决问题？
◎ 第一轮与第二轮相比，发生了什么变化？
◎ 这项活动能够带来什么启示？

空中断桥

★ 基本概述

形式：个人挑战项目

时间：不限

人数：不限

工具：专业设施（断桥）、安全装备（动力绳、安全带、锁扣等）

★ 目的

空中断桥是一项以个人为单位的活动，风险值偏高，需要专业的场地及设施，可以帮助学员提高个人的自信心，超越个人的心理极限。

★ 规则

◎ 所有学员依次跨过断桥。

◎ 学员跨过断桥后必须再返回。

★ 程序

1. 宣读活动规则；
2. 配发装备并检查装备是否能正常使用；
3. 队员依照顺序依次完成活动；
4. 所有的学员过完断桥，活动结束；
5. 回顾总结。

★ 技巧

◎ 对学员进行适当的心理辅导。

◎ 调动团队内部互相扶持、互相鼓励的气氛。

◎ 空中与地面的断桥之间的距离是相等的，培训师可以在活动前带领学员在地上进行模拟跨越活动进行热身。

◎ 断桥的距离一般在 0.9～1.5 米间，可以依据学员个人的特点选择适当的断桥。

★ 安全监控

- ◎ 严禁抓保护器械。
- ◎ 严禁助跑。
- ◎ 下桥时身体低于三角架才能下滑。
- ◎ 严禁单脚起跳、双脚落地。
- ◎ 要适当地拉紧动力绳。

★ 分享

- ◎ 完全可以跨越的距离从地面转换至空中，出现了什么大的变化？
- ◎ 如何面对自己的心理障碍？
- ◎ 跨越成功的那一刻，心里有什么感受？
- ◎ 实际生活中的心理障碍与活动中的心理障碍有什么区别？

★ 点评

- ◎ 体现个人的胆量与自信。
- ◎ 克服困难的勇气。
- ◎ 身体与动作的协调平衡。
- ◎ 强调队员的安全感与配合。

飞越激流

★ 基本概述

形式：团队挑战项目

时间：50分钟左右

人数：16人以上

工具：大树1棵、粗绳索1根、木条（5～6米）2根、水1桶（代替炸药）、备用水

★ 目的

培养团队合作、沟通与计划能力，风险值低，易操作，富有新意。

★ 规则

◎ 学员分成小组进行活动，每组8～12人。

◎ 假设每组学员必须携带一桶水，充作炸药，然后通过一条"布满鳄鱼的激流"，一旦炸药泼洒或中途落入河中，则需要从头开始。

◎ 学员抓住系在树杈上的绳子渡河，从河的一边飞到另一边（以木条规定河界）绳子位于河流的中间，所有学员需要先设法拿到绳子。

◎ 以每组渡过激流的总时间作为评判标准。

★ 程序

1. 宣读活动规则；

2. 人员分组，每组8～12人；

3. 站在起始点，活动开始；

4. 第一小组活动完毕，第二小组开始活动；

5. 对比小组成绩，评出优胜小组；

6. 活动结束；

7. 回顾总结。

★ 技巧

◎ 每个小组的水桶中的水不能太满。

◎ 根据飞越的方向及力度确定河的位置及宽度，做两岸标记时，可以固定好几个木桩，再用绳子拉出两条线。

★ 分享

◎ 促进活动成功完成的因素有哪些？

◎ 活动过程中是否出现了领头羊？

◎ 活动过程中，每个人是否都遇到了困难？遭遇挫折时，不同的人表现了怎样的态度及应对方法？

◎ 如何将这个活动中的启示与实际工作联系起来？

巨人梯

★ 基本概述

形式：团队挑战项目

时间：2 小时

人数：10 人以上

工具：梯子（高 9 米、上下两级阶梯相隔 1.6 米、宽 1 米）、动力绳、锁扣、安全带、铃铛

★ 目的

通过团队成员之间的协作建立团队间紧密的合作意识，创造良好的团队气氛。

★ 规则

◎ 活动任务是小组所有人攀爬上这超过一般人步距的梯子顶端并敲响铃铛。

◎ 活动前会有 2 分钟的时间供小组所有成员进行协商。

◎ 不允许采用活动道具和组员身体之外的任何工具。

◎ 最先敲响铃铛的小组获胜。

★ 程序

1. 宣读活动规则；
2. 人员分组，每组2人；
3. 配发装备并检查装备能否正常使用；
4. 第一轮活动开始，第一个小组开始活动；
5. 开始以下几轮的活动；
6. 活动结束，比较各小组的成绩，评出优胜小组；
7. 回顾总结。

★ 技巧

- 分组时，要考虑到男女搭配及体力的合理分配。
- 指定安全督察员，随时监护学员，以避免发生意外。

★ 分享

- 你对你的搭档满意吗？为什么？
- 在遇到困难时，你们做了哪些工作？事实证明你们的协商是否有效？
- 最终完成任务后，有什么感想？
- 从中可以得到哪些启示？这些启示可以运用于实际生活的哪些方面？

★ 点评

- 为达成共同目标，队员之间既分工又合作。
- 严密配合。
- 互相借力。
- 不畏艰险。

跨越生死线

★ 基本概述

形式：团队挑战项目

时间：1小时

第四章 户外拓展场地活动精选

人数：20人以上

工具：绳子1根（长6米）、大树2棵（相距约5米，直径150毫米左右）、橡胶毒蜘蛛若干。

★目的

建立团队成员间的信任关系，提高学员人际交往的能力，激发学员的思维能力。

★规则

◎ 学员分成小组进行活动，每组10人以上。

◎ 将绳子绑在两棵大树之间，上面放置若干橡胶毒蜘蛛。每组学员必须从绳子上面跨到对面，不允许碰到绳子，同时不能触碰到绳子上的橡胶毒蜘蛛，一旦橡胶毒蜘蛛晃动，则活动重新开始。

◎ 不允许采用助跑的方式进行跨越。

◎ 以每组跨越的总时间为评判标准。

★程序

1. 宣读活动规则；
2. 人员分组，每组10人；
3. 开始活动；
4. 活动结束，决出优胜小组；
5. 回顾总结。

★技巧

◎ 橡胶毒蜘蛛只是为了烘托气氛，也可以用其他物品代替。

◎ 为避免学员受伤，可以在地上铺一层地毯。

◎ 准备好备用药品以防学员擦伤。

★分享

◎ 小组在活动之前是否进行了筹划？事实证明筹划有效吗？

◎ 哪些方法有助于尽快完成任务？

◎ 从活动过程中可以发现哪些方面的问题？

◎ 从这项活动中我们可以得到哪些启示？

卡丁车比赛

★ 基本概述

形式：个人挑战项目

时间：30 分钟以上

人数：不限

工具：卡丁车、头盔、赛车服、手套等

★ 概念

卡丁车一般分为初级车和专业车两类。初级车又称非专业车或娱乐车，有 50cc、80cc 和 90cc 三类；专业车分为 100cc 和 125cc 两类。

卡丁车结构十分简单，由钢管式车架、转向系统脚蹬、油箱、传动链护罩、车手座位和防撞保险杠等组成。

采用无级变速发动机和 1∶1 的方向盘，左脚为制动，右脚是油门，只能前进不能倒车，操作起来十分便捷，不管会不会开车，只要你有勇气，谁都可以参加比赛。125cc 的卡丁车却是单独一种，一般的都有 6 个挡位，启动后要根据不同情况不停地换挡，因此要求驾驶者有良好的驾车技术。

卡丁车操作简便，车手戴上防护头盔和手套，只需记住左脚刹车，右脚油门，方向盘是 1∶1 转向，即可驰骋赛场。一旦滑出跑道，卡丁车会自动熄火，不会翻车，保障了车手的安全。

★ 目的

考验学员的反应能力，训练学员的身体协调性，增进个人的自信心、决策力，提升个人的应变能力和解决问题的能力，培养面对竞争的勇气。

★ 规则

◎ 每名学员允许试赛一圈，以熟悉赛道和卡丁车的性能。

◎ 正式比赛为 3 圈，进行计时比赛。

◎ 最后一圈时需减速进入终点。

第四章　户外拓展场地活动精选

★ 程序

1. 宣读活动规则；
2. 人员着装，检查设备是否正常；
3. 人员就位，准备比赛；
4. 比赛开始，计时同步开始；
5. 活动结束，以时间先后决出优胜者；
6. 回顾总结。

★ 技巧

◎ 上车时驾车者站立在赛车的右侧，右手握住方向盘，左手抓住座椅靠背（请勿扶靠发动机），左脚伸到座位左前部的空当处。左脚放到刹车踏板处，右脚放到加速踏板处，然后坐到座椅上。

◎ 下车时两手撑住赛车两边（请勿扶靠发动机），抬起臀部，双脚从踏板处向后收至座椅上，然后站立身体，左脚跨出座椅，最后右脚也跨出座椅。

◎ 无论出现任何情况，不要擅自离开赛车，进入赛道。

◎ 行驶过程中，如你的车在赛道内熄火或停止不能动时，要高举右手，等待救援。

★ 卡丁车比赛中的信号

◎ 国旗（依习惯各国都使用自己国家的国旗）：开始计时练习的信号，但不是发车信号。

◎ 红绿灯：比赛发车信号。

◎ 绿旗加黄色人字标志：抢发车。

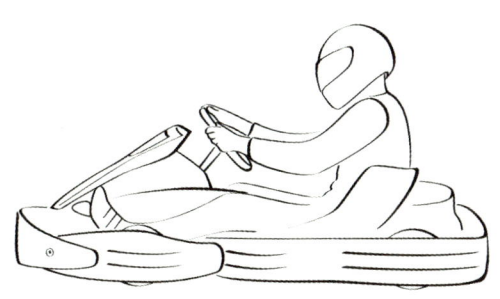

◎ 蓝旗：向正在行驶的只剩一圈的车手亮蓝旗。

◎ 蓝旗静止不动：保持原行驶路线。

◎ 挥动蓝旗：有一名或数名赛手要超车，放他们过去。

◎ 黄旗：有危险，减速，禁止超车。

◎ 黄旗中有黄圆形（附车手号码）：技术故障停车，车手排除故障后可以继续比赛。

◎ 白旗：在路线上缓行。

◎ 黄旗带红色条纹：路面有附着物质即有油、水或其他液体，提醒车手可能要通过一段较光滑的路面。在这种情况下展示此旗，裁判应一手指天。这面旗一直展示4圈或直至路面恢复正常为止。

◎ 绿旗：路面无故障。如必要，绿旗也可以用作卡丁车热车圈的发车号旗、练习的发车信号。这由赛事主管决定。

◎ 带黑白三角的旗（附车手号码）：因车手违反体育道德，在将车手开除比赛之前对此车手给予警告。

◎ 黑旗（附车手号码）：车手必须立即回修车场并向赛事主管报到。赛事主管可以让其重新参加比赛，也可以不让其重新参加比赛。

◎ 红旗（只有赛事主管有权使用）：结束，全部车手停止比赛。

◎ 蓝旗两色斜角旗（附车手号码）：向快结束或已结束的车手展示。车手必须停止比赛，离开比赛线路并直接返回封闭停车场。这面旗只有在比赛中有明文规定时方可使用。

◎ 黑白棋盘格旗：比赛终止。

★ 分享

◎ 你认为自己能够操作自如吗？

◎ 你认为活动过程中最大的困难是什么？为什么？

◎ 这项活动与实际生活有什么相似之处？从中可以得到什么启示？

连体足球

★ 基本概述

形式：团队挑战项目

第四章 户外拓展场地活动精选

时间：45 分钟

人数：不限

工具：绳子若干、足球、小型足球门、哨子

★目的

活跃气氛，协调团队内部的人际关系，让学员在轻松活跃的气氛中熟悉起来。

★规则

◎ 学员分为人数相等的两大组进行比赛，小组中两人为一对搭档。

◎ 活动过程中，各组的守门员为两名，两名守门员的腰必须用绳子捆绑起来。

◎ 各小组两名搭档的双脚必须用绳索捆绑住脚踝，两人用三条腿进行活动。

◎ 活动依照基本的足球规则：比赛分为上下半场，各 15 分钟。半场结束后交换场地，将球踢进对方球门者得分，得分多的小组胜出。

★程序

1. 宣读活动规则；
2. 人员分成两组，遵循平等的原则；
3. 各小组进行人员分工，选出守门员、前锋等；
4. 两个小组按照规则用绳索捆绑住脚踝或是腰部；
5. 足球比赛开始；
6. 活动过程中，裁判开始计分。

★技巧

◎ 给出一定的时间（2 分钟左右）让学员适应连体行动。

◎ 可以让弃权的学员做裁判员或是计分员。

◎ 活动变通的方法是让 3 人捆绑住脚踝行动。

★分享

◎ 两人一起行动与个人行动相比有什么大的区别？产生这种区别的原因是什么？

◎ 如何与搭档相互协调进行活动？

◎ 采用什么方法可以让团队进行更有效的运作？

高空单杠（高空跳）

★ 基本概述

形式：个人挑战项目

时间：不限

人数：不限

工具：跳台（8米高）、动力绳、安全带、锁扣等

★ 目的

突破个人的心理障碍，提高个人的心理承受能力，增强个人的自信心和勇气。

★ 规则

◎ 空中作业，以抓到半空中的单杠为完成标准。

◎ 不允许借用任何私人携带的工具。

◎ 不允许借用安全设备中的动力绳或安全带等。

★ 程序

1.宣读活动规则；

2.配发装备并检查装备能否正常使用；

3.开始活动；

4.点评个人表现；

5.活动结束；

6.回顾总结。

★ 技巧

- 活动前,给学员进行心理激励。
- 引导学员互相支持,互相鼓励。
- 允许有心理障碍的学员多次尝试,但注意不要耽误整场活动的进程。

★ 安全监控

- 队员往上爬时,教练在其下面保护。
- 不允许抓保护器械。
- 要有足够的人保护参与者的安全。
- 注意绳子是否平直,距离是否太远,手的距离等。
- 是否全神贯注。
- 队员在攀爬时,绳子要收紧。

★ 分享

- 如何从根本上克服自己的心理障碍?
- 阻碍自己的真正原因是什么?
- 这项活动的现实意义是什么?

★ 点评

- 体现个人无畏的勇气。
- 敢于挑战与超越自我。
- 无论成功与否,过程是一种难得的体验与享受。
- 团队的鼓励与配合,亦是队员成功的重要因素。

穿越曲径

★ 基本概述

形式:团队挑战项目

时间：1小时

人数：16人以上

工具：木杆3根（直径5～7.5厘米，其中2根长约4米，另一根长2米）、绳子3根（长1米）、绳子6根（长6米）

★ 目的

增强团队的凝聚力，提高团队的协作能力。

★ 规则

◎ 活动任务是利用现有的工具搭建一个A字形框架，并将它竖立起来。让小组中的一名学员站立到横梁上，其余的学员不允许接触框架，且要距离框架3米以外，利用6根绳子将框架移动30米。

◎ 以每组人员完成任务的时间作为评判标准。

★ 程序

1. 宣读活动规则；
2. 人员分组，每组8人；
3. 配发工具，开始第一小组的活动；
4. 第一轮活动结束，开始下面几轮的活动；
5. 活动结束，评出优胜小组；
6. 回顾总结。

★ 技巧

◎ 为了清晰地辨别出框架的移动方向，可以在框架顶端系一条彩色的飘带。

◎ 基于安全上的考虑，扎制框架的木料必须边缘圆滑且足够承受一个成人的重量。

★ 分享

◎ 你认为这个活动难在哪？

◎ 每名学员处于不同的角色中，各有什么感受？

◎ 在活动过程中，团队是否展现出了力量？主要表现在哪些方面？

◎ 这项活动与现实生活有哪些相似之处？

第四章 户外拓展场地活动精选

盲人足球赛

★ 基本概述

形式：团队挑战项目

时间：1小时

人数：不限

工具：眼罩若干（两种颜色）、足球2个（含气量不足）、哨子1个、球门2个

★ 目的

增进团队内部信任，促进沟通与交流，培养团队的合作精神，提高团队的整体运作能力。

★ 规则

◎ 学员分成两组进行对抗赛，每组人数必须为偶数，每组各一个足球。

◎ 每组人员实行两人搭档合作制，其中一名必须戴上眼罩，在搭档的指挥下开始活动，负责指挥的学员不允许触碰自己的搭档，只能通过语言下达指令。

◎ 戴上眼罩的学员必须保持类似汽车保险杠的姿势：双肘弯曲，手掌向外，手的高度与脸平齐。

◎ 每场比赛时间为10分钟，两场比赛之间有3分钟休息时间，双方交换场地后开始比赛。

◎ 两个小组用掷硬币的方法选择场地，场地定好后，将两个球放于场地中间，裁判吹哨之后，比赛正式开始。

◎ 比赛没有守门员，每一组将球踢进对方球门一次得1分；任何一组进球之后，要把足球拿回到场地中间，重新开始比赛；不允许将球踢向空中，如果有学员踢了高球，比赛暂停，并将该学员罚下场；如果足球被踢出边界，由裁判将足球拿回球场，除此之外，没有任何关于出界球的处理规则。

★ 程序

1. 宣读活动规则；

2. 人员分组，依照偶数平均原则；

3. 两组队员一同开始选择搭档，其中一人用眼罩蒙住眼睛，保持规定姿势；

4. 双方队员就位；

5. 裁判将球置于场地中间，吹哨，比赛开始；

6. 第一场比赛结束，开始休息，然后继续下面的比赛；

7. 活动全部结束；

8. 统计两组的得分，评出优胜小组；

9. 活动结束，回顾总结。

★技巧

◎ 戴上眼罩的学员保持汽车保险杠的姿势有利于避免对上半身的伤害。

◎ 可以从学员中挑选3个人担任监护员，负责参赛学员的安全并兼任边线裁判。

◎ 两组人员选择不同颜色的眼罩以示区别。

◎ 可以让搭档之间交换角色进行比赛。

★分享

◎ 戴上眼罩的学员有什么感觉？

◎ 搭档之间采用什么方式才能进行有效的沟通？

◎ 指引者主要利用了哪些语言对搭档进行指引？是否有效？

◎ 这个活动对我们的实际工作有什么启发？

排爆英雄

★基本概述

形式：团队挑战项目

时间：40分钟

人数：16人以上

工具：架子1个、轮胎5个、木棍1根、盒子1个（重15公斤）

第四章　户外拓展场地活动精选

★目的

考验团队的凝聚力与学员个人的意志,有助于增强团队凝聚力,提高个人的承受能力,改善团队内部的沟通,加强团队的计划、控制能力。

★规则

◎ 在规定时间内,将盒子运送到指定地点,要求必须从架子(架子上挂有5个轮胎)上通过。

◎ 活动过程中,小组成员不允许通过语言进行沟通,否则须重新回到起点开始活动。

◎ 学员只能利用悬挂轮胎的绳子、木棍过木架,不得使用其他的工具,否则视为犯规。重新开始活动,使用棍子的时候,一旦木棍落地,就不能再捡起来使用。

◎ 活动过程中,假设盒子为炸弹,盒子一旦落地,就意味着爆炸,小组活动宣告失败。

◎ 小组成员在穿过架子时不小心落地,必须回到起点重新开始。

◎ 以小组完成任务的时间作为评比标准。

★程序

1. 宣读活动规则;
2. 人员分组,每组8人;
3. 开始活动,第一轮活动就绪,开始计时;
4. 第一轮活动结束,开始第二轮活动;
5. 活动结束,评出优胜小组;
6. 回顾总结。

★技巧

◎ 选出几名监护者保护小组成员,以免他们跌落受伤。

◎ 选择较为松软的草地作为活动场地,或是在地面上铺一层地毯。

◎ 可以给予各小组2分钟的准备时间,供他们协商活动细节。

★分享

◎ 活动过程中出现了什么问题?导致问题出现的因素是什么?

◎ 除语言沟通方式外，小组成员采用了哪些沟通方式？
◎ 完成任务之后，有什么感触？如何才能更快地完成任务？
◎ 这项活动能够带来什么实际意义？

奋勇向前

★ 基本概述

形式：团队挑战项目

时间：30分钟

人数：16人左右

工具：木砖8块

★ 目的

评估学员的性格特征，强化团队内部的合作精神，提升团队解决问题的综合能力。

★ 规则

◎ 学员必须利用木砖到达30米外的终点。在活动过程中，学员要全程踩在木砖上，身体的任何一个部位都不可以碰到地面，否则须重新开始。

◎ 在行走过程中闲置的木砖将被没收。

◎ 以每组成员到达终点的时间作为评判标准。

★ 程序

1. 宣读活动规则；
2. 人员分组，每组8人；
3. 第一组学员就位；
4. 活动开始，计时开始；
5. 第一组活动结束，开始第二组活动并计时；
6. 活动结束；
7. 回顾总结。

★ 技巧

◎ 可以增加工具数量让两个小组同时参加比赛,增加竞争的气氛。
◎ 准备好备用的外伤药品,以预防学员的手、脚被木砖夹伤。

★ 分享

◎ 你认为活动最大的难点是什么?
◎ 你认为活动前是否需要计划与统筹?
◎ 作为一项团队活动,这个活动体现了团队协作的哪些因素?
◎ 这个活动具有什么实际意义?

艰难使命

★ 基本概述

形式:团队挑战项目

时间:1 小时

人数:21 人

工具:绳子1根(直径为12毫米,长10米)、笤帚把(2.4米,可用树枝代替)、竿子(2.4米,直径为5厘米)、硬木板1块(20厘米×5厘米×4米)、水桶1个(内装半桶水)。

★ 目的

培养团队内部的合作精神,提升团队计划、统筹、控制的能力,增强个人的自信心与勇气。

★ 规则

◎ 各小组的任务为利用手中的工具在不接触地面的前提下,拿到陡坡下的水桶。
◎ 一旦水桶中的水溢出来,活动将重新开始。
◎ 学员不可以离开陡坡进行活动,否则活动重新开始。
◎ 不允许学员爬下陡坡拿起水桶,否则活动重新开始。
◎ 不允许利用规定工具之外的任何物件,否则活动重新开始。

◎ 以各组完成任务的时间作为评判标准。

★ **程序**

1. 宣读活动规则；
2. 人员分组，每组 7 人；
3. 小组轮流开始活动；
4. 活动结束；
5. 评出优胜小组；
6. 回顾总结。

★ **技巧**

◎ 每组选出一名学员作为小组活动的监护员，监护员必须观察活动的进行情况，同时保证队友的安全。

◎ 陡坡与水桶的距离不宜过远。

◎ 活动前，教练需检查一下木板可承受的重量，以免学员摔落陡坡受伤。

◎ 活动前，教练需检查绳子的长度及可承受的重量。

★ **分享**

◎ 你认为活动最大的难点是什么？

◎ 你认为除了活动中采用的方法以外，还能如何利用手中的工具更快地完成任务？

◎ 作为一项团队活动，这个活动体现了团队协作的哪些因素？

◎ 你认为你的建议有效吗？

◎ 这个活动有什么现实意义？

技术标兵

★ **基本概述**

形式：团队挑战项目

时间：90 分钟

第四章 户外拓展场地活动精选

人数：20人以上

工具：每组鸡蛋1个、气球2个、剪刀1把、尺子1把、卡片4张、松紧带4根、吸管10根、塑料杯2个、报纸6张、别针6个、胶带1卷、绳子1根（长1米）

★ 目的

引导学员就团队建设、客户服务、管理模式等问题展开讨论，有助于鼓舞团队士气，增强学员对团队的信心，发扬团队协作的精神。

★ 规则

◎ 各小组的任务为：利用手中的工具制造一个可以使鸡蛋避免破坏的"反手榴弹"。

◎ 以"反手榴弹"投掷6米以上，鸡蛋不破裂为测试标准，只允许原地投掷。

◎ 每组活动的时间为45分钟。

◎ 任何破损的部件都不可以再更换，必须提前检测自己的"反手榴弹"质量。

◎ 通过测试的小组将获得"技术标兵"称号。

★ 程序

1. 宣读活动规则；
2. 人员分组，每组7人；
3. 分发道具；
4. 活动开始；
5. 评出优胜小组；
6. 活动结束；
7. 回顾总结。

★ 技巧

◎ 单独准备一个测试场地，画好6米的标志线。

◎ 不能往高处投掷，但是也不能让反手榴弹从地面上滚过去。

★ 分享

◎ 你认为活动最大的难点是什么？

◎ 你认为通过检测意味着什么？（从深层次上分析）

◎ 哪些因素有利于产品设计？

◎ 你认为队友的创意有效吗？你怎样看待你自己的创意？
◎ 这个活动有什么现实意义？

胜利墙

★ 基本概述

形式：团队挑战项目

时间：45 分钟

人数：25 人左右

工具：高墙 1 面（高 3.8～4.2 米）、厚棉垫 1 块

★ 目的

发掘学员潜能，增强团队内部合作精神，提高团队的凝聚力，提高团队整体运作能力。

★ 规则

◎ 学员的任务为不借用任何工具攀爬上高墙的顶端。

◎ 高墙顶端只能停留 6 人，已完成的学员按"先上先下"的顺序从高墙后的楼梯返回地面，为其余的学员做保护工作。

◎ 所有学员必须将身上携带的硬物取下来，以免受伤。

★ 程序

1. 宣读活动规则；
2. 活动开始；
3. 所有学员攀爬上高墙，活动结束；
4. 回顾总结。

★ 技巧

◎ 学员攀爬高墙时采用下面的姿势：放松四肢，身体靠向墙面，依靠下面的队友推或托以及上面的队友提或拉爬上高墙。

◎ 为安全起见，要将厚棉垫铺在高墙下。
◎ 未攀爬上高墙的学员围在高墙旁，举起双手为队友做保护工作。
◎ 已攀上高墙的学员以"互扣手腕"的方式提拉正在攀墙的队友，以免脱手或受伤。
◎ 可以给学员限定任务完成的时间，以促进学员的积极行动。

★ 安全监控

◎ 摘掉眼镜、首饰等。
◎ 禁止学员倒挂。
◎ 时时提醒学员注意安全。

★ 分享

◎ 你认为这项活动有难度吗？难在哪里？
◎ 你在整场活动中有什么感触？
◎ 你认为是什么促使你有勇气攀爬这面高墙？
◎ 这项活动能够给我们带来什么启示？

★ 点评

◎ 在特定的时间内，一个大团队要完成一项难度较大的大型工作，必须有团队成员间的紧密配合、沟通与协调。
◎ 选出核心领导，找出合理的方法与技巧，保持工作的效率与连贯性，感受团队的凝聚力与归属感，最终赢得胜利。

迷　宫

★ 基本概述

形式：团队挑战项目

时间：30 分钟

人数：16 人以上

工具：迷宫地图、绳子若干、贴纸若干、胶带纸若干

★ 目的

增进个人的决策力、领导能力，增强个人的勇气与自信心，提高团队整体行动的能力，培养团队内部的合作精神。

★ 规则

◎ 用绳子在地面上摆成一个迷宫活动过程中，学员之间不允许用语言进行沟通，否则要回到起点重新开始，但不会重新开始计时。

◎ 学员不可以私自在迷宫任何地方做标记。

◎ 在迷宫中，学员只能按照方格的前后左右走，不能走斜线。

◎ 一旦学员踏入迷宫中的陷阱，必须回到起点重新开始。

◎ 学员在迷宫中行走时，必须双脚同时踩入一个方格内，每次只能走一格，每格只能站一名学员。

◎ 未通过迷宫之前，任何学员都不允许查看迷宫地图。

◎ 以通过迷宫的时间作为活动的评判标准。

★ 程序

1. 宣读活动规则；
2. 人员分组，每组8人；
3. 第一小组开始活动，计时开始；
4. 第一轮活动结束，下面的小组开始活动；
5. 活动结束，评出优胜小组；
6. 回顾总结。

★ 技巧

◎ 在禁止语言沟通的前提下，可以采用大量的肢体语言进行沟通。要求动作简单，表达的意思明确。

◎ 可以让不同的小组采用不同的迷宫地图。

★ 分享

◎ 你认为活动最大的难点是什么？

◎ 哪些因素有利于推进活动的进程？

◎ 你认为你与队友之间的沟通有效吗？有没有更为有效的沟通方式？

- ◎ 踏入陷阱时，你有什么感想？
- ◎ 这个活动有什么现实意义？这个活动与现实生活有什么相似之处？

走钢索

★ **基本概述**

形式：团队挑战项目

时间：40分钟

人数：20人以上

工具：钢索1根（长2米）、棍子若干

★ **目的**

培养团队内部的合作精神，提升团队解决问题的能力，促使个人尽快融入团队。

★ **规则**

- ◎ 学员的任务为走过事前设置好的钢索。
- ◎ 小组所有成员都走过钢索才算完成任务。
- ◎ 活动过程中，如果有学员掉到地上，该学员必须从头开始。
- ◎ 活动过程中不允许使用除棍子之外的支撑物及其他工具。
- ◎ 每组学员都拥有两次休息的机会，每次时间控制在2分钟内。
- ◎ 以小组完成任务的时间作为评判标准。

★ **程序**

1. 宣读活动规则；
2. 人员分组，每组8人；
3. 开始活动，计时开始；
4. 活动结束；
5. 综合成绩，决出优胜小组；
6. 回顾总结。

★ 技巧

◎ 活动场地选择较为松软的草地，以避免学员受伤。

◎ 可以从每小组抽取两名学员作为监督人员，保障其他学员的安全。

◎ 活动开始前，教练需确定搭建的钢索是否牢固并且能否承受一定的重量。

◎ 活动前教练要指导学员进行热身活动，同时进行心理鼓励。

★ 分享

◎ 你认为走钢索与现实生活相比有哪些相似之处？

◎ 你认为这项活动容易吗？小组成员都采用了哪些方法完成任务？

◎ 这项活动对实际生活有什么启示？

罗马炮架

★ 基本概述

形式：团队挑战项目

时间：30分钟

人数：12人左右

工具：长竹竿8根（长1.5米）、长绳子8条（长1米）、有柄塑料篮子1个、空水瓶3个、气球10个

★ 目的

提高学员的个人思维能力及动手能力，增强团队内部的协作能力和合作精神。

★ 规则

◎ 学员的任务是首先利用3个空水瓶到指定地点打水，制作8个气球水弹。

◎ 学员需要用竹竿、绳子和有柄塑料篮制作一个简易的炮架，将制好的8个气球水弹发射出去。

◎ 将所有制好的炮架拆回原样，并送回到指定地点。

第四章 户外拓展场地活动精选

★程序

1. 宣读活动规则；
2. 检查工具是否齐全；
3. 活动开始；
4. 活动结束；
5. 回顾总结。

★技巧

◎ 发射水弹时，所有人员不得站在炮架的后方，如果人员的位置在侧面，应该与炮架保持至少两米的距离。

◎ 快速完成任务的方法是人员的合理分工与活动前充分进行计划、预想。

★分享

◎ 小组内部是如何分工的？这种分工合理吗？
◎ 有什么方法可以更好地完成任务？
◎ 团队内部的凝聚力如何？是否具有合作精神？
◎ 这个活动有什么现实意义？

泰山绳

★基本概述

形式：个人挑战项目

时间：30分钟

人数：20人以上

工具：粗绳2根（10米、50米各一条，直径为10毫米）、软垫4张、轮胎3个（2大1小）、水桶2个、木条2块、秒表2个、手套若干双

★目的

提升团队解决问题的综合能力，促进学员的沟通能力、目标管理能力，增强团队的凝聚力。

★ 规则

◎ 学员利用吊在 4 米高空的一根粗绳从地面的一端到达终点设置好的轮胎上。

◎ 学员在活动过程中必须携带一只装满水的水桶，活动过程中不能让水溢出，否则要回到起点重新开始。

◎ 活动过程中，不允许身体的任何部位接触到地面，到达终点时，也必须站在终点处的轮胎上。

◎ 以小组完成任务的总时间作为评判标准。

★ 程序

1. 宣读活动规则；
2. 人员分组，每组 10 人；
3. 第一组开始活动，计时开始；
4. 第一组活动结束，第二组开始活动；
5. 活动结束，评出优胜小组；
6. 回顾总结。

★ 技巧

◎ 将软垫铺在地上，以保障学员安全。

◎ 为避免手被绳索磨伤，活动前请准备好手套。

★ 分享

◎ 你认为活动最大的难点是什么？

◎ 你认为采用哪些方法有利于更快更好地完成任务？

◎ 小组成员在队友遭遇困难时做了哪些工作？

◎ 这个活动有什么现实意义？对自己有什么启示？

附 录 一

户外拓展活动
专业术语汇总

户外常用装备汇总

参加各种探险及户外活动的装备主要有：帐篷、背包、睡袋、防潮垫或气垫、登山绳、岩石锥、岩石钉、安全带、上升器、下降器、绳套、吊带、大小铁锁、冰镐、岩石锤、小冰镐、冰锤、冰爪、雪套、雪杖、头盔、雪鞋、踏雪板、高山眼镜、羽绒衣裤、防风雨衣裤、毛衣裤、手套、高山靴、袜子、防寒帽、冰锥、雪锥、炊具、炉具、多功能水壶、吸管或净水杯、指北针、望远镜、等高线地图或其他资料、防水灯具、各种刀具等。

◎ 帐篷：登山应用高山帐篷，通风、保暖、透气且非常结实，能防12级大风，一般的旅游帐篷不适用于高山地区。

◎ 背包：登山最好使用带金属架的登山背包。

◎ 睡袋：普通气候条件可以用杜邦棉或其他棉的睡袋，在高山或高寒地区以高质量的羽绒制成的睡袋为佳，一般1.5～2公斤的填充绒量即可。

◎ 防潮垫或气垫：防潮睡垫或充气睡垫，用于隔离地面潮气，保持体温及睡眠质量。

◎ 登山绳：主绳直径9～11毫米，长度在45米以上，常用长度为45米、50米、60米。承受力在1500公斤以上。辅助绳直径6～8毫米，承受力在800公斤左右。登山绳一般为尼龙制，外有尼龙衣，有一定的弹性。在攀岩过程中，绳两端分别与保护者和攀岩者相连。攀冰、登雪山时最好使用不吸水的干绳。

◎ 岩石锥：打入岩石缝中，用于悬挂绳索，起保护作用。

◎ 岩石钉：先用手钻在岩石上打洞，再将岩石钉放入、拧紧，用于悬挂绳索，起保护作用。

◎ 安全带：用于攀岩、下降、攀冰、登山、探洞、爬绳、过草绳桥。由双腿带和腰带组合而成。

◎ 上升器：于陡峭地形上升或保护时，和安全带、主绳配合使用。

◎ 下降器：利用主绳下降时使用，铝合金、钢制。常用的有8字形、桶形、

附录一　户外拓展活动专业术语汇总

日字形。
- ◎ 绳套、吊带：常在设保护点时使用。
- ◎ 铁锁：现代登山所用铁锁多为铝合金制成，承受冲击力在2000公斤以上。在攀岩、攀冰、登山及其他冒险中用途广泛。
- ◎ 冰镐：是登冰雪坡地的重要工具之一，也可用于自我保护。
- ◎ 小冰镐：指长度不超过55厘米的冰镐，多为钢制，主要用于攀冰。
- ◎ 冰锤：是固定冰锥、雪锥时的工具，近几年已很少使用。
- ◎ 冰爪：通过坚硬冰雪地形时捆扎在高山靴上的防滑器械，底面和前面有突出的尖齿，可在冰面上扎牢，起到防滑和攀岩作用。
- ◎ 雪套：目的是防止风雪灌入高山靴内。
- ◎ 雪杖：在较缓的地形中代替长冰镐，兼探裂缝之用。
- ◎ 头盔：防止雪块、冰块、石块等飞落而造成意外。
- ◎ 雪鞋：积雪特别厚时，具有防止深陷的作用。
- ◎ 高山眼镜：防止冰雪地区的强紫外线照射，防风，避免雪盲。
- ◎ 羽绒衣裤：高山高寒地区登山最有效的防寒衣物。
- ◎ 防风雨衣裤：在风雪天气里用来抵挡风雨雪的袭击。
- ◎ 毛衣裤：没必要穿羽绒服时，可用它来防寒。
- ◎ 手套：羽绒手套、毛手套、普通手套在冰雪作业时都应准备。
- ◎ 高山靴：为内外双层靴，内靴为保温防寒，外靴质硬、防水、防风。
- ◎ 袜子：毛袜是必备的防寒物品，手、脚是在高寒地区最易冻伤的部位，因此手套和袜子必须多携带一些备用。
- ◎ 防寒帽：头部保暖之用，最好无帽檐。
- ◎ 冰锥：用于冰上的固定点，现一般使用合金的螺旋式。
- ◎ 雪锥：雪地上固定保护点的器械，根据积雪的深浅和硬度使用不同长短、不同形状的雪锥，多为铝制。
- ◎ 炊具：便携式套锅、套碗等，高山、高寒地区最好用吊式的。
- ◎ 炉具：便携式的汽油炉、煤气炉。在高山、高寒区用Gas炉为首选，丁烷气炉也不错。
- ◎ 多功能水壶：组合式，可以当作简单炊餐具使用。
- ◎ 吸管或净水杯：在野外生存中的重要工具，用于净化水。
- ◎ 指北针：用于辨别方向。
- ◎ 手钻：在岩石上打洞，以便放置涨岩钉。

◎ 滑轮：在长时间、长距离的攀登中，用主绳通过滑轮将过多过重的装备拉上去。在过悬空处，利用主绳桥，将滑轮放置在主绳上，利用铁锁与自身的安全带结合滑向目的地。

◎ 软梯：在协助攀岩中常用，为便于攀岩者爬到一定高度安放或作为保护工具。

◎ 金属梯：在协助攀冰、登雪中常用，为爬到一定高度安放的保护装备或利用它上攀。

◎ 确保带：在攀登中需要休息或做其他事时，将其放在保护点上，起自我保护作用。

◎ 夜壶：夜间便溺用的器皿，攀登高海拔雪山时非常实用。

◎ 攀岩鞋：一种紧裹脚面的鞋，鞋底及鞋帮下半部分由防滑性极好的橡胶制成。

◎ 雪铲：有铝合金、塑料两种，主要用于雪山营地整理和挖雪洞用。

◎ 挂环：钢制，用螺母将其与岩钉拧在一起，用来挂绳、锁，起保护作用。

◎ 雪锯：用于锯雪块，做雪墙用。

水球专业术语汇总

水球运动

水上运动项目之一。在水中进行的一种球类运动，与游泳、跳水及花样游泳同被列为世界游泳锦标赛的4大项目。比赛分两队在专用的水球场进行。每队场上有

7名队员，分别担任前锋、后卫及守门员，另有替补队员6名。比赛时一队戴蓝帽子，一队戴白帽子，双方守门员则分别戴边镶有与本队同颜色的红色帽子。运动员应具有良好的游泳技术和起游、传接球、射门等水球技术，还应具有良好的身体素质和意志品质。每场比赛分4节进行，每节7分钟，每两节之间休息两分钟并交换场地。把球射入对方球门得1分，得分多者胜。比赛时，除守门员外，任何球员均不得用双手触球，也不能把球按入水中。当进攻一方球员控球在手时，防守一方为了抢球，可以将其按压入水。如持球者松开球而守方继续做按压动作，即被视为犯规。水球比赛犯规分一般犯规和严重犯规。一般犯规由对方在犯规处发间接任意球，严重犯规则将被判罚离场35秒或由对方发4米直接任意球。动作野蛮者，可取消比赛资格。

2-2-2阵式

也称"二前锋二中卫二后卫制"，水球运动阵形之一。比赛中，场上除守门员外，形成二前锋、二中卫、二后卫的布局。中卫对组织和配合全队的攻防具有中坚作用。进攻时，中卫助攻，形成4个前锋；防守时，中卫退守，形成4个后卫。这种阵式人员分布均衡，攻防兼顾，机动性大，便于进行各种战术配合，及时组织进攻和防守，以增强进攻能力或防守能力。在比赛时，中场队员接到后卫传来的球，再传给2米前后的前锋，前锋可射门，也可向边上拉开，待中场队员突破后，立即传给同伴，使之接球射门。

3-3阵式

也称"三前锋三后卫制"，水球运动阵形之一。比赛时场上除守门员外，前、后场各形成两个三角形阵式，可分为两种攻守形式：前锋、后卫都形成前三角时，有利于防守；形成后三角时，有利于进攻。当对方防守较弱，可采用后三角阵式。当对方防守能力较强时，可采用前三角阵式，用这种阵式要求前锋灵活地利用外拉内进的位置变化，打乱对方的防守，然后伺机进攻。采用后三角阵式时，要求后卫速度快，战术意识强，前锋灵活，技术全面；同时要加强中卫活动，控制中场，防止前锋与后卫脱节。

4-2进攻

水球阵形之一。指进攻中摆出4名前锋、2名后卫的布局，目的是在得分区充分利用进攻潜力。要求前锋在连续进攻中控制住球，并不断寻找射门机会，使防守者始终处于紧张状态。这种阵式还用于控制拖延战术。4名前锋在紧逼防守下不断游动，自如地控球，以避免在门前被逼死或回缩夹抢造成的失误。这种阵式适合于无突出的高大中锋，而队员有较好的体力和较强控球能力的球队。

干传

也称"不落水传球"。水球传球方法的一种，指将球直接传入接球者手中。球传出后，接球者不等球落水时就将球接住。随后即可进行传球或射门。可使接球者省略从水中重新起球的时间。

上抛起球

以一手伸向水中球的底部，利用指尖将球挑起，高于水面不到1米，再用另一只手将球接住，随后将球传出或射门。

反击

水球进攻战术之一。防守队员抓住进攻一方对球处理的失误，由防守转为进攻。当防守者判断进攻一方传球或射门可能失误时，立即转守为攻，快速向对方球门游动。这种进攻如果是由部分队员参加的称为"局部反击"；由全部上场队员参加的，称为"全面反击"。以后者居多。由于进攻突然、快速，往往能形成场上暂时性以多打少的局面。

反手传球

水球传球技术之一。指利用反手将球侧向或背向传出。比赛时，背向或侧向传球目标，使掌心朝传球方向，利用大臂带动小臂，或用小臂和手腕的力量将球传出。

反手向后射门

水球射门动作之一。有原地反手向后射门、运球反手向后射门、空中接球反手射门等技术。利用身体急速向后转动，带动手臂挥摆，手腕用力把球射出。这种射门动作急促、突然，难以防守。射门时，球员要准确判断球门的方位，用手腕控球的同时，两腿用力蹬水使身体升高。

反弹射门

水球射门动作之一。射门时，采用大力射门的方法让球与水面接触后再弹入球门。这种射门，一般在靠近球门时采用，由于动作快速有力，球触水后又突然改变方向，使守门员难以防守。

水下起球

水球基本技术之一，一种隐蔽的举球方式。起球时五指自然分开，掌心朝上，伸向球的底部中点，以五指稍用力抓住球。小臂内旋，屈臂将球举起，控制在稍高于耳部的投掷位置上，以便传球或射门。

勾手射门

水球射门动作之一。分正面勾手射门和横勾手射门两种。右手向后或向侧伸出，将球托起，以左手压水，两腿剪水，抬高上身，右臂自然伸直稍弧形摆动，利用手腕和手指的力量将球射出。

区域防守

水球运动战术之一，也称联防。指在球门前一带易被对方射门得分的险区，每个防守队员负责一个小区域，组成一个有效的集体防守阵式，彼此呼应，互相支援。其站位方式有半月形、梅花形、三三形等。多在队员体力和速度较差或以少防多时采用。

双中锋进攻

水球进攻战术之一。指利用两名攻击能力强的高大中锋，固定站位于对方球门前进行强攻。两名队员各位于两球门柱前的2米线上，相隔约3米，一旦有一名进攻队员从中路切入突破射门，两名中锋之一拉开，另一名留在原来位置上，准备补射。

半场紧逼防守

水球运动战术之一。当对方得球开始进攻时，己方全体队员迅速退回到本方半场，然后再一起逼上去盯防住自己的对手，使其不能轻易传接球，破坏其进攻意图。这一战术适合在队员体力较差时运用。

切入

水球进攻技术之一。指进攻者利用假动作摆脱防守者。进攻者可先假装向左侧游进，突然用力做剪式夹水，转向右侧，也可立即改换泳姿，快速游进。待防守者转身追逐，为时已晚。切入时，手臂不能压在防守者的肩上，以免犯规。

占位

水球战术之一。指队员运用各种水下动作占据有利位置，如中锋进攻到对方门前，背向球门，位于对方后卫的前面，张开两臂把后卫挡在身后；而后卫为了有效防守，常趁中锋不注意时，抢占到中锋的侧面或前面。

回缩

水球防守战术之一。当后卫一个人的力量不能对付中锋时，离中锋最近的外围防守队员从自己的对手处退回，配合后卫，形成对中锋二夹一的防守。

扫射

水球射门动作之一，是背向球门射门的方法，在离球门2～4米处射门最好。准备射门时，要用持球一边的肩膀，对着前来阻拦的对方队员后卫，上身前倾，另一手在水中托住球，身体突然向上跃起，上身转动，以腰部发力，带动手臂横扫射门，用手腕控制好出球的方向。由于动作突然，手臂伸直、力度较大，故守门员较难有效阻拦。

吊射

水球射门动作之一。指进攻者用假动作吸引守门员，破坏其站位平衡，然后弧形掷球，使球越过对方守门员头顶上方入门，射门位置多在球门两侧。吊射的球速虽然较慢，但带有弧形，常使守门员扑救不及。球的弧度必须适中，要以守门员无法截接而又可落入球门为宜。

全场紧逼盯人

也称全场人盯人防守，水球运动战术之一。当一方进攻时，另一方场上每一队员各自主动盯住对方一名队员，紧逼防守，各尽其职，使对方难以施展技术，并迫使对方出现差错，是一种积极有效的防守战术。能有效对付任何进攻，打乱对方战术意图，造成进攻失误。这一战术要求队员具有良好的体力和速度。全体队员要密切配合，协同一致，避免出现漏洞。

传球

也称"掷球"，水球运动基本的动作之一，指用手指、手腕、手臂以及上身等动作来完成掷球的技术，是组织进攻的战术基础。其力量取决于蹬水、垫体及手、臂的力量。传球时，可利用腕、指的动作变化来控制球最后的出手方向。传球的方法很多，有直线传球、大抛物线传球、小弧形传球等。适用于短距离射门、传递、离吊和长传。可在原地、游动和跃起时进行，有正、侧、推、仰、转身等多种传球技术。

运球

水球基本动作之一。用两手交替划水游动，球位于头前借胸前激起的水浪拦住球前进。多用抬头爬泳，身体成反弓形，以便观察场上情况，伺机进行配合。主要用于持球队员突破防守后，快速将球运向球门。常与传球、射门动作连用。

交叉掩护

水球进攻战术之一。指几名进攻队员利用交叉游进，进行配合射门。射手必须准确地在配合队员脚后交叉而过，向右侧游过去。传球在场地的右侧，故适用于擅长左手射门的队员。

运球拨球射门

水球运动技术名词，射门动作之一。分正面和反面两种，在对方球门前3~4米横游时采用。借身体游动的向前速度，用左（右）手从水上前伸插到球的侧面，掌心贴球，小臂、手腕突然挥动，拨球射门。动作快速，不易防守，是常用的射门方法之一。

运球变向

水球基本技术之一。运球中需要改变方向时，按压起球，根据转体方向，将球移至前进的路线上。起球时，向自己的胸部收腿，同时，不持球的手向转身的方向用力拨水，转体结束后，用剪式夹腿起游，转入爬泳姿势，运球前进。

约旦攻击

水球进攻战术之一，是借鉴篮球比赛中利用对方罚球失误进行快攻的一种战术，因由约旦人首先采用，故名。当攻方罚4米直接任意球时，守方须有一名队员站在罚球手的边上，如果罚球手附近还有攻方队员，其内线位置也须有防守队员。等罚球出手，这两名防守队员须立即移位到对手和球门之间，防止球重新弹回攻方手中。

此时，守门员或守方任何一队员得到球，便立即将球传到前场，中场的队员及时在边线附近做钩形摆脱，接应后场传球，再将球传到门前的摆脱者。这一系列动作要尽可能快，使罚球一方防范不及。

抓球

水球运动中，把球由水下或水面抓起来的方法。五指张开，伸向球的顶部，利用五指直接将球从水中抓住举到头边，为传球或射门做好准备。这种抓球方法要求运动员手大指长。此外还有手自球下撩或挥的抓球法和使球滚动的抓球法。

仰卧传球

水球传球技术之一。采用转体方法，由背后俯卧转为仰卧，将球传出。传球前身体俯卧，将球控制在头上方，利用蹬剪腿动作向球游进，持球臂伸向球底，屈臂持球于投掷位置；同时，不持球一臂用力拨水，协助转体180°，呈面向投掷方向，两腿加强踢水，肩部露出水面，挥臂将球传出。常在对手从背后紧逼的情况下，为了看清传球目标时采用。

低头运球

水球运球技术之一。为加快运球速度，可采用低头快速游进，以头的顶部推动球前进。游进时，在水下睁眼，以便观察。这种运球方式，只能在摆脱了对手，距离对方球门还有一定距离又不需要传球时使用。

补位

水球防守战术之一。指防守队员放弃暂时无威胁的对手，帮助队友防守有威胁的对手。当进攻一方有人突破，并逼近球门时，防守人员根据场上情况，放弃原来所盯的、威胁较小的对手，及时去防守突破者，直至队友赶上该突破者，再重新去盯原来的对手。

挤位

水球个人战术之一。游进中，运用划水动作，挤迫对手向一侧游动。当对方的手入水时，自己靠近对方的一只手也立即入水，并向侧后方划水，从而使自己呈斜线游进，使对方被挤迫向边上的一侧游进。如果对方继续向前游进，手就会搁在自己的头或肩上，构成犯规。进攻者与防守者均可运用这种战术。

附录一 户外拓展活动专业术语汇总

拨球

水球基本动作之一。指运用小臂及手腕力量将球拨动传出，是一种近距离快速传球方式。分为原地拨球、游动拨球，又可分为正面拨球、反面拨球。运用手腕拨动来球，以迅速传球或射门。常用于受对方紧逼，无法举球传递时。

转身

水球专门游泳技术之一。在比赛中为摆脱对方，争取有利位置，或由进攻转入防守时经常运用转身技术。转身的幅度大小根据比赛的实际需要而定。有原地或游动中（向左或向右）的90°转身和180°转身。动作为：转身时两腿下压，抬高上身，用一手在水下推水，另一手从水上挥摆，运用腰部力量使上身扭向转动方向。90°转身用力小，180°转身用力大。可分正面转身和反身转身两种。正面转身为用同侧手臂向转身方向摆动；反身转身用另一侧手臂朝转身方向摆动。90°转身常用反身转身动作；180°转身两者均可。转身后，一臂前伸，一臂划水，两臂做有力的蹬剪动作并迅速转入爬泳打水动作。快速转身时会因惯性而失去稳定的支撑，因此要求动作敏捷灵活。

造运球

水球运球动作之一。当有很长距离的运球机会，没有对方抢夺时，可把球抛掷至前面适当远处，然后快速追赶上球，再伺机处理，这就是造运球。其优点是快而不容易失误。

肩上传球

水球传球动作之一。身体直立踩水，一手将球举在肩上耳旁，使不持球一侧的肩对着传球目标，借助腰腹力量做转体动作，以及利用大臂、小臂及手腕的力量将球掷出。这是水球比赛最常用的基本传球方式。

肩上射门

水球射门动作之一。身体直立踩水，右手把球举于肩上耳旁，不持球的一臂前伸拨水，以协助支撑身体，肩对着球门，两腿用力蹬水，使身体尽量抬高。同时，持球臂后拉，身体展开形成弓形，以腰部发力，带动肩、臂用力向前射门。这是比赛中最常见的一种射门方式。

定位中锋

水球运动战术之一，也称"死中锋""柱子中锋"。指利用攻击能力强的高大中锋，固定站于对方球门前进行强攻。该中锋的位置基本固定在对方球门前2米禁线前，以不越位为前提。在比赛时，他可接同伴传球直接强攻射门，如无射门机会可分球给两边切入队员射门，同时可牵制对方后卫，给对方球门造成威胁。要求中锋身材高大，技术熟练，攻击能力强。

定位6打5

水球进攻战术之一，指防守一方有队员被罚出场后，攻方在门前摆出的阵式。一般有三种站位方式。①四二站位：4名队员在2米线外错开站位，距门约6米处站2名队员，利用不断大幅度传球，调动防守队员和守门员移位，伺机由内线射门得分；②三三站位：内线、外线各站3名队员，一般外线队员射门机会较多；③四二转三三，或三三转四二：前两种站位的变化——四二站位的4名内线队员中任何一人随时都有可能外拉，成三三站位；或由三三站位向里游进，成四二站位。利用外拉或内进的位置变化，打乱对方的防守，然后伺机接球射门。

空中接球转身射门

水球射门动作之一，指跃起接住队友传来球，急速转身找空档射门。要利用转体力量带动摆臂接球，转身和射门动作要协调连贯，手腕动作要正对投射目标并充分利用手腕力量。

急停

指为配合战术需要，运用制动技术使身体由快速的游动状态转入停止状态。急停时，前伸入水的一臂改划水为掌心向前的推水动作，接着向后划水的一臂也改为掌心向前推水的动作。同时两腿收至腹前转入踩水动作，上身抬起，使身体直立，以身体停止向前滑行。急停技术常与转身、传球、接球、射门等技术结合使用。

突破

水球个人进攻技术之一，指进攻者把防守者甩在后面，使自己处于领先地位。

附录一　户外拓展活动专业术语汇总

当进攻者切入成功，或在反击过程中，反击者快速推进，暂时摆脱了防守者，均为突破。

封挡

水球防守技术之一，指防守者运用手臂封锁阻挡持球者的掷球。当一名右手持球的进攻者由背向控球的姿势变为仰卧姿势准备掷球时，防守者用右手抓住对方的右手腕，用手臂去挡进攻者的射门角度，这叫"抓手封挡"。当进攻队员准备射门时，防守者以一手按压对方的胸部，举起另一手臂去封射门角度，称为"按胸封挡"。

急停射门

水球射门技术之一，指进攻者高速切入至对方门前，急停跃起，接球射门。向上跃起射门前，必须将两腿迅速弯曲，收到身体下面，然后向下蹬出，以升高身体位置。不射门的一手不停压水，做支持动作，使上身尽可能地高出水面。这种射门快速有力，不易防守。要求进攻者传接之间配合要默契，射门者跃起接球时要尽可能高出水面。

挑传法

水球传球动作之一，指在游进中或在对方球门附近，当对方队员逼近时突然抓起或挑起球抛传出去。这是一种较快捷的传球方法。

推射

水球射门动作之一。用于球门附近，是短距离的射门技巧。其方法是在不中断游泳动作的情况下，将球运至门前5米左右，一手由水面抓起球后推射，或一手托于球下，掌心向上，另一手掌心向前，拇指朝下推射出去。推射时要两腿继续打水，使身体产生向前的冲力，手臂迅速伸直，将球推射出去。

推传球

水球传球动作之一。指传球者在不中断游泳动作的情况下，利用推的动作把球传向前方。游进中先把手张开罩着球顶，稍用力把球压入水中，当它跃出水面时，用手掌向前把球推传出去。也可把手张开罩着球顶，随后小臂、手腕内旋，将球挑起，拇指朝下，掌心向前，借助两腿打水的冲力，伸臂将球向前推传出去。

高举运球法

水球运球动作之一，指持球进攻队员进入对方防守区域，因对方出现漏洞没有被盯住时，把球举至头部上方，然后踩水前进，再伺机射门或传球。这样运球，有利于快速射门和快攻配合。

起游

水球运动专门游泳技术之一，指快速使身体由静止状态转入游动状态。起游前身体俯卧水面，抬头，两腿做蛙游收腿，两臂弯曲做划水准备。起游时，两腿做侧泳蹬剪动作，两臂爬式划水，接着两腿转入爬泳打腿。在比赛开始的抢中线球，或在急进、急退、摆脱对方紧逼时，快速的起游可取得主动权。

晃球射门

水球射门技术之一。进攻队员起球后，身体侧对着射门方向，运用剪式夹水前进。不持球手在水中划水，以帮助身体保持平衡，另一手持球并连续前后晃球，使守门员不知何时出手射门。晃球时，身体在水中位置要高，晃动频率要快，一旦发现守门员失去平衡，便出手射门。这种技术也可运用在接球射门之时。

换手射门

水球射门技术之一。指进攻者起手射门前，由右手倒换成左手或由左手倒换成右手进行射门。当射手欲用右手射门而被防守者挡住时，换右手为左手，转体射门。要求运动员左右手都能运用自如。

按球

水球运动技术名词，基本动作之一。指用单手、手指和手腕动作接住同伴尚未落至水面的空中来球。要求准确判断来球方向、速度、距离，并控制好球。

跃起

水球运动专门游泳技术，基本动作之一。指在原处或游进中，身体由俯卧姿势突然成直立姿势向上蹿起的技术。跃起时先抬头，使肩部露出水面，两臂弯曲横向拨水支撑身体，两腿做蛙式收缩，借助手臂向下压水和两腿向下用力蹬踩水动作，挺身，使上身跃出水面，随后转入踩水，一手掌心向下压水，一手接取高球，

附录一　户外拓展活动专业术语汇总

或传拨、拍击高球。守门员不仅要有熟练的向上跃起技术，还要掌握向两侧跃起的技能。

堵位

水球个人防守技术之一，指防守者运用身体阻挡进攻者切入的去路。当进攻者从防守者右侧切入时，防守者两手臂张开，两腿向左侧蹬水，使整个身体向右侧移动，从而挡住进攻者的切入路线。如进攻者突然转向左侧切入时，防守者应立即用左手向右划水，右手从左侧甩过去，同时整个身体跟上，臀部抬起，两腿准备蹬出，用身体堵住进攻者去路。

盒式进攻

水球进攻战术之一。进攻时4名进攻队员摆出二二站位的阵式，前后各站2名队员，其状如方盒。2名站位于后的队员在确认有得分的机会时，才切入至门前的进攻区。当其中一位队员切入时，其他队员必须回来占据他空出的位置。这种进攻阵式能给队员在一对一的情况下提供横切进攻的机会。

湿传

水球传球的一种，也称"落水传球"，指将球传入接球者保护区内水中。用途很广，当一名队员反击突破时，后场队员就往往利用湿传，将球传到他的前方。此外，在对方防守队员盯紧的情况下，也常采用这种方法。

游动进攻

水球进攻战术之一。进攻时采用队员在对方球门前轮流切入的办法，创造射门机会。4名进攻队员位于进攻前场，当一名队员切到门前准备向外游出来时，另一名队员又开始切入。4名前锋进攻队员依次轮番游动切入，始终保持对守方的压力。

顶球

水球技术之一。当持球者被两名以上防守者夹击时，为了避免失球，常把球挑起在空中，然后用指尖连续碰触球，直到将球传出或控制住。要求队员有很好的球感。

劈球

指队员利用划水后臂前移的动作，直臂向球劈去，将球击向自己能够控制到的一侧，然后再去拿球。通常在两名对手同时游进，又有同等获球机会时采用。它符合水球个人战术中的"先控制住球，然后再拿球"的原则。

登山专业词汇中英文对照

登山靴 Climbing boots

防寒运动靴 Snow training shoes

爬岩鞋 Climbing shoes

毛衬衫 Woolen shirt

登山裤 Climbing trousers

运动衣裤 Training wear

毛内衣裤 Woolen undershirts

毛袜 Woolen socks

毛手套 Woolen gloves

丝手套 Silk gloves

棉手套 Cotton gloves

毛衣 Sweater

风雨衣 Jaket（Windbreaker）

外裤 Over-trousers

外手套 Over-gloves

外鞋罩 Long spats

防寒帽 Bataclave

安全帽 Safety hat

太阳帽 Sun hat

太阳镜 Sunglasses

睡垫 Mattress

鸭绒睡垫 Down sleeping bag

鸭绒衣 Down jacket

附录一　户外拓展活动专业术语汇总

鸭绒裤 Down trousers

鸭绒背心 Down vest

鸭绒袜 Down tent shoes/slippers

睡袋套 Sleeping bag cover

整理袋 Stuff bag

冰爪 Grampons

冰爪带 Grampons strap

冰爪袋 Grampons case

外靴 Over-shoes

安全帽 Helmet

冰镐 Ice axe（Pickel）

安全带 Harness

铁锁 Carabiner with safety ring

小绳套 Sling

下降器 Eight rings

上升器 Jumat（Jumar clamp）

水壶 Thermos, Water bottle

头灯 Headlamp

指南针 Compass

刀子 Knife

餐具 Plate and bowl

匙子 Fork and spoon

缝纫工具箱 Sewing set

唇膏 Lip cream

尼龙绳 Nylon rope

整理袋 Chalk bag

干电池 Dry cell

手纸 Tissue paper

紧急装备 Emergency equipment

火柴 Matches

打火机 Lighter

雪杖 Ski stock

山绳 Climbing rope

固定绳 Fixed rope

冰锤 Ice hammer

冰杖 Ice axe

岩石锥 Rock piton

冰锥 Ice piton

一套固定器具 Jumping set

胀式岩石锥 Boit

小绳套 Climbing tape，sling

雪杖 Ice stake

背架 Frame carrier

小挂梯 Tape ladder-Rope ladder

金属梯 Wire ladder

梯子 Ladder

标志杆 Marking pole/Marker pole

标志红布 Marker flag

雪锥 Snow anthor

军用帐篷 Base house（large）tent

帐篷 Base camp sleeping tent

高山帐篷 High attitude tent

帐篷垫 Ground sheet

煤气炉 Gas range

煤气罐 Gas cylinder

煤气灯 Gas lamp

雪铲 Snow shovel

雪锯 Snow saw

药品 Medicine

轻便帐篷 Bivouac tent

汽油炉 Gasoline/Oil stove

发电机 Generator

照明灯 Lamp

蜡烛 Candle

附录一 户外拓展活动专业术语汇总

镐 Pick axe
铁锹 Shovel
炊具 Cooking equipment
捆包箱 Packing box
捆包带 Packing tape
胶带 Adhesive tape
秤 Scale
旗帜 Flag
文具 Stationery
工具 Tools
氧气瓶 Oxygen cylinder
氧气面罩调节器 Regulator
高度计 Altometer
温度计 Thermometer
双筒望远镜 Binoculars
报话机 Transceiver
照相机 Camera
胶卷 Film
滑雪板 Ski
大本营 Base camp
前进营地 Attack base camp
1号营地 Camp One
突击营地 Attack camp
冰塔 Cerack camp
冰瀑区 Ice fall
陡峭的岩沟 Gully
明裂缝 Crevasse
暗裂缝 Hiddent crevasse
平台 Plateau
雪沟 Couloir
尖峰 Pinnacle
刃状山脊 Knife ridge

坳部 Col
悬冰川 Hanging glacier
岩石山脊 Rock ridge
雪山脊 Snow ridge
雪壁 Snow face/wall
冰壁 Ice face/wall
横切 Traverse
开路 Snow plough（To break the trail）
雪崩 Avalanche
暴风雪 Snow storm
联成结组 To rope up
自我保护 Self belay
保护地点 Belaying point
同时攀登 Moving up together
雾状天气 White out
坚硬的冰 Blue ice
山凹 Gap
岩石小裂缝 Crack
冰镐尖 Pick
冰镐刃部 Blade
冰镐反把 Shaft
冰镐前端 Spitze
事故 Accident
进山路线 Approach
山谷地形 Kar
坡 Slope
支援 Support
保护 Belay
落脚点 Stance
刨台阶 Step cut
雪檐 Cornice
第一台阶 The first step

附录一 户外拓展活动专业术语汇总

顶峰 Top
冰柱 Icicle
帐篷柱 Tent pole
山口 Pass
冰川 Glacier
冰原 Ice field
冰舌 Ice tongue
露宿 Bivouac
冰碛 Moraine
走吧！Let's go！Let's start！
休息吧！Let's（take a）rest/break！
上去吧！Let's go up！
上，登，攀 Climb/go up
下 Go down/descend
结组 Roped-up team
打锥 To drive a piton（into the ice/rock）
打雪杖 To drive in an ice stake
挂铁锁 To fix（attack）a carabiner
挂小绳套 To put a sling
穿绳索 To thread the rope
我要开始爬了！I am coming up now！
松绳索 To rappel
到了！Here we are！
解除保护！Belay off！
已做好保护！Ready for belay！
绳索固定好了！I have fixed the rope！
可以走了！You can come up. OK，come up！
联成结组 To rope up
把……用在这里！Let's use for it！
架梯子 To set a ladder
打开报话机 To call（up）
联络的时间到了！It is time to call！

固定 To fix

好了！To release！

……，有危险 It is dangerous that……

……，因为有危险 It is dangerous, because of……

快些走吧！Let's hurry up！

慢些走吧！Let's take easily！

右边的裂缝 Crevasse to the right

最左边的岩石 The peak on the far left

右边的岩沟 The gully on your right

那个岩石后面的平地 The plateau behind the rock

前面的雪桥 The snow bridge in from

（咱们）走吧！Let's go！

算了吧！Let's stop！

回去吧！Let's go back！

你走前面吧！You go first！

我走前面！I will go first！

右边的 On your right / On the right

左边的 On your left / On the left

前面的 In front

那边的 Opposite The orther side

这边的 This side

上边的 Above

下边的 Below

里边的 Inside

后面的 Behind

装冰爪 To put on grampons

绑好冰爪带子 To tie up grampons straps

背背包 To put on a rucksack

放下背包 To take off a rucksack

从背包里拿出来 To take out from a rucksack

把……放进背包里 To put in a rucksack

拿……To take

附录一　户外拓展活动专业术语汇总

支援 Support

"之"字形攀登 Zigzag

落脚点 Stance

刨台阶 To cut steps，Step-cutting

露宿 Bivouac

固定保护绳索 Fix

有雪崩的危险 There is a danger of avalanche

请拿块雪来 To gather snow

请点火 To light the slove

请把……取出来 Take it out

请准备……Prepare……，Get……ready……

搅一搅 To mix up to

化雪 To melt snow

做开水 To make water

把……装入水壶 To put into thermos

把……放进锅里 To put into the cooker

盖上锅盖儿 To put in the lid on the cooker

盛饭 To serve in a dish

甜 Sweet

辣 Hot

咸 Salty

淡 Not enough seasoning

吃 To eat

喝 To drink

煮 To boil

做 To cook

烧 To bake

炒 To fry

切碎 To chop

把……整理一下 To clean up

睡觉吧 Let's sleep

明天几点起床？ What time shall we get up？

垃圾 Rubbish，Garbage，Trash

垃圾袋 Rubbish bag

把雪块堆起来 To place block

把……绑紧 To fasten stay

搭帐篷 To pitch tent（camp）

叠帐篷 To break camp

把……打开 To open

把……关上 To close

登山专业术语汇总

技术登山：一种依靠熟练的攀登技术和各种技术装备专门攀登悬崖峭壁的登山活动。世界著名难攀的阿尔卑斯山三大险峰（玛达霍隆、埃格尔和古兰特）的北壁路线均已被各国登山者征服。20世纪80年代起，随着攀登陡险悬崖峭壁所用的各种装备不断改进，此种登山活动已从欧洲的低山区引向亚洲的高山区。

保护：登山运动术语，安全措施之一。是登山技术的重要组成部分，主要分自我保护和互相保护。前者指依靠自己的保护措施做好本人的保护工作，如在身后的可依托保护物（如突起的岩石）上固定好保护自己的绳索等。后者指在攀登陡险的岩壁或冰裂地区等带有一定危险性的地区时，队员与队员之间相互进行的各种保护措施。最基本的方法为"立式"与"坐式"两种保护方法。

冲顶：登山运动术语。指攀登高山过程中，在适应性训练、运输和建营等一系

附录一　户外拓展活动专业术语汇总

列登顶前准备工作就绪后，向顶峰的冲击。成败主要基于两个因素：人的身体和精神状态；天气的好坏。据20世纪50年代以来的统计，各国登山队在登山活动中，因天气恶劣而导致登顶失败的，占全部失败总数的68%。

单攻： 以单一座山为冲顶目标，登顶后沿原路下撤。

登山旅游： 一种不登顶峰的旅行游览活动。登山爱好者背负必要的登山食品和装备结组进入山区，观赏奇峰险岭，进行摄影和采集标本等活动。20世纪70年代初，随着登山运动的发展而兴起。

登山营地： 为登山运动员的适当休息和运输物资等需要而设置的营地。攀登海拔5500米以上高峰时，一般设"基地营"和"中间营地"两种。前者是一次登山活动的指挥部和后勤供应总站，也是登山队员经过适应性行军后，在突击顶峰之前进行休整的总营地。设置要求：安全（无洪水、滚石、冰雪崩），便于观察所登目标的路线，便于取水，能避风，日照时间长，地势平坦，能以汽车与附近城镇进行联系。后者主要为登山者适应高山特殊环境（缺氧等）而设置。使登山者在升高过程中，能逐步适应环境对人体各器官的基本要求和运输物资供应需要。营地之间的距离适中。一些国家的登山队在攀登珠穆朗玛峰时，大多建立6个营地，其高度大致为5300米（基地营）、6100米（1号营）、6400米（2号营）、6900米（3号营）、7400米（4号营）、7900米（5号营）和8500米（6号营）。

低压舱： 测试和锻炼登山运动员对缺氧耐力的装置，为一不完全密闭的小室，依靠抽气装置造成舱内的低压缺氧状态，并可按照需要调节至几千米或万米以上的模拟高空气压。在一般情况下，可利用低压舱作为锻炼缺氧耐力的手段。

高山病： 也称"高山适应不全症"。是人体对高山缺氧环境适应能力不足而引起的各种临床表现的总称。主要症状有头晕、头痛、耳鸣、恶心、呕吐、脉搏和呼吸加速、四肢麻木，严重的可引起昏迷。给氧吸入后症状可缓解。分为高山反应、高山脉水肿、高山昏迷、高山高血压、高山红细胞增多症、高山心脏病、慢性高山适应不全混合型等七型。

高山反应： 登山运动术语。凡急速进入高山地区，或在高海拔山区居住期间，由于对缺氧不能完全适应而发生头痛、心慌、气促等症，统称"高山反应"。无器质性的损害，一般在一周左右即痊愈，亦有少数持续达数月者。持续3个月以上称"慢性高山反应"。

登山装备： 登山运动中使用的器材、工具、服装等的统称。分三大类：

（1）宿营装备，包括帐篷、炊具、寝具和各种燃料等。

（2）技术装备，包括登山绳、氧气装备、测量仪器、高度计、干湿度计、钢锥、登山铁锁、升降器、挂梯、滑车、雪铲等。

（3）个人装备，包括登山服装、登山鞋、高山靴、头盔、电筒、手套、防护眼镜等。

登山绳： 登山运动装备。分主绳与辅助绳两种。主绳长60～100米，直径约10毫米，每米重量要求在0.08公斤左右，抗拉力要求不小于1800公斤。原料多为尼龙纤维。另有一种直径为8～9毫米的主绳，每米重0.06公斤，抗拉力不小于1600公斤，用于攀登陡险岩壁。辅助绳长度根据各地区的活动要求而定，无统一规格，绳直径为6～7毫米，每米重量不超过0.04公斤，抗拉力不小于1200公斤，原料与主绳相同，用作自我保护和在主绳上使用各种辅助绳结进行保护及搭绳桥渡河、牵引绳桥运输物资等。

铁锁： 登山运动装备。有十多种型号，常用的有D形、阿兰形、O形和混合形4种。另有安全环锁与下降专用锁。用途广泛，诸如结组、保护、渡河、攀登、救护和运送伤员等均需使用。多以钢或铝合金制成，抗拉力均需达1800公斤。

挂梯： 登山运动装备。用于攀登缺乏自然支点、地形陡峭的岩壁或冰墙。有长梯、短梯和小挂梯三种。长梯一般长5米，梯边用合股的细钢丝（抗拉力要求在2000千克左右），梯梁（即横梁）用空心铝管（抗拉力要求在300千克左右）制成，两个梯梁之间的距离为30～50厘米，两条长梯可以从任何一端互相连接，用于攀登7000米以上高峰时跨越陡险的冰墙、雪坡和裂缝区。短梯一般长1～1.5米，梯边用辅助绳构成，梯梁长12厘米，梯梁之间距离为50厘米。小挂梯一般只有两条梯梁，有时也特制3条梯梁，形式与短梯同。近又有用尼龙带制成的软式小挂梯，更为轻便。

升降器： 登山运动装备，用于攀登陡峭岩壁，分上升器和下降器两种。上升器原是德国陆军山岳师团用以攀登岩壁和冰壁的工具，名鸠玛尔（Jumar），故又称"鸠玛尔式上升器"，只需一人首先登上岩壁，后继者即可用之向上攀登。第二次世界大战后，随高山登山运动水平的不断提高，上升器日渐为各国登山者用作通过危险地区时的重要自我保护装备。形式有钩式和片式等多种。下降器为用于沿垂直的陡壁（岩石或冰）下降时的轻便装备。形式有8字形、双环形多种。

氧气装备： 登山运动器材，用于攀登海拔8000米以上的高峰。由钢瓶、面罩、输气管道、流量调节器、气压表和背架组成。

附录一 户外拓展活动专业术语汇总

绳结：登山运动中发挥绳索作用的手段之一。有三十多种式样，常用的主要有6种：

（1）拴马扣。国际上称"布林结"，用于保护和自我保护。

（2）通过结。用于保护和自我保护，或固定绳索。

（3）抓结。用于上攀、下降的保护，以及渡河搭绳索桥时，将横挂在两岸支点上的绳子绷紧。

（4）马镫结，也称"双套结"。攀登陡峭岩壁时与抓结并用，用于双脚上攀。

（5）平结。用于连结两条绳子。

（6）交织结。用途与平结同。

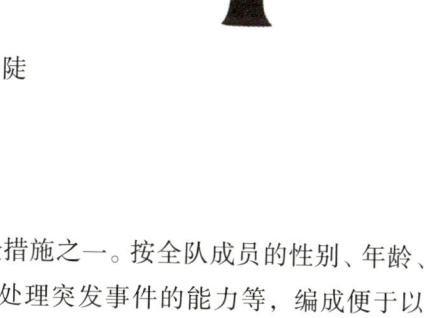

结组：登山运动、登山旅游的重要安全措施之一。按全队成员的性别、年龄、体力、体质，以及登山经验、技术水平和处理突发事件的能力等，编成便于以强助弱、安全登山的小集体，并由有组织能力和登山经验的队员担任组长。通过地形复杂和危险地段时，全队成员必须使用绳索或其他保护措施，有组织地安全通过。

海钓专业术语汇总

排口：海底大石丛聚处，为海底生物提供了保护及觅食的环境。鱼类多喜欢在该处栖息。

搭排：在大海上确定排口正确位置的一种方法，主要是利用岸上的地貌来确定钓点。通常以2~3个重叠点，成交叉方向来确定所在位置。使用这种方法会有一些限制，如钓点远离陆地，视野不明朗和大雾、大雨时，都会影响准确性。

返寨：因水流及风向的关系，钓艇会偏离钓点，所以需要将钓艇驶回原来的位置，以确保获鱼。

候橹／候艇：根据水流及风向的急缓，摇动艇橹或利用船艇的动力系统，使船艇保持某个方向及速度前进，使渔丝在水中尽量保持垂直。当水流及风势缓慢时，钓艇会在一个固定地点停留不动，这时将钓艇向某个方向及速度前进，使钓点的范围扩大,从而增加鱼食饵机会。

一浔:度量水深单位,一浔相等于6英尺,钓鱼者为方便度量,往往以自己两手张开的距离为一浔。

试地:保持鱼饵与海底之距离。因水底下的地势或岩石而产生高低差异及船艇受到水流影响移动,故需要不时将渔丝放松或拉紧,以测试水深,保持鱼饵和海底的距离。

生流:当海水涨退差异较大时,海水流动速度较快,这便称为生流。以农历廿八至初六、十三至廿一为生流。

死流:当海水涨退差异较小时,海水流动速度较慢,这便称为死流。以农历初七至十二、廿二至廿七为死流。

大流头:开始涨潮的阶段。

水干:退潮或水退。

水满:涨潮。

干流尾:退潮到了完结的阶段。

两隔流:水面的水流和水底下的水流成相反方向流动,当海上风势强大时,该情况最易产生。

戳鱼:当有鱼食饵时,将渔丝急速向上抽,令鱼钩刺入鱼口里。

就鱼:当钓到大鱼时,如强行用力收回渔丝,会有断丝可能,因此需要控制收放渔丝的力度、快慢,令渔丝承受的拉力不会超过负荷。在收放渔丝过程中将鱼的体力消耗,就算鱼的重量超过了渔丝所能承受的拉力,都可以将鱼收回。

带脚:鱼钩和铅坠儿之间的一段渔丝。如用波子压底,则没有带脚。

抛丝:(鱼钩及铅坠儿)用力抛去远处或钓点。此方法不适用于起头线。

渔丝有气:因为水流冲击,或者是收放渔丝时,在鱼饵带动下,令渔丝向一个方向不断自转,而使渔丝缠结起来。

附录一 户外拓展活动专业术语汇总

潜水专业术语汇总

脚蹼：独特的鸭蹼能增强打水的效果，使人在水中推进速度更快，打腿更轻松。特别适合追求速度的人使用。

呼吸管：配合面镜使用，可以使游泳者不用抬头换气，特别适合水面浮潜以及游泳不会换气的人使用。

浮力调整背心：在水中通过进排气阀，调整自身在水中的浮力，在水面可当作救生衣使用。

三联表：有了它可以及时了解潜水时所处的深度，以及气瓶内所剩压力及方向，是潜水员必不可少的水下工具。

潜水服：可以为潜水员保暖，同样保护潜水员避免水中礁石或其他动植物伤害。拥有特殊的防水、耐压设计，在水下的视角更大。硅胶的材质，游泳潜水都适用。

呼吸调节器：是潜水员在水下呼吸的工具。

浮潜：是以潜水者所能屏息的时间内，在水中潜泳，直到无法再屏息而浮出水面的潜水方式。

水肺潜水：指潜水者背负空气筒，借由筒内的空气在水中呼吸，做长时间潜水的方式。

潜水牌：世界各地潜水的通行证。初级潜水员通常得经过17个小时的课堂理论教育，3个小时的泳池培训和拥有3次出海经验，才能参加考试，考试合格才能颁发证书。

水肺岸潜：通常是一个教练带两个人，配备全套潜水设备，包括潜水衣、中性浮力调节器、蛙鞋、面罩和1个气瓶。然后由教练教授简单的潜水知识和技巧，待游客掌握后，再由教练带领其在靠近海岸的区域内下潜约4～5米。

水肺船潜：与岸潜的最大差别是配备2个气瓶。有了与水肺岸潜相同的第一次潜水经验之后，再在教练的带领下坐船到较深的海域，通常下潜深度在10米左右，可以看到更丰富多彩的海底世界。

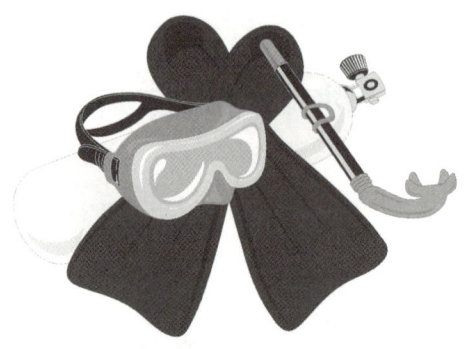

徒手潜水： 顾名思义，它只配备面罩、呼吸管、蛙鞋、救生衣，却不配备水肺。潜水者用特殊的鸭式下潜法潜入海底，熟悉这种玩法的人可以下潜至10米深的海域。

海口 Hash 运动专业术语汇总

　　Hash 是世界性的跑步健身运动。在海口，Hash 被戏称为"害帮"，参加 Hash 的人自称为"害虫"。初夜必须坐冰，穿新鞋必须喝掉一鞋子的新酒。

　　在海口 Hash 运动中，参与者在其中可充当不同的身份，同时拥有不同的称呼，具有的权力也各不一样。同时，这项世界性的运动还有许多固定用语是英文及流传的歌曲，具体介绍如下。

★海口 Hash 名词介绍

　　◎ 害帮：Hash 在海口广为流传的称呼。

　　◎ 害虫：并不是加入 Hash 的人就可以升级为"害虫"，"新害虫"必须经过美丽"冻"人一关，才能成为真正的"害虫"。只有参加过3次以上 Hash 活动，或当过"兔子"的"害虫"，才能被称作"老害虫"。

　　◎ 兔子：负责布置路线，组织 Hash 活动的"害虫"。

　　◎ 帮主：害帮中，干活最多的一条"害虫"，他享有的唯一特权是爱说多少废话就说多少废话。

　　◎ 法官：负责惩罚其他"有罪"的"害虫"（注：关于法官有两条绝对真理：①法官在 Hash 过程中永远是对的；②如果法官错了，参照第一条执行）。

　　◎ 宗教顾问：负责"罗织罪名"，向法官告密，揭发其他"害虫"的罪行。

附录一　户外拓展活动专业术语汇总

◎ 财务：负责 Hash 活动的财务账目。

◎ 吧师：负责给受刑的"害虫"倒酒。

◎ 路标：一般是白色碎纸片，也可以是别的醒目的东西。散落在路上的白色碎纸片表示"兔子"到过这儿，一般情况下是正确的道路。但是，在检查点附近的白色碎纸有可能代表着错路。判断错路的方法是：如果跑了 100 米远还没有看到白色碎纸片，说明你已经误入歧途。白色碎纸片组成的图案有：①圆形："检查点"，表示此处有岔路；②大叉（或十字）："错路"，表示此路不通。

◎ 坐冰：系对违反 Hash 规则的人的惩罚。它具有以下几条规则。①必须要坐在冰块上而不是坐在盆沿上；②必须要等到法官说"Drink It Down Down Down Down……"才能喝盆里的酒或水；③在喝的过程中不得有意将酒或水洒出盆外；④在喝完酒或水之前臀部不得离开冰。

★ 海口 Hash 常用英文

◎ 兔子 Hare

◎ 帮主 Grand master

◎ 法官 Judge

◎ 财务 On Cash

◎ 宗教顾问 Religious Advisor

◎ 吧师 Barman，又称为 CBO（Chief Beer Officer）

◎ 路标 Trail

◎ 抄近路 Short-cutting

◎ 检查点 Check point

◎ 抄近路的害虫 Short-cutting bastard

◎ 出发、坐冰或有要事宣布 Hash circle

◎ 请安静 Hash quiet

◎ 坐冰 On ice 或 Asson ice

◎ 错路 Wrong way

◎ 当你看到散落的白色碎纸片时，须说"On on。"

◎ 如果你拿不准方向，须说"Are you on？"

◎ 如果你正在找路，须说"Checking。"

◎ 你听到后面的人喊"Are you on？"时，如果你看到路标，请大声回答"On on！"当你很长时间没有看见路标，怀疑自己跑错了方向，请大声喊"Are you on？"。

◎ 正在找路可以说"Checking" or "I am checking"。

★ 海口 Hash 常用歌曲

◎ 全世界的 Hash 活动中有一首歌是必唱曲目，那就是"Swing Low, Sweet Chariot"，这本是一首宗教歌曲，但经过 Harriers 以身体语言进行一番诠释，已经有了全新的意义。歌词如下：

Swing low, sweet chariot

Coming for to carry me home

Swing low, sweet chariot

Coming for to carry me home

I looked over Jordan and What did I see

Coming for to carry me home

A band of angels coming after me

Coming for to carry me home

I'm sometimes up and sometimes down

Coming for to carry me home

But still my soul feels heavenly bound

Coming for to carry me home

If you get there before I do

Coming for to carry me home

Tell all my friends that I'm coming too

Coming for to carry me home

歌词原意如下：可爱的马车从天而降，来把我带回真正的家乡；我在约旦河边向远处望，看见一队天使从天降，来把我迎回真正的家乡。

这首歌是 Hash 对其成员的最高礼遇，一般来说，只有成绩卓著的"兔子"或受欢迎的新成员才有资格听到这首歌。

◎ 另有一首 I Don't Want To Join The Army，歌词如下：

I don't want to join the army

I don't want to go to war

附录一　户外拓展活动专业术语汇总

I'd rather hang around

Picadilly underground

Living off the earnings

Of a high born lady

I don't want a bayonet up my arsehole

I don't want my bollocks shot away

I'd rather stay in England

In merry merry England

And fornicate my life away

Gor Blimey...

On Monday my hand was on her ankle

On Tuesday I touched her on the knee

On Wednesday night, success

I lifted up her dress

On Thursday I saw it

Gor Blimey...

On Friday I got my hand upon it

On Saturday night

She gave my balls a twitch

And on Sunday after supper

I rammed the bastard up her

And now I'm paying forty quid a week

Gor Blimey...

Call up the provincial Territory

Call up the Navy and the Marines

Call up my monther

My sister and my brother

But for sake don't call me

Gor Blimey...

I don't want to join the Army...

坐冰时常常唱的一首超短歌：

Here's to (name)

He/she's true blue

He/she's a bastard through and through

He/she's a pisspot so they say

He/she wanna go to heaven but he/she went the other way

Drink it down. down... down... down...

附录 二

户外拓展常用工具知识汇总

背包相关知识汇总

背包是户外拓展训练中常用到的工具之一。对于背包，今天我们将要对它有一个全新的认识，这些认识不仅仅是改善了我们对其原有的知识架构，更让我们对选购背包有十足的自信心。

做工术语汇总

合缝： 合缝就是把两片料合在一起，这是包上主要的工序。一般说的合缝不包括把拉链、商标材料合到面料上，一般就是指面料与面料的缝合。特别是将包的前片与后片两个大面合在一起。一般的休闲包合缝只是一次，即一趟线。有的客户登山包要求合缝为两趟线，以增加牢固性。

断线： 有合缝的地方就难免有断线，一般客户的要求是如果有断线时，到1英寸后再继续缝，如Jansport、Kelty、Lowe Alpine、K2等客户都是这样要求的。所以如果哪儿有断线哪儿的线就多两趟。一般来说，看不见的地方，即包内部的合缝允许有断线，但是包外表的明线不允许有断线。

上下线： 背包是用缝纫机缝合的，这种缝纫机和家庭用的原理相同，都是一根上线一根下线。上下线要求松紧度相当，不能一松一紧。如果松紧度不一样就会出现拉鼻现象，即缝合线有一个一个的小线扣，这是不允许出现的。

针码： 针码就是缝合针码的密度。一般用1英寸多少针来表示。一般的背包的针码为1英寸8针，很多客户的休闲包都这样规定，如Jansport、Eastpak、Trans、REI等。但也有要求针码更小的，K2旗下的Dana的包就要求1英寸9针。一般来说，1英寸8～9针是比较合适的，如果小于8针，那么对于登山包就不是很好（1英寸=2.54厘米）。

线头： 线头就是缝制后留下的线毛。基本上，所有的客户都要求把线头清除干净，即用剪刀把多余的线剪掉再用火烤一下。有些客户对线头的要求特别严格，例如Lowe Alpine和Dana Design。他们规定，如果线头长于3毫米就为不合格品，所以，在买包时看线头也能看出包的做工是否精细。

画粉： 画粉就是在做包的过程当中用来在面料上做记号的东西。客户都要求在做完包后把包上的画粉全部擦干净。有一些客户对画粉特别敏感。所以，看包上是否残留着画粉也能看出做工是否精细。织带边上的画粉不好擦，很可能会有

附录二 户外拓展常用工具知识汇总

残留。

倒针：倒针就是为了增加牢固性，在合缝的过程中线走一趟后再倒回来重新再走一遍。这个过程中线不能剪断，所以一次倒针为3趟线，两次倒针为5趟线。一般比较承重的地方需要倒针。比如拉链头，基本上所有的客户都要求拉链两头处在合缝时做一次倒针。这一点非常重要，因为一次倒针的拉链很可能用不了多久两头就会出问题。买包时也要特别注意这个部位。两次倒针的部位不多，有的客户不要求两次倒针，因为两次倒针很可能会把料打破，特别是薄的料或网。有一些做登山包的公司喜欢在承重的部位打两次倒针而不是打结。

打结：打结是用一种特殊机器走的结道。先是直走3趟结后再呈锯齿状地来回走线。一般客户喜欢在承重部位使用打结。比如背带与包后片结合处、背带飞子与包的两侧结合处、织带与面料结合处。休闲包在承重部位基本上都使用打结，使用者认为打结的承重能力非常好。如果一个背包上面一个打结也没有，一个倒针也没有，那么它的质量就有问题了。

双针：双针也是用一种特殊机器缝制的。这种机器有两个针头，一次能走两趟线，所以叫双针。双针一般在包的外面缝合时用，它不仅仅能加强牢固性，而且均匀的平行线给人以美观的感觉。双针的针距一般为5~6毫米，针码一般为1英寸6~9针。

背包常用面料汇总

线：一般包括尼龙线和Poly线。尼龙线一般以下面形式表示全称"Nylon 210D Thread 3Ply Bonded 69"。其中Nylon就是说质地为尼龙，看起来比较光滑，有明亮感。210D代表纤维强度；3Ply代表一根线是由3条线纺成的，称为三合线。一般尼龙线用在合缝时用。涤纶线看起来有许多小毛，和棉线差不多。一般以下面形式表示全称"Poly Spun 30's 4Ply"。用于打结。

拉链及拉链头： 比较有名的拉链商有 YKK 和 YBS。一般登山包上用的拉链全都是 5 号和 8 号的。如果是 YKK 的拉链，可以把拉链反过来看它是多大的拉链。另外还有一些特殊的拉链，比如防雨的（Rain Guard）、反用的（Reversed）。

沿子： 一般有两种质地，即尼龙和涤纶。尼龙的沿子看起来比较细腻，手感比较软，成本也比涤纶的高。一般很高档的包上才用尼龙的沿子。涤纶的纹比较粗一些，手感不是很软。另外还有一种 PP 的沿子，其手感很像尼龙。一般沿子的强度用"210×210"来表示，它的宽度由 10 毫米到 40 毫米不一。另外还有一种"V Bias 的沿子，它的纹路为 V 形，一般是折叠着用的。

织带： 织带一般也有尼龙和涤纶两种。尼龙的织带质量好，手感软。考虑到成本，只有极品包才用它。大部分包上都用涤纶的织带。织带和沿子一样用"600×400"表示强度。还有一些特殊的织带，比如有一种宽度不一的织带，一般用作竖列。织带的承重力非常好，所以一般用来连接背带的下飞子，用作侧拉带、腰带等位置。织带一般与挡扣或插扣配合使用。

泡绵： PU 是我们经常说的海绵，多孔，可以吸水；很轻，体积大，柔软。一般用在紧靠使用者身体的地方。PE 是一种塑料发泡的料，中间有很多小气泡，轻但能保持一定的形状，一般用来撑背包的形状。EVA 在背包上用得非常少，一般用在背带上。它可以有不同的硬度，柔韧度非常好，可以拉到很长不断，几乎没有泡。Atilon 是一种类似 EVA 的料，但一般用得不多。

塑料板： 有半发泡和不发泡之分。发泡的 PE 板上有一些小孔。发泡程度越小，硬度越大。

铝条： 一般内架式背包不可缺少之物，有一定的弯度，是背包系统的组成部分。

背包缝制标准

所有接缝为 12 毫米，特殊情况例外；所有布料边与缝制线要平行，间距一致，线要直。料边不能多出拉链边；断线时要退 1 针重新缝制；上线和下线必须结合良好，不能太松和太紧，不能一松一紧，也不能断线；泡沫上缝制是 6 针/1 英寸，其他所有缝制线都是 8 针/1 英寸；合缝线要 2 趟，加上撸沿子共是 3 趟线。所有牛津带、沿子、拉链绳头尾、拉链末端要烤一下。斜角牛津带上的所有线头要清除掉，所有五金生产商的名字不能被看到，要朝下放置，不能有针眼儿。

附录二　户外拓展常用工具知识汇总

户外服装知识汇总

户外服装的概念涵盖广，包括了各项户外运动的专业性服装（如户外自行车服、滑雪服、登山装等）。从总的方面来说，户外服装一般需要满足防水、保暖的需求，不同的面料相对应的效果也各有不同。

外套的面料简介

户外运动装的选料十分考究，通常选用高品质的尼龙绸做底料，辅以高科技产品防水透气胶膜，如 Gore Tex、Sympatex，这种面料又可分为 2 层、3 层、5 层等不同结构。

5 层结构的面料中以德国的 Ceplex 为代表，其最外层是用双重排水材料 DUR 处理，经过处理的面料在水汽打上时可将其化为珠态；第 2 层是胶膜微孔 PU，可将珠态水汽隔在外层，而容许汗水分子透出；第 3 层是一种极薄的泡沫状材料，起一种缓冲作用，可将准备导出的水汽暂存于此；第 4 层材料是轻型 PU，它的作用是将人体排出的水汽导向缓冲层，并作为防止水珠进入的最后一道防线；而最内层网眼衬里采用了快速导汗材料。

3 层结构的防水面料以日本的 Dermizzax 为代表，其防水度高达 20000 毫米，已达到令人难以置信的程度，而其杰出的蒸气透过性为 10000 克/平方米/24 小时，更令人叹服的是这种具有先进功能的超轻材料，在极低的温度下，亦能保持最初的柔软及弹性。Dermizax 膜与 Taslan 或 Ripstop 面料结合使用，还具有杰出的防撕及防磨损功能。

一种叫作 Fleece 的材料（国内习惯称它为抓毛绒），由于具有易干、透气保暖性好的优点，解决了冬季的保暖问题，常被用作冬季户外运动装的保暖材料，一般配合防风防雨的外罩使用。Fleece 又可以主要分为 Trvira Fleece 和 Sandwich Fleece，Trvira Fleece 是一种气候调节面料，由密实的超细纤维构成，具有超轻、防风、防雨、高强、易清洗等特性，是制造夹克衫和裤子的理想面料。而 Sandwich Fleece 又被称为夹心面包双面绒，是一种 3 层合成的面料，在 2 层常规的 Fleece 中间夹了一层微孔材料，这样既保证了透气性，又弥补了 Fleece 防风性不足的缺陷。

保暖内衣的面料简介

市场上的各种保暖内衣按高、中、低三档区分，其使用的面料有 40 支全棉、32 支全棉、涤棉（棉含量在 35%～45% 之间）、纯化纤等多种，其中以内外表层均使用 40 支以上全棉的产品为优，其柔软性、透气度、光泽度均较好，而且洗涤后不会起球起毛，长期穿着后也不会有衣物不断抽丝的现象。

从手感上说，优质内衣对中间保温层的制造要求更高，高品质保温内衬使用超细纤维，直径在 1.2 丝以内，用这种内衬做成的成衣既柔软又有良好的保暖性能。因此，用手拿捏，手感柔顺、无异物感的产品说明其用料较好。一般的老式保暖内衣产品是采用在保暖内衬中加一层超薄热熔膜（俗称 PVC 塑料膜）的方式来增强抗风能力，这种产品被穿在人们身上时容易发出"沙沙"声，且透气性受影响，有"燥热感"，新一代保暖内衣产品，使用新材料、新工艺取代了热熔膜，基本上克服了上述缺点。

更值得一提的是，新一代保暖内衣更加注重开发符合人体曲线的新产品，其中一大突破就是使保暖内衣具有优良的回弹性。这种内衣在面料和底料中均加入了莱卡，内衬芯层采用高弹性的高分子聚合物，穿在身上没有臃肿的感觉，关节的活动也十分自如。

登山鞋知识汇总

鞋合不合适，只有脚知道。一款合适的登山鞋对于拓展参与者来说是非常重要的。从设计到工艺流程，从面料到做工，鞋子中包含了不少知识。

登山鞋的类别

健行鞋（Trail Shoes）：适合于环境平坦、负重轻、时间在一天左右的健行徒步活动。即使在山地活动，其地形环境也是有明显平坦的路径。由于 Gote-Tex 面料应用十分广泛，在雨雪天气也会使穿用者在潮湿的环境中，保证脚部的干燥舒适。

徒步穿越鞋（Hiking Boots）：用于两天或两天以上的山地活动。活动区域直达雪线以下的山地区域，部分优质产品甚至可以从事雪线区域的山地活动，即使气候恶劣也表现出色。

重型登山鞋（Trek King）：适用长途山地活动。活动环境区域一定是多陡坡、

重型攀登鞋(Mountaineering)： 适用于坚冰、积雪、峭壁混合地形的高海拔区域。

优质登山靴/鞋的特点

高腰，登山靴/鞋一般高5～7.5英寸，在复杂地形行走时，可起到保护、支撑脚踝的作用。鞋底大，利于在湿滑环境和恶劣的地形中行走；鞋子的中层结构需非常坚固，并且具有极好的减震缓冲结构；接缝少，尽量使用整块材料制造鞋面结构；鞋舌设计得厚实，紧贴脚面，开口够大，穿脱自如；鞋面和鞋底为U形边条密封，强化结构和防水功能；鞋尖、鞋跟有加强材料保护，并且鞋尖突出，保护足部；脚跟略鼓，加强鞋子的稳定性；在上下陡坡和安装冰爪时，减少对脚部的压迫感。

登山鞋的结构

大底结构： 主要由大底橡胶材料和机织碳素板构成，以使在攀登时敏感，正确度高，同时保证鞋底的硬度。

中底结构： 由连体支撑或整体尼龙预成形内撑垫微孔减震缓冲材料构成，进一步增强鞋子的稳固性，保证了扭力的硬度。

鞋垫结构： 是一种为脚部提供柔软舒适的最后一层中底结构，好的鞋垫会对足弓、足跟多提供一种保护。

鞋带结构： 鞋带结构的样式，主要有传统对称结构和不对称结构两种。前者注重牢靠美观，后者注重鞋带与脚趾角度的配合。

鞋面鞋形： 舒适柔和又坚固的鞋面设计，会提供重量轻且耐磨并适合脚形的构造，前脚掌空间余度合理，脚跟稳固牢靠。制造中尽量使用整体材料，提高设计上的优点，同时鞋缝的处理一定要根据鞋内所承受的压力，确保鞋面在压力下不变形。

脚踝结构： 这是一种为脚踝提供支撑保护的设计，在脚踝保护结构的设计上，多采用针对脚踝形状的不同规则来设计保护结构。所以专业登山鞋的外形结构多为高腰。

鞋舌结构： 鞋舌内垫的设计要高，要厚，更要紧贴脚面。鞋舌应不易移动，不错位，稳定自如，并且鞋舌开口足够大，穿脱自如。同时鞋舌的制造应采用整体折叠制作工艺。

大底纹路： 专业登山鞋的大底纹路设计十分讲究，犹如 F1 方程式赛车在不同的气候条件和路况选用不同的轮胎一样。专业的登山鞋由于类型的不同，在大底纹路的设计上截然不同。

登山鞋的面料

专业登山鞋大底的选材，绝大部分商家都选用了意大利 Vibeam 大底，因为 Vibeam 除提供专业的材料，还提供专业的大底纹路设计。在鞋面的用料上，纯牛皮最受登山爱好者的偏爱。这是因为，纯牛皮具有足够的强度，不怕岩石的摩擦，材料加工的工艺更使得鞋子有足够的硬度，即使踢到坚硬的物体也不会弄伤脚趾。

户外炉具知识汇总

你知道炉具的技术原理吗？你知道不当的使用方法可能导致人身伤害吗？

炉具的技术原理

众所周知，燃烧是一种激烈的氧化作用，任何物质在燃烧之前都必须先转化成气体才能顺利燃烧。要有猛烈的燃烧当然要有大量可燃气体供给，若无法即时供给，火势会立即变小，甚至熄灭。瓦斯在常温常压下为气体，将其由燃料罐释出时自然转变成气体，所以在一般环境下它并不需要汽化装置。但是像煤油、汽油之类的燃料在常温常压下呈液态，则汽化装置显得相当重要，其设计直接影响油炉的燃烧能力及操作性能。由于液体要变成气体时必须吸收蒸发潜热，导致未蒸发的液体温度降低而不易再蒸发，所以通常都是将某一段输油管路做成汽化装置，并令其绕过燃汽器，以便吸收炉子燃烧时所产生的热量，以使汽化、燃烧的动作一气呵成。

煤油炉、汽油炉、瓦斯等炉具的工作原理相当类似。燃料从储存槽（油箱或燃料罐）到燃烧前所需行经的完整路径如下：

油箱（或燃料罐）→输油管路→油量控制阀→汽化装置→燃气控制阀→喷嘴→燃气器→燃烧。

附录二 户外拓展常用工具知识汇总

户外常用燃料

天然气：这种燃料是在压缩200～300倍之后，以液态的形式储存在气罐内的。这种燃料最突出的特点就是它的燃烧值高（燃烧值是指某种燃料每单位燃烧后所能够释放的热量，这个指标代表了该种燃料的燃烧效率）。这是因为，这种燃料通常是由燃烧值较高的丁烷和少量的丙烷及其同分异构体混合而成。除此之外，这种燃料的优点还有：燃烧平稳，使用过程中无须使用气泵，防冻，无须预热，火焰质量好，燃烧后一般不会产生有害排放物（只有二氧化碳和水蒸气）等等。主要缺点是价格相对来说比较贵，不便于携带。

白汽油：顾名思义，这种燃料是汽油的一种，而且它是最为易燃的液体燃料。相对来说，尽管普通汽油比较容易获得，但是白汽油所含的有害添加剂要少得多（尤其是无铅白汽油更是如此）。其主要缺点是过于易燃，危险系数高且在寒冷条件下使用时必须预热。

煤油：其组成成分和汽油基本相同，在某些情况下可能更容易获得。它的主要缺点是对炉具的损害较大，味道比较难闻，在寒冷条件下使用时必须预热。

炉具使用注意事项

无论是油炉还是瓦斯炉在使用时，都应注意下列事项：

◎ 新购的油炉在使用前，最好能将少许的燃油灌入油箱清洗后倒出。这样，可以防止制造时遗留的残渣堵塞管路。长时间不使用油炉时要将油箱内的余油倒出，仅留少量油料即可。

◎ 使用时应注意通风是否良好，任何具有火源的器具都非常忌讳在密闭的空间中使用。

◎ 挡风板是非常好的炉具配件，既可以挡风又可以反射热能以提高炉具的燃烧效率。但使用时，最好不要把炉具完全圈闭，至少应在燃料控制阀处网开一面，以免控制阀的旋钮被烧熔、安全阀被冲开或燃料罐过热变形，甚至爆炸。在大锅煮时常会采取双炉并用，此时更要注意这个问题。

◎ 每个炉子都有其指定的燃料，不可任意更换。如果将去渍油用在炉上，可能会有炉体过热的问题。灯芯式的汽油炉若采用煤油，则会降低灯芯的输油能力。将丁烷用在炉子上，火力输出就会比较差。油路堵塞、火力变差或许没什么关系，但若炉子解体或爆燃，后果就很严重了。

◎ 下雨或严冬时炊煮的动作大都会在帐篷内进行，除了注意通风问题外，此时最好能用一只宽浅的容器（炉盒、锅盖或盘子）或专用的安定板垫在炉具下方。这样不但可以获得较佳的稳定性，同时在发生燃料溢流时也能迅速将溢流的燃料及失火的炉具撤至帐外。使用煤油或汽油的炉具应先在帐外完成点燃及预热的程序后再移入帐内使用，以免点火时突起的大火烧毁帐篷。在移入帐篷后应保持炉具撤出路线的畅通，若该炉具有安全阀，那安全阀应避免对着人或易燃物品。

◎ 万一火烧炉时，应先关闭燃料控制阀（或旋开泄压阀），再以大锅或湿毛巾等将炉具覆盖隔绝空气即可。其实火烧炉都有危险，那就是漏油，所以平常应做好炉具的保养，一旦发现漏油现象，就必须确定修好后再使用，千万不要因小失大。

◎ 个人与团体炉的分野大都视燃气盘的大小及燃烧的持久性而定，其实不论你使用哪种炉子，在控火时最好能使火焰的大小与锅底的面积相配合。这样可以达到较佳的传热效果。

◎ 燃料罐内液态燃料的蒸发，能使炉体的温度维持在一定的范围内。当燃料快用完时，蒸发热的吸收减少，燃料罐的温度会急剧升高，高热对各式炉具可能产生一些不良的影响：易使灯芯焦化丧失输油作用；使炉具的塑胶配件熔化；使焊锡熔解导致炉具解体。

◎ 在炉子上方1米及半径30厘米的范围内，不可有易燃物质。另外亦不可以在炉子上放置太重或太大的锅，太重会把炉子压坏，太大则容易打翻。

◎ 任何炉具在使用后都必须进行清洁保养。

渔具相关知识汇总

谈起渔具，专业人士肯定会滔滔不绝，这是因为渔具大到钓竿，小到鱼钩甚至鱼饵，都是大有学问的。

鱼钩

三叉钩：三叉钩正如其名，是由3枚钓钩合为一体而形成，通常用于体育性垂钓的拟饵之上。它的优势是拥有3个钩尖，使中钩率无形中提高了3倍。缺点是，即使是上颚并不怎么强壮的鱼类，也很容易把它压扁。

双叉钩：这种钓钩一般也是用于拟饵之上，但它只有两个钩尖，也就比三叉钩的中钩率稍逊一筹。

圆形钩：圆形钩形如其名，钩尖是完全向内弯进去的，使用时配合自然钓饵使用，钓取攫饵后游走的鱼类。它不适用于轻轻咬饵的鱼，也不适用于拖钓，而只适用于卷线器的线轴处于不固定的状态，以让鱼进一步吞饵的活或死饵拖钓法。使用真饵时，圆形钩的效果极佳。

拖钓钩：这些钓钩具有较阔的钩弯、较深的钩颈、较长的钩咬和较窄的豁口，钩尖与子线较为一致的设计提供了较佳的穿透能力。由于钓尖是稍微弯进去的，扬竿的力道几乎直接通过钓线传到钩尖上。这种钓钩用既强又粗的金属制成此钩的钩弯能够比较有效地"抓稳"上钩的鱼的颚骨。

长柄钩：这是一种拥有浅颈，窄豁口和短矛的长柄钩，用于饵和鱼两者皆静止不动的钓况，尤其适用于使用自然钓饵钓取轻轻咬饵的鱼。

渔线

从形态上来看，渔线可分为单股线、交织线、碳纤维线和陶瓷线等。从色泽上来说，渔线主要有本白色、烟灰色、暗绿色、黑色等。

常用的渔线型号有：0.4号（线径0.104毫米）、0.6号（0.128毫米）、0.8号（0.148毫米）、1号（0.165毫米）、1.2号（0.185毫米）、1.5号（0.205毫米）、2号（0.235毫米）、2.5号（0.260毫米）、3号（0.285毫米）、3.5号（0.310毫米）、4号（0.330毫米）、5号（0.370毫米）等。一般本白色或烟灰色接近水色，隐蔽性较好。

鱼漂

鱼漂多为化学制品或用禽类的羽翎、木材、竹材制作，其中以孔雀羽毛制成的鱼漂最为流行且耐用。鱼漂的形状繁多,从形态上来看,有上下一般粗的直漂、下面椭圆肚上面细的日式漂、直杆而在下部中间有一圆形或椭圆形的鼓泡的风漂,还有球形漂、锥形漂、散子漂、荧光漂等等。从颜色上说,传统的鱼漂颜色多为白色,但如今已呈现"百色争鸣"的局面。其实,鱼漂的颜色只需鲜明即可。

钓竿

溪流竿: 是指专门在山间溪流、水流较急的浅滩等水域使用的一种钓竿,主要用于钓马口鱼、长吻鱼等中小型鱼类。溪流竿的特点是钓竿收缩后的长度多为58厘米或37厘米,便于携带。钓竿的前节竿为实心体,细而又具有良好的韧性。竿的长度一般为2.7米、3.6米、4.5米、5.4米。我国钓鱼爱好者十分喜欢使用溪流竿,并把它扩展到池塘钓使用。为适应远钓点施钓,也有6.3米、7.2米溪流竿供应。

鲫鱼竿: 是专门钓鲫鱼(家鲫、野鲫、日本白鲫)使用的钓竿,其特点是竿径细,大多竿柄缠有丝线或腈纶线,呈纺锤形,持握竿柄时有良好的手感;全竿收缩后的长度约1米,以减少竿节的节数,使整体钓竿保持很好的韧曲度;前节竿尖为实心体,细面又具有良好的韧性。鲫鱼竿有长度一般为2.1米、2.4米、2.7米、3.0米、3.3米、3.6米、3.9米、4.2米、4.5米、5.4米、6.3米。常用竿长为3.6～5.4米。

插接式钓竿: 又称为并继式钓竿。是由数节竿体相互插接而组成一体的钓竿。分为实心插接竿和空心插接竿两种。空心插接竿的竿体可分别装入底节和底二节的竿体内。在欧美国家流行使用插接式钓竿。高级鲫鱼竿也多采用插接方式组合。其特点是接口严密,钓竿受力后的整体性能好。

抽拉式钓竿: 又称天线式钓竿、振出式钓竿。抽拉式钓竿为空心竿,可将数节钓竿收藏于底柄的竿管内。特点是便于携带,但坚实性往往不如插接式钓竿。

海竿: 在我国将钓竿上装有绕线轮、过线导眼,可放线、收线的钓竿统称为海竿。海竿具有远抛线延长钓点和根据绕线量自由放线、收线的功能。按功能区分,海竿又分为船钓竿、岩矶竿、滩钓竿、鲷鱼竿、鳟鱼竿等,长度一般为1.6米、1.8米、2.1米、2.4米、2.7米、3.0米、3.3米、3.6米、3.9米、4.2米、4.5米、4.8米、5.4米、6.3米、7.2米。

两用竿: 指具有手竿和海竿两种功能的钓竿,其上装有绕线轮和过线导眼。作为手竿使用时,可通过绕线轮放出与钓竿等长或长出30～50厘米的钓线,或少于竿长30～50厘米的线,按手竿的操作方法使用。不同的是,当钓者钓到大鱼时,两用竿可放线、收线,不易断竿、断线。竿长一般为4.5米、4.8米、5.4米、6.3米、7.2米。它不同于一般海竿的特点是过线导眼小,防止作为手竿使用时挂线;竿体较细,

附录二 户外拓展常用工具知识汇总

特别是钓竿前尖节较细。

碳纤维竿：又称为碳素竿，是采用高科技碳纤维材料制造而成的。具有高导电性和非常好的抗张强度。目前绝大部分碳纤维钓竿都是采用无梭纺碳纤维纵向布卷管，经浸树脂固化而制造的。用于钓竿生产的碳纤维含量多少，直接决定着钓竿的价值和品位。用碳纤维制造的钓竿具有轻、坚实、抗拉度高的特点。在使用时应特别注意防电。

玻璃纤维钓竿：又称为玻璃钢竿、玻璃纤维树脂竿。它采用玻璃纤维缎纹布，经浴浸环氧树脂、醛树脂、高温固化成空心管或实心竿体，具有较好的坚韧性和弹性，是钓鱼竿生产走向现代合成材料的第一代产品。玻璃纤维钓竿具有良好的绝缘性。钓竿成形后未涂装前，竿体颜色为黄色、棕色。

玻璃纤维透明竿：又称为玻璃饱和树脂竿。它是选用不饱和树脂浴浸玻璃纤维布，经高温固化而成形的钓竿。生产此种钓竿对工艺的要求十分严格。这种钓竿是玻璃纤维竿中的上品。

编 后 语

人类的发展与知识传播的速度是成正比的。当一个人的智慧变成了绝大多数人的智慧的时候，整个人类就前进了一大步。能够致力于知识与信息的传播，为社会的进步尽绵薄之力，是一件引以为荣的事情。本系列图书的编写者均为一直奋斗在管理培训领域的工作者，亲身体验也亲眼目睹了培训师群体的成长。几年来，我们总是以收藏家的眼光来发掘和整合一些业界的"珍宝"——对培训师和培训工作有用的资讯、素材和工具。业界许多的朋友对于我们长期积累的这些成果表现出了浓厚的兴趣，甚至于不远万里来求索，并建议付梓出版。

经过多年的努力，我们终于顺利出版了企业管理培训丛书：《培训游戏全书》《培训故事全书》《培训幽默全书》《培训案例全书》《户外拓展训练全书》《杰出员工训练全书》《培训管理全书》《培训师训练全书》《PPT微课制作全书》等九本培训专业工具书。在编写过程当中，我们秉承了一贯的原则，那就是努力使书中的内容做到最新、最全面和最经典。我们希望，书中辑录的每一段文字都能够对读者产生影响，对读者有所启迪。

本书能够顺利出版，要感谢众多有实战经验的培训界朋友和作者对此系列图书的重视和支持。是他们主动给我们提供了有价值的材料，并对我们的编辑工作给予了宝贵意见和指导。

为编写本书，我们翻阅、借鉴了大量图书、资料。由于种种原因以及时效和通讯上的障碍，无法一一与原作者及版权所有者取得联系，在此谨表歉意。为了表示我们对原作者及版权所有人的尊重，相关事宜请通过专设邮箱peixunbook@163.com与我们联系，我们将及时予以回应。

最后，再次向关心和支持本系列图书出版的朋友，表示深深的谢意。

编 者